JN185442

排除と差別の社会学

〔新　版〕

好井裕明 編

はしがき

本書の旧版は2009年に刊行されました。その後多くの人々に読まれ，版を重ねてきたのですが，今回，執筆メンバーを半分以上入れかえ，改訂版をつくりました。個別の問題状況の変動なども踏まえ，各章の執筆内容も新しくなり大きく変わっています。その結果，改訂された新しいテキスト，改訂新版といえるものになっています。

内容の大幅な変更は，やはり，この間の世の中の変動が大きな理由です。最近，私はあることが気になっています。それは差別という言葉を人々があまり使わなくなっていることであり，ますます平板で偏狭なこと，たとえばヘイトスピーチのような誰がみてもわかりきった出来事だけに差別という言葉が使われるようになっていることです。他方，私たちが頻繁に使用するようになった言葉があります。一つは「生きづらさ」であり，もう一つは「不寛容」です。いまは「不寛容」の空気が充満し，だからこそ「生きづらい」社会なのだと。でも私は「生きづらさ」や「不寛容」という言葉が指し示している多くの現実の核心には差別や排除が息づいていると考えています。

なぜ私たちは他者を差別するのでしょうか。それは楽しいからだ，差別する悦楽があるからこそ，差別は世の中に存在するのだと語る批評家もいます。確かに多くの他者を抑圧し差別することで経済的政治的権力を貯えてきた人もいます。おそらく彼らこそ差別する悦楽を享受し生きているのでしょう。他方で身にふりかかる世の中の矛盾に耐え切れず，苦悩し，自分よりも劣位にいる（と思いこんでいる）他者を差別することで苦悩のはけ口とする人もいるのです。差別する悦楽。なるほどと思わずうなずいてしまいそうです。

私たちは日常的に，ひとを差別し排除し生きていたいのでしょうか。私は，そうは思いません。できることなら，ひとを差別などせずに，私たちは生きていたいはずです。では，どうすれば，そのような日常を私たちは生きることができるのでしょうか。差別や排除という営みや出来事と，私たちはどう生産的に向き合い，どのようにそれらを“活用”できるのでしょうか。こうした問いが本書の基底に流れているのです。

さて手短に本書の概要を説明したいと思います。第Ⅰ部では差別や排除の社会学を考える基本を語っています。「差別はいけない」というわかりきった道徳，差別―被差別という硬い二分法的思考を相対化し，“生きる手がかり”として差別をどう見直せるのか（第1章），部落問題の現在について考え（第2章），在日コリアンの現在を手がかりとしながら差別・排除問題の「当事者」とは誰なのかを確認するのです（第3章）。第Ⅱ部は，マタニティ・ハラスメント，社会的「ひきこもり」という問題，教育における差別や排除，男性同性愛，女性同性愛の現在，障害者問題の現在，「ユニークフェイス」から「見た目問題」へ，在日コリアンの歴史と日本社会，震災復興と多文化共生の軌跡，被爆問題，原発事故避難者の生きづらさと，個別のテーマについて語られています。ただ各章で問題や現実が教科書的に概説されるのではありません。それぞれの著者が主張したいというポイントが明確に語られているのです。また各章末に「くまさんの映画コラム」を置きました。これは私が映画好きだということもあるのですが，私は日常的な差別を考える優れた素材として映画やドキュメンタリーを考えているからなのです。ただしこのコラムは各章の内容とすべて対応しているわけではありません。私がおもしろく見る価値があると判断した作品を考え選んだものです。本書が重版されるとき，新たな作品を少しずつ入れかえていければと思っています。

ところで本書は誰に読んでほしいのでしょうか。大学や短大での差別や排除の社会学，文化社会学，現代社会論，人権教育論，人権問題論のテキスト，ゼミなどで差別や排除をテーマとするときの輪読文献や参考図書として，できるだけ多くの学生に読んでほしいと思っています。それだけではありません。人権問題などで市民啓発を考える社会教育を担当する人びと，中学高校で人権教育，解放教育を進めたいと考えている先生方にもぜひ読んでほしいのです。なぜなら従来の「差別をしてはいけません」を確認するだけの教育や研修は確実に実効性を失いつつあるからです。どのように新たな教育や啓発を実践していけばいいか，本書が，そのための手がかりになれば，と私は願っているからです。

この新版は堀奈美子さんという優れた編集者がいなければ，実現しなかったものです。本書がいいものに仕上がっているとすれば，それは堀さんのおかげなのです。限られた紙幅のなかで私からの過剰な要求にこたえてくれた執筆者の方々，ありがとうございました。堀さん，どうもありがとうございました。

2016 年 8 月

好井 裕明

執筆者紹介（執筆順，*は編者）

***好井 裕明**（よしい ひろあき）　［第1章，くまさんの映画コラム］
摂南大学現代社会学部特任教授
主著：『批判的エスノメソドロジーの語り――差別の日常を読み解く』（新曜社，1999年），『ゴジラ・モスラ・原水爆――特撮映画の社会学』（せりか書房，2007年）

三浦耕吉郎（みうら こうきちろう）　［第2章］
関西学院大学社会学部教授
主著：『構造的差別のソシオグラフィ――社会を書く／差別を解く』（世界思想社，2006年，編著），『環境と差別のクリティーク――屠場・「不法占拠」・部落差別』（新曜社，2009年）

川端 浩平（かわばた こうへい）　［第3章］
津田塾大学学芸学部教授
主著：『ジモトを歩く――身近な世界のエスノグラフィ』（御茶の水書房，2013年），“Living in love and hate: Transforming representations and identities of Zainichi Koreans in Contemporary Japan,” in K. Iwabuchi et al. eds., *Multiculturalism in East Asia: A Transnational Exploration of Japan, South Korea and Taiwan* (Rowman & Littlefield, 2016)

杉浦 浩美（すぎうら ひろみ）　［第4章］
埼玉学園大学人間学部教授
主著：『働く女性とマタニティ・ハラスメント――「労働する身体」と「産む身体」を生きる』（大月書店，2009年），『なぜ女性は仕事を辞めるのか――5155人の軌跡から読み解く』（青弓社，2015年，分担執筆）

石川 良子（いしかわ りょうこ）　［第5章］
立教大学社会学部教授
主著：『ひきこもりの〈ゴール〉――「就労」でもなく「対人関係」でもなく』（青弓社，2007年），『ライフストーリー研究に何ができるか――対話的構築主義の批判的継承』（新曜社，2015年，共編著）

古賀 正義（こが まさよし）　［第6章］
中央大学文学部教授
主著：『〈教えること〉のエスノグラフィー――「教育困難校」の構築過程』（金子書房，2001年），『現代日本の少年院教育――質的調査を通して』（名古屋大学出版会，2012年，共編著）

小倉 康嗣（おぐら やすつぐ）　［第7章］
慶應義塾大学文学部教授
主著：『高齢化社会と日本人の生き方――岐路に立つ現代中年のライフストーリー』（慶應義塾大学出版会，2006年），「非被爆者にとっての〈原爆という経験〉――広島市立基町高校『原爆の絵』の取り組みから」（『日本オーラル・ヒストリー研究』14，2018年）

杉浦 郁子（すぎうら いくこ）　［第8章］
立教大学社会学部教授
主著：「『性同一性障害』概念は親子関係にどんな経験をもたらすか――性別違和感をめぐる経験の多様化と概念の変容に注目して」（『家族社会学研究』25(2)，2013年），「『女性同性愛』言説をめぐる歴史的研究の展開と課題」（『和光大学現代人間学部紀要』8，2015年）

土屋 葉（つちや よう）　［第9章］
愛知大学文学部教授
主著：『ケアのリアリティ――境界を問いなおす』（法政大学出版局，2012年，分担執筆），『大震災の生存学』（青弓社，2015年，分担執筆）

矢吹 康夫（やぶき やすお） ［第 10 章］
中京大学教養教育研究院講師
主著：『最強の社会調査入門――これから質的調査をはじめる人のために』（ナカニシヤ出版，2016 年，分担執筆），『私がアルビノについて調べ考えて書いた本――当事者から始める社会学』（生活書院，2017 年）

佐々木 てる（ささき てる） ［第 11 章］
青森公立大学経営経済学部教授
主著：『マルチ・エスニック・ジャパニーズ――○○系日本人の変革力』（明石書店，2016 年，共編著），『パスポート学』（北海道大学出版会，2016 年，共編著）

稲津 秀樹（いなづ ひでき） ［第 12 章］
鳥取大学地域学部准教授
主著：『社会的分断を越境する――他者と出会いなおす想像力』（青弓社，2017 年，共編），『サイレント・マジョリティとは誰か――フィールドから学ぶ地域社会学』（ナカニシヤ出版，2018 年，分担執筆）

八木 良広（やぎ よしひろ） ［第 13 章］
昭和女子大学人間社会学部助教
主著：『ライフストーリー研究に何ができるか――対話的構築主義の批判的継承』（新曜社，2015 年，分担執筆），『ヒロシマの「河」――劇作家・土屋清の青春群像劇』（藤原書店，2019 年，共編）

坂田 勝彦（さかた かつひこ） ［第 14 章］
群馬大学情報学部教授
主著：『ハンセン病者の生活史――隔離経験を生きるということ』（青弓社，2012 年），『苦悩とケアの人類学――サファリングは創造性の源泉になりうるか？』（世界思想社，2015 年，分担執筆）

目　次

第Ⅰ部　排除や差別という現象から世の中を考える

くまさんの映画コラム

第Ⅰ部

排除や差別という現象から世の中を考える

第1章

排除と差別の社会学を考える 2つの基本

交差点を行き交う人びと（写真提供：時事通信フォト）

私たちは普段，差別や排除について考えたいとは思わないだろう。ヘイトスピーチなどのニュースを見ても，自分は差別などしないし，あんなひどいことを叫ぶはずもないと，どこかで距離をとり醒めているのではないだろうか。学校教育の場でも「差別はいけません」というわかりきったメッセージを何度も聞いてきている。何を今さらと。でも，はたして差別や排除とは何かを，私たちは十分わかっているのだろうか。かくいう私もわかっているとは断言できないだろう。しかし確実にいえることがある。私たちは，もっと多様な生活の場で，多様な人間関係がつくられる場で，差別や排除に敏感になり，それらとまっすぐに向き合うべきだということだ。差別や排除はたしかに「してはならない」。でも私たちはしてしまうものだし，そうした出来事が世の中で維持されていることにどこかで関わっているのだ。差別―被差別という二分法的な見方だけでなく，みずからの“差別する可能性”を認めたうえで，私たちが日常をより豊かに生きていくための重要な手がかりとして，差別や排除という出来事を“活用”してはどうだろうか。

1　差別をめぐる常識的な見方

◎ 差別とは何だろうか？

差別とはどのような営みだろうか。私はその基本を考えようとする時，いつも有名な差別主義をめぐる定義に立ち返る。「差別主義とは，現実上の，あるいは架空の差異に普遍的，決定的な価値づけをすることであり，この価値づけは，告発者が己れの特権や攻撃を正当化するために，被害者の犠牲をも顧みず己れの利益を目的として行なうものである」(Memmi 1968 = 1971)。「告発者」という訳語には違和感があるが，差別は被差別者を攻撃するという具体的な行為であり，その行為の背後にどのような意味づけがあるのかをこの定義は端的に表している。

最近の状況を考えれば，ヘイトスピーチという粗暴な暴力が象徴しているとおり，攻撃する相手を貶め，存在を否定するような言辞を楽しんでいるかのように，具体的な行為として差別は世の中に現れる。ただ，具体的な行為として差別がさまざまな生活場面に現れるとして，当該の行為だけを差別だと呼ぶことはできないだろう。その背後や周辺には，差別を差別として認知し，その行為を「正当化」するような現実認知や認識をめぐる営みがある。こうした現実への働きかけをめぐるすべての営みをここでは，差別をめぐる私たちの営みとして考えておきたい。

かつて『容疑者Ｘの献身』というDVDを見ていた時のことだ。福山雅治が演じる湯川学という天才物理学者が犯罪の謎解きをする推理ドラマの映画版だ。おもしろく見ていたのだが，あるシーンで見る楽しみが一瞬固まった。捜査会議が開かれる場面，会議の責任者が集まってくる刑事たちのなかから柴咲コウ演じる女性刑事を見つけ，「おい，お茶！」と命令するシーンだ。彼女は命令に，一瞬ムッとした怒りを浮かべ，仕方がないかという表情でお茶を入れにいく。たしかにこれから会議であり，お茶は必要かもしれない。でもなぜほかの男性刑事ではなく柴咲コウに上司はお茶を出すことを命じるのか。そこに多くいたほかの若手男性刑事でもいいではないかと，映画のおもしろさにはまっていた私は，このセリフやシーンと出会った瞬間，醒めてしまった。

私の印象をどう思われるだろうか。何を些細なつまらないことを気にするのか。ジェンダーフリーなどというけしからん風潮があるからこそ，つまらないことをおまえは考えるのだ。そんな声が聞こえてきそうだ。しかし私は，こうした“些細な”シーンを私たちが違和感——あるいは私以上に怒りを覚える人びともいるはずだが——を覚えたりしながらも，受け流してしまう日常にこそ，私たちが差別や排除をじっくりと考え見直すべき契機が満ちていると考えている。会社などで女性にだけお茶くみを強いるのは問題で，平等な職場に変えていこうという試みが普段から多様に実践されている一方，こうした娯楽映画に伝統的な性別役割が要求され抵抗しつつも女性が演じるというシーンが確実に息づいているのである。

このシーンは柴咲が演じる女性刑事を印象づける場面なのかもしれない。あるいは捜査会議を始める前の何か緊張した雰囲気を伝えたりそれを緩和したりするアクセントの場面なのかもしれない。仮に映画を円滑に見せていくうえで意味あるシーンをそこでつくる必要があるとして，なぜ女性刑事への「おい，お茶！」なのだろうか。こうしたシーンなどなくても，ストーリーは円滑に展開できるはずだ。たとえば，この“些細な”シーンに，私は日常に息づいている執拗で微細な排除や差別を見過ごしてしまえという力の行使を感じるのである。

◆「対岸の火事」としての差別

さて，普段の暮らしとの関わりを考えながら，差別をめぐる営みの射程を拡大していこうとする見方には，多くの人びとは違和感を覚えてしまうのではないだろうか。なぜなら，差別とは，差別する人びとがいて，差別を受ける人びとがおり，私たちが，そのどちらでもない限り，当該の差別という出来事は私たちにとって関係ないことだからである。さらに差別的現実の問題性や被差別当事者が生きている実相など，マスコミを通して「ニュース」として知り現実の厳しさを実感するとして，私たちは「かわいそうだ」「差別は許せない」という思いがわきあがる一方で，「自分がそうでなくてよかった」「できることなら関わりたくない世界だ」と感じ，差別という出来事から距離をとり，それをみずからの生活世界から締め出してしまうのである。

つまり「対岸の火事」としての差別という見方である。これは差別者―被差別者，差別する側―差別を受ける側という常識的な二分法の認識に由来するものなのである。たしかにこの二分法は，差別問題を認識するための支配的な作法であり，差別を考える基本といえる。ただ私が問題だと考えるのは次のことである。差別する側，差別を受ける側，それ以外の多くの私たちがいる側を分けていく“壁”は絶対に崩せないし変わらない硬直したものなのだろうかということ，そして，こうした硬直した“壁”の内側にいる多くの私たちが「対岸の火事」として差別を見守れるとして，見守る私たちが絶対に差別をしないという保証はどこにあるのだろうか，ということである。

私は『「あたりまえ」を疑う社会学』という新書のなかで，ある評論家がテレビで被差別当事者と対談する冒頭「生まれてこのかた，差別を受けてきたこともないし，したこともない，その意味で普通の人間である」と語り自分を位置づけたことの問題性を論じている（好井 2006：第7章）。私がそこで指摘したかったのは，「普通の人間」であれば，差別などに関わりがないはずというまったく根拠のない幻想であり，裏返しとしての「差別者であれ被差別者であれ，差別に関わる人びとは普通でない，特別な存在だ」という，差別をできるだけ限定し，狭く特別な出来事としてみずからの日常生活世界から締め出そうとする硬直したものの見方なのである。

差別の社会学を考えるうえで，まず必要な作業がある。それは差別―被差別という硬直した常識的な二分法をひとまず“カッコに入れる”ことである。そして差別問題をめぐり，みずからの位置どりをする時に思わず語ってしまう「普通の人間」の姿，対岸で火事を安心して見物できる「普通の人間」の姿とは，いったいどのようなものなのかを詳細に読み解こうとするまなざしをもつことである。とくに私たちが，差別問題に絡めて語ろうとする「普通の人間」の姿とはいったいどのようなものなのか。この問いを考えることは，差別問題と自分とのつながりを批判的に考察するうえで，とても重要だと私は考えている。

2　差別のない社会という理想（幻想？）

では差別をめぐり私たちは何をどのように見つめ，何をどのように語ればいいのだろうか。私は，大学で「差別の社会学」を講義しているが，初めに，学生たちが受けてきた小中高校での人権教育の感想を聞くことにしている。もちろん，熱意ある教師や自分にとって極めてリアルな問題や現実と出会い，差別という出来事を考える意義を自分の腑に落とし，その内容を印象深く語ってくれる学生もいる。しかし，彼らの多くから聞かれるのは，まさに「差別はいけない」「差別などしてはいけない」という誰でもが正解だと考える一般的な言葉で回収されてしまう，わかりきった感想である。

人権教育の授業の後，感想を書かされる。彼らは，何度もそうした経験をするなかで，決まりきった，教師が喜びそうな，問題のない感想の書き方を学習していく。被差別の現実の過酷さに驚き，差別者や差別する行為の醜さ，不条理さに怒り，自分は絶対そうした存在にはなりたくないし，ならないと宣言し，差別のない社会が実現できるよう，世の中に生きている一人ひとりががんばらねばならない，と感想を終える。ただ感想の書き方は上手になりました，と皮肉っぽく語ってくれた学生もいた。こうした“決まりきった”感想のどこが問題なのだろうか。

一つは，感想を書いている自分がいったいどこにいるのかという，差別という出来事に対する自分の立ち位置とでも呼べる問題である。ここには，自分をどのような人間存在として認識するのかという基本が含まれている。今一つは，感想のなかの終点というか到達すべき目標として語られる「差別のない社会」という言葉がもつ問題である。前者の問題は後から述べるとして，ここでは後者について少し語っておこう。

世の中には，さまざまなかたちで差別が存在し排除がある。現代は依然として差別や排除に満ちた社会といえる。とすれば「差別のない社会」とは理想であり夢だろうか。被差別当事者がみずからのひととなりや存在を自覚し，みずからを変革し，世の中の差別に立ち向かう方法，処方を身につけるうえで，解放運動の理論があり，反差別，差別解消をめざす運動の言葉がある。そこには「差別のない社会」「人びとが共生する姿」が構想されている。こうした社会や人びとの姿は，単なる夢や理想ではない。ゆえなく差別を受けてきている自分や自分たちの姿を映し出し，差別と闘い，それを克服し，新たな生活や社会を実際に創造していくための目標であり目安として必要なものである。

しかし，そうした意義を認めたうえで，あえて私はこう問うておきたい。多くの私たちにとって「差別のない社会」を語ることは必要なのだろうか。より正確にいえば，先にあげた決まりきった感想の“落としどころ”，“蓋”としてだけ「差別のない社会」を利用するだけでいいのだろうか。私たちが進むべき社会としての目標や目安が不必要だなどというつもりはない。しかし，それだけを過剰に語ったり，ある限られた時や場所でだけ，それが語られたりすることで，あたかも自分が差別という問題に前向きに関わり，みずからの暮らしもまた，差別とのつながりから解き放たれていると私たちが思い込んでしまうことが問題だといっておきたいのである。

たとえば，社会福祉の世界で障害のある人びととの共生が語られ，共生を実現するための具体的な方策が模索される。この営み自体は間違いではない。ただ私がそうした文献などを読み，どこかしら違和感を覚えてしまうのは，次のことについてである。それは，実現可能な姿としての共生が，素朴にかつ率直に信奉されているという印象をもってしまうことであり，共生を望み，それに向かって生きる人間の正しさについても素朴に信奉されているという印象である。たしかに問題ある現実を変革していくうえで，到達すべき理想の社会や人びとの姿を“スローガン”としてもつことは必要だろう。しかしそれはあくまで“スローガン”であって，“スローガン”を信奉することだけでは，私たちは差別や排除に満ちた社会を，今，ここで生きている自分の姿を超越することはできないのである。

重要なのは，差別をめぐり，「こうした差別はあってはならないし，なくすべきだ。だから差別をなくすために，私たちは何をどのようにすべきか。他者や他の現実に対して，どのような理解をすべきだろうか」など，「かくあるべき」規範を語ることではなく，まず，「かくあるべき」だと考えたり，思わず語ったりしてしまう自分の姿をも含め，〈わたし〉が生きて在る日常がどのように世の中に立ち現れる差別や排除とつながっているのかを，まずはじっくりとまなざすことではないだろうか。

3　差別や排除を見抜こうとする社会学的まなざし

◘ 他者とつながる〈わたし〉

では，差別や排除と〈わたし〉とのつながりを見抜こうとするまなざしとはどのようなものだろうか。そこには，私たちの暮らしを支配している価値観やものの見方などを批判的に見抜くためのさまざまな戦略的な知やものの見方が含まれているだろう。ただ，ここでは，そのまなざしを成立させるための基本を語っておきたい。私が考えるイメージは，次のようなものだ。端的にいって，つねになんらかのかたちで差別する可能性をもって生きている存在としての〈わたし〉というものである。

たしかに差別や排除などしたくもないし，受けたくもない。他の人間や存在を差別や排除という営みを通して，傷つけたくないからである。他者を傷つけることを通して，みずからも傷つきたくないからだろう。ほとんどの私たちは，そう思うのではないだろうか。しかし，である。私たちは，自分も他者もなんらかのかたちで傷つけることなく，お互いが承認できるようなかたちでつながることは可能なのだろうか。「傷つく」という言葉は少し誤解を招くかもしれない。言い換えておこう。できるなら顕わにしたいとは思っていない自分の世界に他者が入り込むことでお互いがお互いに影響を与えることなく，〈わたし〉と他者はつながることができるのだろうか。さらにいえば，目の前にいる他者とつながるために使おうとする自分の知識の妥当性や正しさを，他者に対して確認するというリスクを犯すことなく，私たちはつながれるのだろうか。ほかにもいろいろな言い方はできるだろう。いずれにしても，〈わたし〉がもう一人の他者として，世の中で生きている限り，他者の世界に入り込まず，そこに何の影響も与えることなく，いわば他者の世界の周辺を漂っている“空気”のようなものとして生きることなど，不可能だと考えているのである。

◆〈あなた〉に向かおうとする〈わたし〉の意志

「空気」を読む。この言葉が日常語となってかなり時間が経った。それは，友だち同士の日常的な関係や集まりのなかで，そこにある雰囲気を敏感に察知し，相手や自分をとにかく傷つけないように考え，ふるまい，感じることだろうか。だが「空気」は「吸う」ものであって，「読む」ものではない，と私はどうしても思ってしまう。他者との関係を考える時，「読む」のは「相手の心」であり「相手の気持ち」そして「相手が生きてきた歴史」であり，「相手が生きている社会的な場」だろう。

普段私たちは，よりよいつながりを求め，他者への「思いやり」を第一に考えるはずである。今話している相手が何を考え感じているのか。相手と自分がどのような関係にあるのか。つねに一人の人間としての〈わたし〉と〈あなた〉を想定し，〈わたし〉の言葉やふるまいの何が，〈あなた〉に対して影響を与えるのかを考え，苦悩し，歓喜したはずである。「思いやり」を実践するには，〈わたし〉の目の前に立ちはだかる〈あなた〉という巨大な奥深い“壁”に向き合い，それを乗り越えようとしなければならなかった。だからこそ「思いやり」には“つながろうとする力”が必要であり，〈あなた〉に向かおうとする〈わたし〉の圧倒的な“意志”が必要なのだろう。

場の「空気」を「読み」,「空気」に合わせていくこと。そこにも他者に向き合おうとする意志はあるだろう。だがあくまでも「読む」のは,他者それ自体ではなく「空気」なのである。「空気」の密度を変えないように,相手にも一定以上は踏み込まないし,〈わたし〉のなかに相手を侵入させないでおく。なんとも微妙な距離を保ち,保ち合っている自分たちの姿を確認し,それを「優しい」と感じる。言い過ぎかもしれないが,「空気を読み合う」関係からは,他者を「思いやる」“ちから”が生まれないだろうし,〈あなた〉に向かおうとする“圧倒的な”意志も生まれないだろう。

話を元に戻そう。人間とは,他者(他在)に影響を与えずには生きられない存在なのである。そしてその影響とは必ずしもよいものであり適切なものばかりであるとは限らない。むしろ相手にマイナスの影響を与えてしまうようなものもある。その延長線上に差別や排除が息づいているのである。そして多くの場合,私たちは,他者へマイナスの影響を及ぼしてしまっている自分の姿に気づくことはない。

だからこそ,差別や排除を他者とのつながりという視点でまなざすうえで,私は,つねに差別する可能性をもっている存在として,私たちをとらえておきたいのである。私たちは,今の世の中で,他者と生きて在る限り,何らかの差別や排除とは関係をもってしまう存在だ。つまり,差別や排除などしたくないと思い,そのように努力しているとしても,どこかでそのような営みをしてしまっていたり,営みに加担してしまっている存在,差別をしてしまう可能性をつねにもった存在なのだと。

4　差別的日常というテーマ
――“普通であること”を見直す

◇ 差別する可能性に気づく

差別する可能性をもつ存在として，自分を位置づける時，そこにはやはり差別をしてしまう自分への不安があるだろう。そんなことを認めてしまったら，差別問題を考えるうえで，自分は差別する側にいることになり，とてもしんどいのではないだろうか，と。たしかに具体的な差別行為は，したくないし，もしそうした行為をしてしまっている自分に気づけば，しんどいものだろう。

こう書きながら，ある学生の表情を思い出す。学部の調査実習でハンセン病者の生活史を丹念に聞き取った本（蘭 2004）を読んでいた時，ある学生がみずからの経験やその時の思いを語った。帰省して政治家の事務所でアルバイトをしていた時，夏祭りのボランティアで岡山にあるハンセン病療養所に行ったのだと。学生はそれまでハンセン病者と出会ったこともないし，この問題について，とりたてて詳しい知識をもっていたわけでもなかった。学生は彼らと初めて直接出会い，驚くとともに気持ちが悪くなったという。「先生，この感情は差別でしょうか」。学生は当時の自分の反応を思い返し，もうしわけなさそうに問いかける。私は「いや，別に差別なんかじゃない。初めて会い，そうした感情をもってしまうのは，ある意味自然なことかもしれない。大事なのは，そう感じた後のことであり，感じた自分をどう考え直していくかだろう。もしその後，この問題や彼らの生きてきた歴史などを理解するなかで，そうした感情が固まってしまうとすれば，それは差別的なものになるかもしれない」という内容のことを語ったと思う。

私の話を聞きながら，気持ちが悪いと感じた自分の姿をよくないものとして，即座に否定してしまうのではなく，まずはそうした自分の姿を認めたうえで，それを見つめ直し，そこに何があるのかをじっくりと考え直せばいいことに気づき，それまで硬かった学生の身体や表情が何か本当にほっとしたように和らいでいったのが，印象的だった。

学生の身体や表情から緊張がほぐれていくのを見ながら，あぁゼミで自分の経験を語るのに，そうとう考えていたのだな，と思い，改めてあることを感じていた。私たちは自分が差別をしたと周囲から指摘されることに，なぜこれほどまで怯えるのだろうか，あるいは差別をするかもしれない自分の姿を考え直そうとする時，なぜこれほどまでみずからの思いや感情，身体までもが緊張し固まってしまうのだろうか，と。

◈ 差別的な日常へ——“普通であること”を見直す

差別を批判し，差別的な現実をなくしていこうとさまざまに語られる啓発の言説がある。もしそこで，差別する人間は即座に否定すべきものというイメージだけが繰り返し確認されているとすれば，私たちが差別という出来事と自分との関連を考える構図は硬直したものとなり，差別する可能性をもっている自分の姿と，日常生活のなかで，じっくりとつきあい，見直していくチャンスは確実に失われていくだろう。

では，どのようにして，チャンスをつくりだしていけばいいのだろうか。もちろん，この本の各章で論じているように，個別社会問題としての差別をめぐり，詳細で正確な知識をもつことは必要である。無知（知らないこと，知ろうとしないこと）は差別が育つ温床である。しかしいくら詳細で正確な知識を身につけたからといって，それだけでその人が差別をしないという保証にはならないのである。差別問題をめぐる知識を身につけるとともに，私たちがいかに差別的な日常を生きているのかを，見つめ直していく必要があるのではないだろうか。

差別的な日常とは，いったいどのようなものなのだろうか。たとえばワイドショーやニュース番組で事件が報道され評論家がコメントする。そこには問題化されている人びとを呼ぶ言葉が頻繁に使われ，言葉には意味が込められていく。はたしてこの意味は問題や人びとを理解するうえで“普通なもの”なのだろうか。そこには過剰な“決めつけ”や歪められた“思い込み”が息づいていないだろうか。同性愛をからかうお笑いタレントのネタがあり，同様なアニメがある。そうしたものを見て，思わず笑ってしまう時，そこに含まれている“決めつけ”を，あたかも空気を吸うように，私たちは自分のなかに取り入れてしまっていないだろうか。さまざまな生活の場面で，自分の位置を考えながら，“普通に”役柄を演じる時，その役柄に込められていると自分が信じ込んでいる価値や意味は，はたして“適切”で，気持ちのいいものなのだろうか。相手に微細な権力を行使し，執拗に相手を支配しようとしてはいないだろうか，等々。

日常，あたりまえのようにほとんど意識することなく使っている実践的な知識。そこには，私たちが他者や他の現実をどのように理解すればいいか，それらにどのように向き合い，ふるまえばいいかをめぐる処方が含まれている。いわば“普通の人間”として“適切に”ふるまうための「人びとの社会学（folk sociology）」をめぐる知が含まれているのである。ただ，問題なのは，同時にそこにこそ私たちの差別する可能性を成り立たせている歪みや決めつけ，思い込みが仕組まれ，息づいているということなのである。

私たちの多くは“普通”でありたいと思う。しかし“普通であること”をつくりあげる実践的な知のなかに差別する可能性の契機が満ちているとすれば，差別や排除を考え直すうえで，新たなテーマが浮上してくるのである。“普通であること”をつねに見直し，そこに含まれた差別する可能性の契機を詳細に読み解き，より気持ちのよいものへとつくりかえるというテーマである。

5 “生きる手がかり”として差別や排除を活用すること

差別は決して特別な誰かが特別な誰かに対して起こす限られた社会問題ではない。それは〈わたし〉が生きて在る日常のなかでいつでも起こりうる普遍的で普通の現象なのである。だからこそ，声高に「差別をしてはいけない」とだけ叫ぶのではなく，まずは〈わたし〉が差別してしまう可能性を認めたうえで，なぜそんなことを〈わたし〉はしてしまうのかを思い返すチャンスとして，つまり“生きていくうえでの大切な手がかり”として「差別」を活用すべきではないだろうか。

差別的日常というテーマ。それは，“普通であること”を見直すことから，みずからが思わず知らずはまり込んでしまっている差別する可能性を掘り起こし，自分にとってより気持ちのよい“普通”をふるまうための実践的知を創造し直そうとする，差別の社会学のテーマである。

このテーマを淡々と追求しつつ，〈わたし〉を見直し，〈わたし〉をつくりかえ続ける。その営みが差別を考え，差別を“意味なきもの”にしていく原点であり，“ちから”といえよう。また，「あたりまえ」のなかに埋もれた差別する可能性を調べることがもつ，今一つの“ちから”がある。

なぜ私はこうした差別の社会学を主張するのだろうか。それは〈わたし〉が他者とつながる“ちから”を得る原点がそこにあるからである。みずからの「あたりまえ」を掘り進み，さらに「差別」という「問題」を理解しようとする。そうした過程で，〈わたし〉は異質な他者や他者が生きてきた圧倒的な“生の現実”と出会う。そこには自分がこれまで想像もできなかったような厳しい生があり，厳しい生のなかで〈ひと〉として豊かに生きてきた他者の姿がある。こうした他者の姿と出会い，〈わたし〉は２つのことを実感するだろう。それは他者とつながることの困難さ厳しさであり，他者とつながることの豊かさ優しさである。この２つと向き合うなかで，他者との“距離”を切実に実感しながらも，他者を理解しつながりたいという“意志”が〈わたし〉のなかに沸き起こってくる。

今，世の中では，さまざまな理由から，〈わたし〉と他者がつながる“ちから”が萎え，他者とつながる可能性が奪われつつある。私たちが，そうした“ちから”を取り戻すためにも，差別的日常を詳細に読み解き，みずからの差別する可能性の意味を前向きにつくりかえる社会学的実践が求められていると思う。

6　差別を考え，差別に“耐性”をもつ文化を創造する

かつて差別と闘う当事者の運動が社会的にも強く，影響力を行使できた頃，私たちは，ある意味，否応なく，当該の問題について，差別―被差別の二分法的な立場性に寄りかかりながら，問題を考えることができた。また表層的な思考でありタテマエであるとしても，当該の差別事象がもつ不条理さや問題性について同意を表明し，その意義を了解していると言葉に出すことができた。

しかし，現在，そうした状況は確実に崩れつつある。被差別当事者の解放運動や異議申し立ての活動はかつての勢いをなくしており，以前のような大衆的運動が組織される可能性も少ないだろう。また社会啓発，市民啓発など行政的な立場からの差別問題への取り組み，さらには学校現場での人権教育も以前に比べ回数も減り，そこで示される内容も変質しているといえよう。

端的にいって，被差別当事者からの差別されることへの怒りや反差別の訴えなど“強い主張やメッセージ”が萎えてしまっている現在，つまり，そうした力の影響のもとで否応なく人権問題や差別について考えることへと牽引されていく磁場が狭く，弱くなっている現在，支配的な文化や社会を「あたりまえ」として生きている私たちはどのようにして，差別問題を具体的に自分のこととして考えることができるのだろうか。

私は，今こそ，本気で差別を考えることができるような文化を創造していく必要があると考えている。それは，通俗的な倫理や

道徳，規範的な意識から差別を考えよという強制する力で私たちを閉じ込めてしまうような反差別の文化ではないだろう。私たちが当該の文化を味わうことで，差別的な日常を生きていることを実感でき，それを批判的にとらえうる，しなやかな日常文化といえるものではないだろうか。

そうした文化は，差別問題を考える基本ははずさない。差別―被差別の立場性を揺るがせることはない。しかし同時に，それは，ただ「差別をしてはいけない」という表層的な倫理や規範だけを確認させるような力としてのみ私たちの思考や感情を拘束することなく，つねに「差別する可能性」という点から，他者に向き合い，他者理解をめざそうとする柔軟な力を私たちから誘い出そうとする。

またそれは，目の前にいる他者，私たちの生活世界でともに生きている多様な他者と私が向き合ううえで，「奥深く，底深い他者性」，つまり他者がもっている多様な差異や，私には理解しえないような他者の実存に息づいている他者性に気づかせてくれるだろう。そして，それはまた，差異や他者性を完全に理解しえなくとも，それらを尊重し，私と他者がつねに交信し続けることを通して，他者とともに在る私の日常が，豊穣なるものへと絶えず変貌していくことをどこかで予感させる力にもなるだろう。

ただそうした文化は，たやすく支配的文化とはなりえないし，既存の支配的文化と融合されうるものでもない。だからこそ，新たな支配的文化としての意味や意義を絶えず考えながら，既存の支配的文化がもってしまっているさまざまな位相や次元で息づいている差別なるもの，すなわち，他者理解を阻み，他者理解をより平板で硬直した脆いものにしてしまう常識的な知を批判し，私たちがより楽に生きることができるために，それらを変革することの意味を私たちに気づかせてくれるような力にもなる。

差別や排除を考える社会学は，まさにこうした文化創造に必須な学問的実践なのである。

参考文献

蘭由岐子，2004，『「病いの経験」を聞き取る――ハンセン病者のライフヒストリー』皓星社。

Memmi, A., 1968, *L'homme dominé*. Gallimard.（＝1971，白井成雄・菊池昌実訳『差別の構造――性・人種・身分・階級』合同出版）

好井裕明，2006，『「あたりまえ」を疑う社会学――質的調査のセンス』光文社。

ブックガイド

好井裕明『差別原論――〈わたし〉のなかの権力とつきあう』（平凡社新書，2007年）

▶本章で述べたみずからの差別する可能性にどう向き合い，“ふつうであること”をいかに見直し，“生きる手がかり”として差別や排除をいかに活用すべきかを平易に語ったもの。

好井裕明『差別の現在――ヘイトスピーチのある日常から考える』（平凡社新書，2015年）

▶差別的な日常を生きている私たちが，他者理解，他者とのつながりをめざすうえで必要な文化とは何かを考え例証し，日常的次元から差別を考えることの魅力を平易に語ったもの。

佐藤裕『差別論――偏見理論批判』（明石書店，2005年）

▶差別という営みを理論的に把握しようとする。偏見という意識の次元で議論をしている限り，差別することは読み解けないことを著者は丹念に明らかにする。

TAMAYO『コメディ＋LOVE　TAMAYO的差別の乗り越え方』（解放出版社，1994年）

▶アメリカでのスタンダップ・コメディアンとしての経験を語り，差別を辛らつなジョークとともに笑い飛ばす。差別とどう向き合うか。一つの本質が凝縮して語られる。

くまさんの映画コラム①

亀井文夫が描きとろうとした現実

亀井文夫というドキュメンタリー監督がいた。太平洋戦争中から戦後にかけて優れた作品を残している。亀井の人生や個々の作品創造の経緯，思いなどは亀井文夫『**たたかう映画――ドキュメンタリストの昭和史**』（岩波新書，1989年）を読んでもらえばと思う。ここでは，私が印象に残った作品をいくつか紹介しておきたい。『**戦ふ兵隊**』（1939年）。これは中国大陸で敵と激しい戦いをへながら内陸の都市漢口をめざす日本軍の兵士の姿を描いたものだ。こう書けば勇猛果敢な兵士の姿を描く戦意高揚を目的としたドキュメンタリーだろうと思われるかもしれない。たしかに作品で時折出てくる字幕解説はそのとおりだ。作品を通じて機関銃の音が響き，爆弾の爆発する音が印象に残る。ただ字幕や機銃音などとは対照的に戦場での壮絶な戦いの映像，戦う兵隊を描く場面はほとんど出てこないのだ。映像からはまったく正反対の印象を受ける。無言で横たわる兵士たち。銃の手入れや軍馬の世話をする兵士たち。進軍する姿も，後ろ姿に疲れがにじみ，立ち上がる砂煙のなかでかすんでしまうような印象だ。戦う兵隊の勇ましさではなく，戦いに疲れ休息をとる姿であり，彼らの映像からは確実に戦うことの愚かさが伝わってくるのである。日本軍が移動していった後，荒れた畑を力強く掘り起こす中国農民の姿も描かれる。そこには愚かな戦いに巻き込まれ，犠牲になりながらも，したたかに力強く生きている彼らの表情がある。当時この作品は軍の検閲で反戦的な哀感が強すぎるという理由で公開中止になったという。さまざまな制約のなかで反戦の意味を伝えるドキュメンタリーを制作した亀井文夫の気骨がうかがえる作品なのである。『**生きていてよかった**』（1956年）。これは広島，長崎の原爆被害者の姿を描いた作品だ。戦後10年がすぎ，広島は復興をとげ，原子爆弾が投下され破壊されつくした惨状からは見事に回復し，時折傷跡がもりあがったいわゆるケロイドのある娘さんの姿が気になるくらいで，人々は自分の暮らしに忙しくしているという。しかし，一歩病院や裏町に踏み込むと，そこには今なお原爆被害で苦しんでいる人びとの姿があり，スタッフは慄然としたという。戦後10年ですでに被爆の記憶の風化が叫ばれ，それへの異議を明確に主張する。原爆被害者の生きざまを亀井は3つのメッセージで伝えようとする。「生きることはくるしい」「死ぬこともくるしい」でも「生きていてよかった」と。自分の娘の原爆被害を受けた腕をレプリカとして原爆資料館に展示し，被爆者であることを隠さず前向きに生きようとする長崎の母親のラストが印象的だ。亀井特有のヒューマニズムが作品からにじみ出る。ほかに死の灰の恐怖を科学的な映像を使いながら淡々と描いている『**世界は恐怖する——死の灰の正体**』(1957年) がある。『**人間みな兄弟——部落差別の記録**』(1960年)。同和問題，部落差別問題の解決をめざす国家的政策を考える基本として同和対策審議会答申 (1965年) がある。もちろんその後の期限立法も含め法律自体にさまざまな問題があるが，こうした法的措置は部落差別の解消に寄与していったことは事実だろう。この作品は，同対審答申が出される前に作成されており，まさに当時国家も放置していた部落差別の現実が端的に描かれている。社会的物理的な環境面での圧倒的な格差，就職や結婚をめぐる露骨な差別。自治体の役所のなかで，なかば平然と仕事仲間うちで語られる差別の実態などが重ねられていく。当時の被差別部落への呼称や，結婚差別の結果である通婚圏の狭さに起因する問題などで，現在は使わない差別的な言葉が使われており，部落問題認識やそのような言葉を使う運動次元がもつ当時の問題性を感じることはあるが，過酷な差別の現実と当事者がそれに立ち向かい生きる姿がくっきりと描かれ，部落差別という問題は日本という国家が解決すべき課題であることを，この作品は明確に見る側に伝えるのである。

第2章

部落差別の今は……？

――「部落」・「部落民」の表象のゆくえ

駅前の広場に集まる人びと（時事通信フォト提供）

「あれっ，部落差別なんて，もぅ，なくなったんじゃなかったの？」というアナタ！「部落っていわれるところがあることは学校でも習ったけど，いったい，どこにあるんだろう？」と疑問に思っているキミ！ もしよかったらこれから僕たちと一緒に，部落差別のフィールドワークにでかけてみないか？ 実地見学をしたり，現地の人たちと交流したり，被差別体験を聞いたり，お互いの意見や感想を述べあうことによって，きっと部落差別についてのリアルで具体的なイメージをつかむ第一歩を踏み出すことができるはずだ。この章ではさらに，「部落差別」とは何かという根本的な問題を取り上げて，部落差別の（江戸時代起源説ではなく）「近代起源説」を，社会学的な観点から仮説的に提起することを試みたい。最後に，「部落」・「部落民」を，具体的な土地や人物をさす実体的なカテゴリーではなく関係的なカテゴリーとしてとらえる立場から，部落差別がかかえている現代的な課題，すなわち，部落差別の今を描き出していこう。

1 A地区のフィールドワークから

2014年の暮れも押しせまったある土曜日。

集合場所である私鉄駅前に集まった20人ほどの学生たちは，昼間とはいえ冷え込みの厳しい外気のなか，三々五々，体を寄せ合うようにしながら出発の時間を待っていた。

彼ら／彼女らの顔に張りついた，いつになく硬い表情は，真冬の寒さのためばかりとはいえないだろう。これからバスに乗って向かう場所で，初めて出会う人びとや，初めて見聞きする出来事のことを思って，緊張や不安を隠せないでいるようだ。

私たちがこれから，読者の皆さんとともに訪れようとしているA地区。そこは，歴史的に近隣から「部落」とか「被差別部落」と呼ばれてきた地域だった。

なお，この一行は，私の所属する大学で「部落差別と人権」という全学的な講義科目を運営・担当している教員とその受講者たち。ただし，今日のフィールドワークは，自由参加のかたちで行われる，いわばオプショナルな課外ツアーという位置づけがなされていた（また，私については，この講義の担当教員としてではなく，後述するように大学とA地区との連携役としての参加だった）。

では，これから行うフィールドワークの目的とは，いったい，どのようなものだったろうか。それは，端的にいって，それまで2か月余りにわたって座学で部落差別について学んできた学生たち一人ひとりが，実際に現地を見学したり，現地の方々と交流することによって，部落差別（さらには，「部落」や「部落に住む人たち」）についてリアルで具体的なイメージをつかみとっていく第一歩を踏み出すこと，といってよい。

そして，私たちは，後日学生たちが提出したレポートを通じて，それがどんな一歩だったのかを見ていくことになろう。

さて，A地区の人権センターでは，部落解放同盟A支部の役員さんや青年たちが，笑顔で迎えてくださった。学生たちの表情もちょっとほぐれて，お互いに挨拶をかわす。そして，最初に支部長さんよりA地区の概要についてお話しいただいてから，皆で，この日のためにロビーに展示してもらった地区の昔の写真を見てまわった。

1960年代70年代の地区の街並みや，部落解放同盟支部の結成大会，狭山裁判（1963年に埼玉県狭山市で発生した高校生殺害事件の犯人として逮捕された被差別部落の青年が無期懲役の判決を受けた裁判であり，冤罪であるとして現在も再審請求の申し立てが行われている）への抗議行動，ゼッケン登校（同和教育の重要性を学校にアピールする解放子ども会による団結行動）の写真にまざって，地区の運動会や，三味線の発表会，川遊びなどの日々のスナップ写真も並んでいる。そこには，住民の人たちの折々のさまざまな表情を見ることができた。

次は，いよいよ地区内のフィールドワーク。支部長さんと書記長さんの2つのグループに分かれて，40分ほどかけて町内を一周する。

私は，書記長さんのグループと行動をともにした。実は，支部長さん，書記長さんをはじめとする役員さんや青年たちと，私は十年来の顔なじみである。というのも，この「部落差別と人権」

の講義を担当されているKさんが理事長を務めるNPO法人「B市人権啓発協会」（A地区のあるB市での人権問題の解決に向けた活動の一環として「人と人のつながりを大切にするここち良い居場所づくり」をめざして2005年に設立された）の一員として，私もこれまで役員さんたちとともにその活動を担ってきていたからである。

書記長さんは，見学ツアーの案内は手慣れたもので，町内のポイント，ポイントにさしかかると，その場所が部落解放運動にとってもつ意味を，学生たちに対して，わかりやすく，しかも随所にユーモアを込めながら説き語ってくださった。

たとえば，1980年以来A地区にとって懸案となっていた，B市による住居表示・町名変更の実施案に対して近隣住民から反対意見が出された問題の場所にさしかかった時のこと。

「あそこに住んでる人が，自分の地所が（市の案のように）A町内に編入されたら資産価値が下がるとかゆうて，元のC町のほうに町名を戻してほしいていわはったんや。まぁ，そぅ，ジロジロ見んとき。通る時はさーーっと通ってな（笑）」

実は，このケースのほかにも，A町内に後から入ってきた住民たちが集団で，この機会に，まとまって隣接するD町へと住居表示の変更請求をするという出来事が2005年に生じている。この件では，B市の議会にとって初めての公聴会が開催されるに至っており，審議の結果この請求は却下されている。なお，その時の議事録を見ると，こうした住居表示・町名変更をめぐる軋轢の背景に，土地への忌避に関わる部落差別問題の存在が指摘されていた。

また，保育園の前では，園庭で楽しげに遊ぶ園児の姿を見ながら，書記長さんは，この保育園は，子どもたちの「就学前教育」を実現させるために，地域ぐるみで市に要求してできたものであること。そして，そのきっかけになったのが，当時，新設された小学校へ，A地区の子と一緒に子どもを通わせることになった近隣地区の保護者による差別発言（当時の記録によると，「部落の子がくる学校には，うちの大事な子どもをようやらせられん」といった内容）だったことを，40年前の当時を振り返りながら語ってくださった。

このように，A地区でのフィールドワークは，町内のお寺やお墓，人権関連施設，盆踊りのグラウンドなどをめぐりながら，道行く人たちや，彼らの生活の場をこの目で見るとともに，それぞれのスポットにまつわる差別の歴史や，それに対抗してきた部落解放運動の歴史を学ぶ時間となっていった。

そして，気がつけば，学生たちにとって，来るまではあんなに意識過剰になっていた「部落」が，どこにでもあるようなふつうの町であり，そして，自分たちが営んでいるのとなんの変わりもない生活が営まれている場所として感じられるようになっていた。

だが，その一方で，短いけれど濃密だったフィールドワークを通じて，そうした地区内のいたるところに，そして，住民の人たちの心の随所に，部落差別にまつわるさまざまな記憶が幾重にも刻印されていることを知らされることによって，部落差別の現実を知らなかったそれまでの無垢な自分はもういなくなったことを，学生たちは同時に痛感していたに違いない。

2　結婚差別の体験を聞く

「おれは…，自分が結婚差別を…受けてたってことを，結婚するまで…知らんかったんや……」

若い男性が，重たい口を開いて，みずからの体験を語り始めた。場所は，A地区の共同浴場（「ふれあい交流センター」）の2階にある大広間。しんと静まり返って，一言も聞き逃すまいと懸命に耳をこらす学生たち。部落解放同盟支部の役員さんたちの案内で，小一時間をかけて地区内を見学してきた後に開かれた，交流会での一場面である。

当日参加した学生の多くにとって，「部落」のなかを歩くのはもちろん，「部落」とされる場所を具体的に知ったのも初めてのことだった。おまけに，そこで直接聞く差別体験は，これまで授業で習ってきた結婚差別とも，どこか違っているようだ。「結婚した後に知った結婚差別」とは，いったい，どういう意味なのだろうか。訥々（とつとつ）と，しかし一言一言を噛みしめるように発せられるその男性の語りに，私たちも思わず耳をそばだてた。

「おれは…，おれは結婚した後になって…，かみさんから，あんときは…，こぅこぅで…，実家のほうでは…，結婚に反対されてて…，大変やったんやで…って，初めて聞かされた。自分が…，結婚差別されてたなんて…。でも，後から聞いてみると，かみさんは，もぅ，家を飛び出すしかないってとこまで…，どうも…，思いつめるとこまで…いってたみたいで…。だから…，おれは…，自分は…結婚差別されてるんやけど…，そんときは，知らんかった…っていうか…。それが，おれには…，どうにもやりきれんことやって……」

さて，私たちに，この男性のやるせない気持ちを理解できるだろうか。

妻は，結婚の際に，あえて夫に自分の身内からなされた差別的な言動を告げなかった。ここには，妻による，夫となる人への深い思いやりさえ感じられる。だが，夫の側にしてみれば，自分が受けた差別について知るまでに決定的な時間差があったために，その差別にみずから抗議したり，苦しんでいる妻となる人を，その時点で支えてあげることもできなかったのだ。

いや，それだけではない。もしも，妻が結婚した後になっても，夫にこの事実を語らなかったとしたらどうだろう。そう，この男性の場合，自分が結婚の際に差別を受けたという事実を後々までずっと知らずにいた，という可能性も十分にありえたのである。

この出来事が教えてくれているのは，部落差別というものが，今日では，それを受ける当人にとってさえ，非常に「見えにくい差別」だということである。逆にいえば，これまでも，実は面と向かった状況で受ける露骨な差別は，むしろ氷山の一角だったとさえいえるだろう。

この男性の語りは，多くの学生たちの胸を打った。何人もの学生が，後日のレポートにこんな感想を書いていた（以下に引用する感想は，すべて私の要約である）。

〈これまでも人権学習で，レジュメを通じて結婚差別の事例を学んできたが，文字だけでは理解しにくく，どこか遠い

話だった。今回，体験された方の話を直接聞いて，その人のその時の心情や悲しさが伝わってきて，忘れられない経験になった〉

そして，本日の行事の最後は，４つのグループに分かれての討論会。役員さんや青年たちが進行役になって，差別や解放運動について自分の思いを述べる一方，学生たちからも，部落問題にかんする疑問や考え，あるいはそれにまつわる個人的体験などを引き出していった。

私のグループの学生たちは，初めて出会った者同士なのに，その割にはかなり率直に意見や感想を述べていた。とくに，私の印象に残ったのは，「これまで部落出身の人には出会ったことがないと思い込んでいたけれども，今日の経験を通じて，絶対出会っていたに違いないという確信をもった」という発言や，「部落差別には，結婚差別のような感情的な『熱い差別』と，土地をめぐる差別のような合理的計算に基づく『冷たい差別』があるのではないか」という発言だった。

前者の発言に接して，たった半日のフィールドワークであっても，参加者にとって「部落」との距離感をぐっと縮めることができるんだという実感をもてたし，後者の発言については，部落差別の複雑さを分析するよいセンスをもっているなと思った。

以上のような，実地見学→体験談を聞く→討論会という一連のプログラムに触れてみて，皆さんは，どのように感じられただろうか。私には，今――というのは，次節以降に見るような，部落問題の解決が政治的な隘路に入り込んでしまっている現在――こうした企画は，部落差別を身近な問題として理解するうえで，非常に大きな可能性をもっているように思われた。

最後に，そうした可能性の一端を予感させてくれる学生の感想を紹介しておこう。

〈部落と呼ばれる場所に行ったことがなかったので，初めて知ったことがたくさんあった。ところどころ道が狭かったり，不自然なところで地名が変わっていることからも，差別がまだ続いているのだと思った。また在日韓国人の問題もからんでいて，複雑だった。話を聞いて一番印象に残ったのは，「いまだに職場でA地区出身であるといえない」ということだ。部落問題は，日本人の人権問題のなかでは割合早くから取り組みがあったため，出身地がいえないなんてことはさすがにないと思っていた。しかし，それをいえないということからも，差別は存在していることがわかった。自分もマイノリティと呼ばれる人間の一人で，そのため他人からの視線を怖く感じることがあり，問題そのものは違うけれど似ている気がした。誰もが自分のことを話せる世の中をつくっていくためにも，差別の構造を明らかにしていく必要があると思った〉

そう，私たちが次に試みるのは，まさしく，このような部落差別の構造を解明するための新しい視点を提示することにほかならない。

3 「部落差別」とは何か？

部落差別は，歴史的に形成されてきた日本社会に固有の差別だといわれる。では，なぜ，そのような差別が日本社会に存在しているのだろうか。

実は，その原因については，いまだによくわかっていない。

このように書くと，不思議に思う人もいるだろう。なぜなら，私たちの多くは，歴史の授業で，部落差別は江戸時代の身分制度（「士農工商穢多非人」という身分序列）に由来するものであると習ってきたのだから。

だが，この20年ほどのあいだに，歴史研究者のなかで歴史認識に根底的な変化が生じた。それは，一言でいえば，被差別部落の「近世政治起源説」への疑問の提示と，それを受けた「中世文化起源説」への論点のシフト，あるいは「近代社会起源説」の提唱等々といった，被差別部落の起源をめぐるアカデミックな論議の混迷と錯綜といった事態のことである（寺木 2000）。

興味のある人には，ぜひ，文献を参照していただきたいが，以下では，（被差別部落ではなく）部落差別の「近代起源説」に対して，社会学的な観点からアプローチを試みることにしたい。

（1）私が部落差別の「近代起源説」をとる理由。それは，何よりも差別の対象を指示する「部落」や「部落民」という言葉が，近代（明治・大正）になって生まれた言葉だからである。つまり，「部落」や「部落民」が存在しなかった江戸時代に，論理的にいって，「部落差別」は存在しようがないはずなのである。

さらにいうなら，近世幕藩社会とは身分制度に基盤を置く社会である。したがって，社会の構成原理のなかに，上の身分の者による下の身分の者の排除（すなわち差別）は当然のこととして組み込まれていた。また，一口に身分制度といっても，幕府権力の十分に及ばない地方的諸権力のもとで，それぞれの「藩」や「所領」や「くに」ごとに，「賤民」とされた身分の人びとは多種多様な呼称によって認識され，多様なあり方を示していた。

それに対して，近代社会とは「四民平等」という表現もあるように，少なくとも「平民」間における身分差を原則として撤廃した社会である。その意味で，江戸時代における「賤民」へのローカルな差別と，明治・大正期以降における「部落民」への国民的な差別を，同質的かつ連続的にとらえる「近世政治起源説」には論理の飛躍があるように思われる。

(2) この2つの差別の違いを理解するためには，明治4（1871）年に布告された賤民廃止令の位置づけを明確にしておく必要がある。この賤民廃止令にある「身分・職業共平民同様たるべき事」という文言。これは，近年の研究では，賤称を撤廃して賤民を解放するという意味ではなく，むしろ，幕藩体制下で賤民が享受してきた封建的諸特権（警吏（けいり）職，斃牛馬（へいぎゅうば）の処理権，地租減免等）を廃止して，今後は〈同じ国民として〉平民と同様の義務（納税や徴兵）を負担させることを目的としたものであったことが明らかにされている。

すなわち，明治政府が国家の統治機構を確立するのに不可欠な地租改正・徴兵制・町村合併等を実施するうえで基盤となる「国民」を創出する一環として，この賤民廃止令があったというのである（上杉 1990）。

(3) このように，賤民身分の廃止が，賤民をそれまでの近世的差別から解放することを目的としてではなく，中央集権的な権力による国民国家の形成という文脈のなかで均質的な「国民」を創出することを目的として行われたという，このねじれが，私には，今日のような「部落差別」を生み出すに至る構造的要因をなしていたように思われるのである。

(4) 実際，近世までは「藩」や「所領」や「くに」においてローカルなかたちで存在していた多種多様な賤民へのさまざまな差別が，賤民廃止令の布告後には，一挙に各地で反対一揆の噴出を見るといったかたちで，ナショナルで画一的な差別へと大きな質的変化を遂げていった。そして，差別対象に付与された「新平民」という新たな蔑称に端的に表れているように，地域を越えて国民的に流通するこのような単一の語彙の登場こそが，ナショナルな差別としての「部落差別」の生成の端緒をなしていたとみなすべきだろう。

というのも，その後，そうした差別的表象をまとう言葉（「新平民」）に代わって行政によって用いられ始めた「特種部落」「特殊部落」といったカテゴリーが，社会のなかでまたたく間に新たな差別的表象を身にまとっていって，今日のような「部落」「部落民」イメージの形成に寄与することになるからである（小島 1996）。

(5) 以上，近代化過程における「部落差別」の生成を早足でたどってきてみると，近代日本における「部落差別」（さらには，その根拠となる「部落」「部落民」という表象）とは，明治政府による中央集権的な国民国家の形成を推進しようとする力と，民衆のなかにわだかまっていた近世の慣習的な賤民身分の存続にあくまで固執しようとする力という，２つの力のあいだの構造的な緊張関係のなかで生み出されたものであることがわかってきた。

(6) このように見てきて，何か，はっと気づいたことはないだろうか。そう，江戸時代における「賤民」が，あくまで当時の身分制度に規定された存在であったのに対して，近代日本における「部落民」とは，社会における制度的な基盤を欠いた存在（身分制度が廃止されたにもかかわらず観念的に存在させられている回想のなかの身分的存在）であって，差別する側から「部落民」として表象されることによって初めて存在し始める，そのような存在であったのである。

だが，差別とは，そもそも差別されるいわれのないところで起こるものだという点からすれば，このような性質をもつ「部落民」という存在の特異性は，実は，あらゆる「マイノリティ」という存在にかんして，多かれ少なかれあてはまるものであるに違いない。

4 〈ポスト同対法体制〉の隘路

先日，ある自治体の人権関連の部署の担当者から，同和対策事業（部落差別の原因とみなされた生活環境の劣悪さ，教育水準の低さ，職業構成の特殊性といった実態的要因や，人びとの心のなかの偏見や差別意識といった心理的要因の克服を目的とした国家事業）の対象地域にかんして，同和対策事業特別措置法（同対法）をはじめとする一連の特措法（1969～2002 年）が失効してから十数年が経過した現在の状況を把握したいのだが，行政の立場からは実態調査ができないので困っている，という相談を受けた。

実態調査ができない理由について詳しく尋ねてみると，どうも，2005 年に施行された個人情報の保護に関する法律に準拠してその自治体で制定された個人情報保護条例の条文のなかに，実施機関が収集してはいけない個人情報として，「思想，信仰，信条その他の心身に関する基本的な個人情報」と並んで，「社会的差別の原因となるおそれのある個人情報」という記載があり，この後者の部分がネックになっているのだという。

では，同対事業の対象地域に対して調査を行うことが，なぜ，差別の原因となるおそれがあるのかと聞いたところ，調査を実施することは，そこが対象地域（すなわち「同和地区」）であったという事実を改めて公表するに等しいから，というものだった。

私は，思わず，うーーんと唸ってしまった。

たしかに，ある種の調査行為が，差別行為と紙一重のところで行われざるをえないというのは事実である。だが，住民にとって，自分の住んでいる場所がかつての「同和地区」だという情報を公表されることで社会的差別を受けるおそれが生じることになるという推論だけで，自治体が必要と考える実態調査を制約する理由となりうるだろうか。

じっさい，私に相談をもちかけた自治体職員は，「特措法が失効したので，対象地域を調査する根拠がなくなってしまった」とも述べていた。ここには，どうも，〈ポスト同対法体制〉の抱える問題が凝集されているようだ。

以下では，この点について，〈同対法体制〉下の時代と現在とを比較しながら考察してみたい。そのため，まず前節の(6)で指摘したような，差別の対象とされる「部落民」の定義について確認をしておきたい。

私はかつて，「部落」「部落民」とは，具体的な土地や人物をさす実体的なカテゴリーではなく，関係的カテゴリーであるととらえて次のように書いた。

「『部落民』とは，他者からの『部落民』とカテゴリー化する視線を浴びることによって，それになるもの，それにならされるもの，であって，けっして生得的な属性などではない。つまり，社会的文脈との関連で，人は，その時々に，状況次第で（他者からの視線の有無や，みずからの意志との関連において）『部落民』になったり，ならなかったりするだけのことなのだ」（三浦 2004：226）

だが，皆さんのなかには，えっ，「部落」や「部落（住）民」は実在しないの？ と驚かれる向きもあるだろう。しかし，「わたし」や「あなた」が「部落民」であるか／ないかについて，そもそも客観的な根拠などどこにも存在しない。先にも書いたように，差別する側からのまなざしの有無のみが，「部落民」であるか／ないかの区分の根拠をなすものだったのであって，もしも，そのまなざしがなくなれば，「部落民」であるか／ないかの区分など，雲散霧消してしまう態のものなのだ。

にもかかわらず，近代以降，身分的にはもはや日本社会に存在するはずのない「部落民」を，実体としてあたかも存在するかのように，私たちが表象して（／表象させられて）しまっているのはなぜだろうか。その社会的メカニズムに迫ることが，前節の課題であったし，また，以下の議論の焦点でもある。

結論から先に述べれば，〈同対法体制〉とは，本来，関係的なカテゴリーである「部落」や「部落民」を，施策や事業の必要上から法的にも社会的にも実体的カテゴリーとしてとらえようとする体制だった。おそらくは，こうした矛盾が，30年にわたる同和対策事業をはじめとする特別施策を総括した報告書で，「これらの特別施策は，施策の適用上，地区や住民を行政が公的に区別して実施されてきたものであり，それが住民の意識に与える影響等，この手法に内在する問題点も指摘されている」と述べられていることにも直接関係していよう（地域改善対策協議会 1996）。

それでは，そうした「部落」「部落民」を実体的にとらえる手法を使えなくなった〈ポスト同対法体制〉下にいる私たちには，いったい，何ができるだろうか。

まずいえるのは，「部落」と呼ばれる地域（さらには，その地域以外に居住しているけれども部落差別を受けている人たち）にかんする実態調査を避けて通ることはできないということである。なぜなら，同対事業の対象地域から得られた個人情報が「社会的差別の原因となるおそれのある個人情報」とみなされるという事態こそが，まさに部落差別が解消されていない何よりの証拠なのだから。

では，どのような実態調査が可能なのか。私が提案するのは，住民が主体となり行政・研究者・調査機関がそれをサポートするかたちで実施される実態調査である。もちろん，ここで主体となる住民とは，「部落」と呼ばれている地域に住んでいる人たちだけではない。「部落」を含み込む一定の広がりをもった範囲の住民たちが，部落差別の現状を学び合い，地域の概況と差別との関連を自分たちで分析し，生活実態の課題の解決に向けて協力し合うことを通して達成される実態調査。

はたしてこれは，単なる夢物語だろうか。私には，〈ポスト同対法体制〉下にいる私たちだからこそ可能な壮大な社会実験に思われるのだが，いかがだろう。

参考文献

地域改善対策協議会，1996，「同和問題の早期解決に向けた今後の方策の基本的な在り方について（意見具申）」。
藤田敬一編，1998，『「部落民」とは何か』阿吽社。
小島達雄，1996，「被差別部落の歴史的呼称をめぐって」領家穣編『日本近代化と部落問題』明石書店。
三浦耕吉郎，2004，「カテゴリー化の罠――社会学的〈対話〉の場所へ」好井裕明・三浦耕吉郎編『社会学的フィールドワーク』世界思想社。
寺木伸明，2000，『近世身分と被差別民の諸相――「部落史の見直し」の途上から』解放出版社。
上杉聰，1990，『明治維新と賤民廃止令』解放出版社。

ブックガイド

内田龍史編『部落問題と向きあう若者たち』（解放出版社，2014年）

▶それぞれの生活史のなかで直面させられた差別をしっかり見据えつつ，悩みながらも部落差別に対してさまざまなスタンスで対抗を試みている，18人の爽やかな若者たちの肉声と肖像の記録。

上原善広『路地の教室――部落差別を考える』（ちくまプリマー新書，2014年）

▶従来の部落解放運動の枠組みにとらわれない若い世代の著者に

よる，現代の各地の路地（「被差別部落」）をめぐる思索と巡礼の書。部落問題の新しい入門書。

三浦耕吉郎『環境と差別のクリティーク——屠場（とじょう）・「不法占拠」・部落差別』（新曜社，2009年）

▶部落差別の「近代起源説」のもう一つの根拠といえる近現代における屠畜業の展開と部落差別の関係を考察する。関連書として，三浦耕吉郎編『屠場 みる・きく・たべる・かく——食肉センターで働く人びと』（晃洋書房，2008年）もお勧め。

藤田敬一編『「部落民」とは何か』（阿吽社，1998年）

▶「部落」とは何か，「部落民」とは何か，という極めて根源的な問いを初めて私たちの前に明確なかたちで提起したシンポジウムの記録。当事者の人たちによる熱い議論が圧巻。

畑中敏之『「部落史」の終わり』（かもがわ出版，1995年）

▶近世や中世から連綿とつながったものとして書かれてきた部落史に対して疑問を投げかけ，「部落の近代起源説」を提起した論争の書。

くまさんの映画コラム②

今一度『橋のない川』をじっくりとみてみよう

『橋のない川』第一部（今井正監督，1969年）・**『橋のない川』第二部**（今井正監督，1970年）。住井すゑの同名大河小説の映画化。部落問題を正面から扱った映画は少なく，この作品の価値は揺るぎない。明治末期，小森という被差別部落が舞台だ。水平社の運動がなかった当時，被差別部落で暮らす人たちが，いかに厳しい差別を日常受けていたのか。厳しい差別状況のなか，被差別当事者も，そうたやすくは差別と闘う主体にはなれなかったことを描くことで，部落差別という現実の重さが見る側に伝わってくる。第一部の最後，消防ポンプの提灯落とし競争に勝ちながらも優勝旗を奪われ，燃やされてしまう小森の人たち。悄然として彼らは小森へと帰っていく。その姿には差別に対する怒りやそれをやりすごさざるをえないくたびれが象徴されている。

ただ映画はここで突如としてカラーになる。荘重で運命的なBGMが流れ，真っ赤な夕陽をバックに歩く人びとの姿に重なり「この日から間もなく各地の未解放部落の人びとは，人間は平等であるという自覚のもとに立ち上がり，長い封建的な差別とその差別からの貧困をうち破るために団結し，遂に全国水平社を結成した」という字幕が現れる。「なんでカラーなの。なんで突如として決まりきった啓発メッセージになってしまうの」と映像の緊張感が一気に緩んでいくのが残念だった。第二部の最後。主人公たちが全国水平社第一回大会に向かうシーンで終わるが，そこで水平社宣言が高々とうたわれており，宣言の重みがしっかりと確認されていく。水平社宣言は，なんとすごいものか。改めてそう思う。

『橋のない川』（東陽一監督，1992年）。もう一つの『橋のない川』がある。この作品でも主人公たちが日常的に賤称語を平然とあびせられ ばかにされるシーンがふんだんに出てくる。しかし彼らは，差別に対し暗い雰囲気で悩み苦しむというより，むしろ淡々としたたかに対応していく。この描き方は今井正版とは対照的だ。あたりまえのようにふりかかる差別，厳しい生活環境のなかで，人はしたたかにたくましくしぶとく暮らし，人に憧れ，人を愛し，生きていく。差別の不条理さに屈することなく，対抗して生きていくことが，人間としてのまっとうな姿であり，光ある熱ある人間の姿なのだと。映画のラスト近く「うちは水平社宣言と結婚するんや。孝二さん，これがうちらの旗や」と荊冠旗を見せる七重。真っ白な屏風に黒々と書きあげられた水平社宣言。その前に満ち足りた表情で座っている花嫁姿の七重。印象的なシーンである。部落差別をすることは人間としていかにお粗末でくだらないことなのか，さらに部落差別を考えることは自分にとってどのような意味があるのかを，この映画ははっきりと伝えようとしている。

『破戒』（市川崑監督，1962年）。島崎藤村の小説「破戒」は有名だ。主人公瀬川丑松は被差別部落出身を「隠して生きる」象徴として語られ啓発場面で使われてきた。ただ映画での丑松は印象が異なる。映画には，俗世間の垢にまみれ，過去の遺制や権力にしがみつき醜く汚れた人物が登場する。彼らに比べ，丑松は見事なまでに純粋であり透明な存在である。映画は，「破戒」した丑松こそが，新たに人生を切り開き差別に対抗し生きる存在であることを確認する。見送りに応える彼の表情には恐れやおののきは微塵もなく，晴れ晴れとして力強くすがすがしい。丑松は，決して「隠して生きる」象徴ではない。「破戒」が，いかに深く大きく厚いものであるか。そのことを映画は明確に伝えている。

『橋のない川　第1部』発売：株式会社日本映画社，価格：4935円（税込）

ほかにも**『人間の街——大阪・被差別部落』**（小池征人監督，1986年）。**『人間みな兄弟——部落差別の記録』**（亀井文夫監督，1960年）など製作された当時の時代状況や解放運動状況が反映された優れたドキュメンタリーがある。これらも必見だ。

第3章

「当事者」は差別や排除を語るのか？

――〈ジモト〉の在日コリアンとともに感じたこと

旧岡山朝鮮初中級学校の屋上に広がる，もう一つのジモトの風景（写真提供：中村智道）

1991年から1992年までの1年間，16歳だった筆者は米国ミシガン州フリント近郊の田舎町にあるハイスクールに留学した。当時，ジャパン・バッシングが吹き荒れており，テレビに映っていた地元の中古車屋のCMでは，オーナーである中年白人男性がDon't buy no Japanese Car! と叫んでいた。日本人のせいで自分の父親は仕事を失った，日本人はフェアではないという意味の発言に遭遇することもしばしばだった。だけれども，その時の筆者はこのような出来事を差別や排除であると正面から受け止めることはなかった。これらの出来事を，自分への差別や排除の経験だと気づき，言葉にするようになったきっかけは，本章で紹介する，それから10年以上経ったフィールドワークにおいて聞き取りを行った在日コリアンの若い世代の「差別されたことがない」という語りだった。

1　誰が差別を語るのか

◎「差別されたことはない」

2002 年の夏から自分が育ったまちでフィールドワークをしてきた。主に話を聞いてきたのは，同世代の在日コリアン。ほとんどが在日 3 世や 4 世。そのなかには，両親のいずれかが日本人の者や日本国籍を取得している人たちも含まれている。フィールドワークを始めるまでは，筆者は在日コリアンに出会ったことがない状況だった（と思い込んでいた）。フィールドワークを通じてたくさんの同世代の在日コリアンと出会うことによって，自分自身が慣れ親しんだまちの風景やイメージは少しずつ変わっていき，そのことはまた自分自身に対するイメージそのものをも変えていったのだった。

筆者は，自分自身が育ったまちで暮らす在日コリアンたちの経験や帰属意識のあり方に強い関心を抱いていた。だから話をしていると，差別の話題になっていくことも多い。そのような筆者の「狙い」を敏感に感じとるのだろう。たくさんの在日コリアンたちが口にしたのは，「差別されたことはない」という趣旨の台詞だった。彼／彼女らが発したこの台詞の意味の半分はわかるような気がした。たしかに，筆者自身も在日コリアンに対する差別的な意識や感覚というものを感じたことがなかった（と思い込んでいた）。都市部の在日コリアンが集住している地域とは異なり，筆者が育った高度経済成長後の岡山では，在日コリアンの存在そのものが不可視であったのだ。

ただし，「差別されたことがない」というのは現実的には正しくない。彼／彼女らはそのように語るものの，詳しく話を聞いていくと，結婚や就職，友人関係や日常生活の場面などで差別を経験しているのだ。では，なぜ差別されたことがないと語るのか。この問いを出発点として現代社会における差別や排除についての考察を進めていこう。

◆ 在日コリアンたちはどこへ行ったのか

まず，在日コリアンたちが語ったこの言葉の含意として，彼／彼女らに対する差別は親の世代と比べるとよくなったという認識がある。戦後に日本で生活していくことを余儀なくされた朝鮮半島にルーツをもつ人びとは，鉄道主要駅周辺や工業地帯などに集住していた。たとえば筆者がフィールドワークしたJR岡山駅前の集住地域でも，隣接する商店街で育ったある団塊世代の日本人男性の語りにおいて，集住地域に対するエキゾチックなまなざしとともに，明確な差別が存在していたことを確認することができた。つまり，都市部や工業地帯の集住生活を通じて在日コリアンは可視化されていたのであり，それゆえに集団に対する差別も歴然と存在していたのである。

この言葉のもう一つの含意は，戦後の在日コリアン共同体の移り変わりと関連しているものである。筆者の出会ったほとんどの在日コリアンたちは，家族や親戚以外の在日コリアンの知り合いがいないという状況で育ったのだった。たとえば，駅前の集住地域から離れて，郊外の一軒家でひっそりと生活しているわけである。そのうちの多数は，本名ではなく，日本名である通名を用いている。だから近所の人たちも在日コリアンであるということには気づいていない。このような非集住的な環境で育った世代の在日コリアンにとって，露骨な差別を経験することはなかっただろうが，みずからの出自を明確にしたり，在日コリアン同士で帰属意識を確認したりという経験が極めて少ないのである。現在，朝鮮学校に通い，同胞の学生やコミュニティに育まれるなかで生きる在日コリアンたちは少数派だ。また，圧倒的多数の在日コリアンたちは日本人と結婚しており，在日コリアンと日本人とのあいだに生まれる子どものほうが多数派という状況にある。つまり，在日コリアンに対する差別が解消されたというよりは，都市や地域という生活空間において在日コリアンの存在やルーツといったものが不可視化されているような環境があるということになる。

筆者の友人である在日３世の金昌浩（1974 年生まれ，韓国籍）は，そのような在日コリアンの若い世代を「隠れ在日」と呼んだ。彼もまた，かつての集住地域である JR 岡山駅前で育ったものの，家族や親戚以外の在日コリアンの知人がいないという環境で育った。彼は，大人になってから若い世代の在日コリアンたちとともに青年会活動を行うことを通じて，同じ地域で生活していた同世代の在日コリアンたちに出会ったのだった。そのような活動を通じて彼が感じたのは，みずからを在日コリアンであると自信をもって名乗るのでもなく，地域社会の片隅でひっそりと日々の生活を送る同年代の在日コリアンの姿だ。そのような姿に，かつて「隠れ在日」であった自分自身を重ねて思いを馳せたのだった。そしてまた，メディアや教科書には描かれることのない，そのように「隠れて」生きる在日コリアンたちのほうが圧倒的な多数となっているのである。

このような状況について考えていくと，差別の対象としての集合的なアイデンティティから解き放たれた在日コリアンたちはどこへ行ったのかという，現代社会における差別のリアリティを想像していくための新たな問いが浮上してくるのである。この新たに浮き彫りになった問いとともに，「差別されたことがない」という言葉の意味をもう少し深めて理解していくことを試みてみよう。

2 「当事者」と差別・排除をめぐるリアリティの変化

◆ 差別へ対抗する日常的実践

露骨な差別の対象であった集住地域から離れた環境で生活する在日コリアンたちが直面している問題とは何だろうか。集合的な差別を経験することはなくなるものの，差別の問題は諸個人の日々の生活のなかで対応していくべき問題となる。それゆえに，個人の能力や人間性，さらにはその基盤となる経済力や家庭環境に大きく左右されるようになる。いわば，差別の問題が社会から後景化していくことによって，個人の資質で対応することが求められてくるのである。つまり，差別というものを認識し，言葉を通じて表明することの判断や説明責任を個人が負うことになる。

このような状況において，何が差別や排除なのかを明確に判断するのはとても難しい。集団に対する露骨な差別の理不尽さとは異なり，個人の器量と差別や排除が結びついてしまうと，「当事者」でさえ，自分のせいなのか他人のせいなのかの判断に迷うような状況も生じうることになる。なぜならば，差別や排除の要因が個人の器量に還元される場合，在日コリアンが置かれている状況の周縁性への配慮もまた棚上げされることになるからだ。そしてまさにそのような非対称的な関係性こそが,「当事者」の判断に影響し,個別な場面で生じる差別や排除のリアリティを言語化することをより一層困難にさせるのである。そしてまた,それらの差別や排除の経験は断片化されるがゆえに,同様の経験をした者同士による共有が極めて困難となる。

以上のような在日コリアンを取り巻く現代社会における差別や排除の特徴を踏まえてみると,とくに差別されたことがないという言葉の意味をめぐる解釈もそう単純なものではないだろう。すでに述べたように,ほとんどの在日コリアンは個人的にもしくは家族や親戚を通じて差別を経験している。それなのに,差別された経験がないと語るのは,差別という現実に向き合うことが怖いからだろうか。もちろん,差別に対して個人で闘うことは孤独であり,恐怖をともなうものだ。とりわけ,差別の原因が個人の器量と結びつけられるわけだから,差別を経験したと受け止めるということ自体にどこか自己否定の感覚がともなってしまうことになるだろう。

では孤立した状況で,そのような理不尽にも押しつけられる自己否定の感覚に向き合っていくにはどうすればよいのだろうか。筆者が,「差別されたことがない」という経験を語る在日コリアンたちから感じたのは,自己を鼓舞する肯定的な感覚とともに,その感覚を支えているであろう彼／彼女らの日々積み重ねている身近な世界における人間関係への信頼や希望のようなものである。それは信頼することのできる家族や親戚であり,友人や知人である。そのような信頼や希望の感覚が培われているからこそ,彼／彼女らが自分自身の差別や排除をめぐる経験を語る際には,実際には経験しているであろう差別を乗り越えることができるという意味の言葉が発せられるのではないだろうか。つまり，実は「差別されたことがない」というこの言葉には，身近な世界における「他者」との信頼関係を礎としたエンパワメントの意味が込められているのであり，孤立した状況における戦術的な応答ともいえるのである。

◆ 差別から排除へ

しかし，2000 年代半ば以降のヘイトスピーチやヘイトデモに代表されるような排外主義の高まりによって，不可視化されてきた在日コリアンをめぐる差別に対抗するような，日常的実践を通じた戦術をめぐる状況は大きく変わった。もはや，差別されたことがないからというのは文字どおりにはあてはまらないような，露骨な排除の感覚をともなった社会的な状況が生じてしまったのである。さらには，この「差別されたことはない」という言葉に込められた日本社会に対する信頼や希望さえもが奪われていくのだ。このような状況について在日コリアンたちはどのように感じているのだろうか。もちろん，このような状況を見過ごすことなどできず，対抗的な動きや活動も数多く取り組まれているし，欠かすことができないものだ（中村 2014）。

もう一方で，そのような運動に参加することのない多数の在日コリアンにとって，排外主義的な現代社会に対する言葉を練り上げるのはとても難しいように感じられる。少なくとも，筆者の在日コリアンの知人にかんしては，ヘイトスピーチや排外主義をどのように感じているかという類の質問に対して明確な対抗的なメッセージが発せられることは多くない。たとえば，筆者が聞き取りを行った同年代の在日コリアンたちは，ヘイトスピーチに対して批判的なスタンスを示しつつも，その後に何が問題なのかを明確に語ることはなかった。しかし，まさにそのような彼／彼女らの沈黙こそが在日コリアンを取り巻く現在の排外主義的な雰囲気を明確に示している。ヘイトスピーチという行為の本質は，「他者」の表現の自由を奪うというところにあるからである。

このような在日コリアンたちの表現をめぐる自由の剝奪は，21世紀になって始まったことではない。在日コリアンたちは，植民地時代の遺制である通名を用いて，そしてみずからを隠すという戦術を用いて日々の生活を営んできたのである。そしてまた，隠れて生きることをよしとせず，社会的不平等の是正をめざして，あえて在日コリアンであることをカミングアウトするという戦略によって権利の回復を勝ち取ってきたのだった。ところが現代の排外主義は，この勝ち取ってきた権利を「特権」だと主張し，在日コリアンたちがみずからを語る環境そのものを奪っている。つまり，彼／彼女らの沈黙には少なくとも差別と排除という二重の圧力のようなものがかかっている。

このヘイトスピーチをめぐる沈黙が象徴するような二重の圧力は，かつてのように差別に対して在日コリアンというエスニックな対抗的アイデンティティを立ち上げれば解決するほど単純ではない。なぜならば，排外主義的な主張においては，あえてカミングアウトするという戦略を逆手にとり，在日コリアンをネガティヴかつ均質なイメージによって暴力的に表象することによって，多様な在日コリアンの存在そのものを否定しているからだ。

そしてまた，現代の排外主義は醜悪かつ暴力的な表現行為によって，差別や排除という現象の錯綜したリアリティについて考える必要性を明らかにしつつあるともいえる。たとえば，在日コリアンという集合的なアイデンティティによって一括りにしてしまう場合，在日男性が在日女性に対して差別するような「複合差別」をどのように理解すればよいだろうか（上野 1996）。もっとも極端な例をあげるならば，非対称的な社会的属性とは関係なく，在日が在日を差別するという語義矛盾な状況が発生してもおかしくない。なぜならば，現代社会における在日コリアンというエスニックなルーツをめぐる問題が個人の資質と結びつけられる環境においては，エスニシティとは切り離された（あるいは暴力的に結びつけられる）別個のよい／悪いというカテゴリーが生じうるからである。つまり，現代社会における差別は，かつてのアイデンティティ政治を通じて構築された主体を溶解し，個人を軸として横断的に展開しているような状況がある。このような時代に，誰が「当事者」なのかという問いに対する答えは，極めて複雑かつ錯綜したリアリティを帯びてくるのである。

3　語られないことを感受する

◈ センスを磨く

誰が差別や排除の「当事者」なのかが語られない，あるいは語りがたい社会環境のなかで，私たちはいかに不可視化された在日コリアンたちとともに生きていくことができるのだろうか。実は，この問いへの答えは極めてシンプルなものではないだろうか。不可視なのだから，私たちの感受性を発揮することによって，目に見えないこと，聞くことができないことを想像する力を育んでいけばよいのだ。つまり，「他者」とともに生きているこの社会へのセンスを磨くようなものだ。ただし，私たちはセンス＝感受性というものを，生まれながらにして備わっている先天的な能力であると考えてはいないだろうか。それは，感受性というものが極めて可視化しがたいものであり，それゆえにわかりやすい評価の指標が存在しないことにも起因しているだろう。

むしろ情報化時代を生きる私たちの社会でわかりやすく指標化されるのは，感じることをキーボードで打ち込み，言葉やイメージを発信する能力や，その過程で創造的なものを生み出す力のほうである。もう一方で，相手の気持ちや現象をめぐる複雑なリアリティを感受し，想像する人間の力への評価は低いように思われる。高度に情報化された社会において人間に要請されるのは，コンピュータが苦手とするコミュニケーション能力を高めることである。そしてこの過程で重視されるのは，感受性を研ぎ澄ましていく方向性よりも，情報を処理・加工して発信していくことである。もちろん，感受性や想像力もコンピュータが不得意とする分野であり，人間によって駆使されているのは間違いないが，結果的に言葉やイメージとして発信されないがゆえに，可視化されがたいものとなる。

だけれども，日常生活のさまざまな場面において，私たちは感受性をフルに活用しているのであり，この領域をコンピュータによって，あるいはコンピュータによって生産される言葉やイメージによって代替してしまうのは大きな社会的損失だ。このような観点からヘイトスピーチやネット右翼の言説の生産について考察してみると，それらはまさに現代のメディア的環境の特有性が生み出している差別や排除の形式であり，人間のもつ感受性がコンピュータによって淘汰されているともいえるだろう。

では，このような現代社会的な環境のなかで，いかに私たちは言葉で語られないことを感受するようなセンスを研ぎ澄ますことができるのだろうか。たとえば，イギリスの労働者階級出身の社会学者であるレス・バックは，『耳を傾ける技術』（*The Art of listening*）という著書のなかで，「他者」への感受性を高める技術を「目によって聞く」――「聞くことは見ることで，見ることは聞くこと」――というふうに喩える。なぜならば，人は一番伝えたいことを述べるとは限らないし，そもそも私たちの日常におけるコミュニケーションには非言語的な要素も多分に含まれている。その一つの方法としてバックはテキストで写真を用いる。写真のなかの被写体はただまなざされるだけの存在ではなく，こちらを見つめ返してくる。たとえば，同書の表紙にもなっているイギリス人女性のドナの腕の内側には，スティービー・ワンダー『Isn't she lovely』の楽譜がタトゥーとして刻み込まれている。それは彼女が名づけ親となって幼くして亡くなった少女リリックの思い出として彫ったものだ。タトゥーは，病気になる前のリリックを抱いて歌ってあげたまさにその場所に刻みこまれた（Back 2007＝2014）。「目によって聞くこと」によって，「他者」をめぐる想像力の深みへと誘う一例であり，まさにこの過程において感受性は研ぎ澄まされていくのである。私たちの日常生活の時空間や人間関係を再想像していくために，視覚・聴覚・嗅覚・味覚等々をフルに活用することによって，感受性の領域は広がっていくのである。

◇ 対象者が引き出す調査者の感覚

それでは，そのような感受性をもって，私たちはいかに「語られないこと」を感受することができるのだろうか。そこでそもそも，なぜ筆者自身が「差別されたことがない」という意味の言葉に現代社会の差別や排除を考えていくうえでのヒントのようなものを感じたのかについて，改めて考えてみることにしよう。これまで論じてきたように，この言葉は現代の在日コリアンを取り巻く生活環境や帰属意識のあり方を考えていくうえで，あるいは彼／彼女らを取り巻く差別や排除の問題を考えるうえで極めて重要である。ただし，筆者がこの言葉にこだわるのは，この言葉が示す内容というよりは，言葉には明示されていない秘められた「迫力」のようなものにある。それは，この言葉に強烈なインパクトがあるという意味ではない。むしろ，数多くの在日コリアンたちから発せられた言葉であったし，情熱をもって語られるような台詞でもないからだ。

そうではなくて，この言葉が醸し出す，凡庸だが，絶対に見逃せない重要なことが潜んでいるといった，聞き手側の経験的な感覚に訴えかける何かである。それは筆者の場合，本章の扉ページで触れたように，高校生の頃に封印していた経験をめぐる記憶だった。1990年代初頭に，アメリカのミシガン州の片田舎の高校に留学していた筆者は，ジャパン・バッシングの真只中にいた。だけれども，留学を終えて家族や友人たちに自分の経験について語る際には，同じようにとくに差別されることはなかったというふうに答えていたことが思い返されたのだった。つまり，ここで述べる「迫力」とは，「他者」から感じ取るものに限定されるのではなく，想起することを回避してきた記憶や経験＝自分自身の

「他者性」と向き合う過程で生じているものなのだ。つまり，「迫力」を感じ取るといったような非言語的なコミュニケーションにおいては，言葉には表現されないものの，双方向的な感性の交流が存在しているのであり，その感覚に触発されるかたちで言葉の背景にある意味の理解へと誘われていくのだ。

4　身近な世界との再会

◆ ジモトという視座から見えてくる交錯するルーツ

このような感受性の展開の地平には，個人というパッケージには還元できない「他者」の歴史・社会的背景にある複雑に交錯したルーツが立ち現れてくることになる。そしてまた，このルーツは不可視化された自分自身の歴史・社会的背景にあるルーツとも交錯しているという事実の発見へと導いていくこともある。

筆者自身が育った場所でのフィールドワークの経験を例にしてみよう。フィールドワークが終わってしばらくして他界した筆者の伯父は 1932 年生まれである。伯父は，筆者が聞き取りを行っていた在日 4 世の金村成美（1977 年生まれ，韓国籍）の祖父母がかつて住んでいた集住地域の近くに 1963 年に引っ越した。極端にいえば，筆者が伯父のことに興味をもち始めたのは，その在日 4 世の女性やその祖父母に聞き取りをする過程においてのことである。はたして近所に住んでいた日本人＝伯父はいかに集住地域を認識していたのか知ってみたいと思うようになったのである。つまり筆者は，在日コリアンに出会う過程において伯父を再発見したといえるだろう。また，聞き取りの過程においては，筆者の伯父と前述した昌浩の伯父とは中学校の同級生で，インタビューした時点でも同窓会等を通じて交流が継続していたというのである。つまり，筆者は，同世代の在日コリアンの友人たちとの出会いを通じて，伯父の異なる側面と出会ったのであり，みずからの歴史・社会的な背景にある交錯した状況に気づかされたのだった。筆者はこのような，身近な世界における他者性の発見から，みずからの他者性へと向き合うような視座を「ジモト」と名づけている（川端 2013)。

この片仮名表記のジモトは実体的な概念というよりは，私たちが地域社会や地元と呼ぶような愛着のある時空間を閉ざされたものとして本質的に理解するのではなく，その開かれた越境性へと目を向けてみるための視座である。偏狭な地元愛ではない。自分自身の個人的でローカルな経験はつねになんらかの意味で社会的なものである。その意味でこのような視座は，在日コリアンに対する差別や排除が個人の器量や能力と結びつけられるような状況，ひいては個人の能力や結果というものが個人の資質の問題に還元される現代社会的環境に抗するなかで，「他者」とともに生きるための感受性を育てていく一つの方法である。

自分自身の問題として「他者」や社会問題全般について考える時，そこから生まれる知識は極めて実践的なものであり，情報社会によって増幅される排外主義に対抗できる繊細な感受性とともに現実的なタフさを備えたものとなるはずである。

◘「他者」との出会いから自分に出会う

このようなジモトという視座から，冒頭の文章で括弧によって補足していた，筆者自身が在日コリアンに出会ったことがないと

「思い込んでいた」という部分について考察してみよう。たしかに，高校生までの筆者は在日コリアンという存在について意識的ではなかったかもしれない。だけれども，在日コリアンに出会うことを通じて，自分の家族や親戚と在日コリアンをめぐる時空間的に越境的な関係性に気づかされてみると，実は在日コリアンとともに生きてきたという紛れもない事実にも気づかされるわけである。個人的かつミクロな歴史が，世界や社会といったよりマクロな歴史と接続し，これらの過去をめぐる時間的な越境は同時に空間的にも越境した結びつきをもった想像力へと展開していく。

筆者の場合，先に述べた伯父の再発見という経験から，自分自身の過去をめぐる経験や記憶にもより注意深く意識を向けるようになった。そうすると，日常生活の出会いや会話がきっかけとなって，忘れていた在日の人びとの存在のことが次々と思い出されていくのである。小学生の頃に家族で頻繁に通っていた焼肉屋のおばちゃんのやや「厚めの化粧」やその匂い。「厚めの化粧」という印象は，今は亡き筆者の母親が焼肉屋からの帰り道の車のなかで語り，意味づけられたものだったことが思い出される。さらには，フィールドワークの過程で実は在日コリアンであると知ることになった，同じ中学校や高校に通名で通っていた知人たちの顔や声。もちろん，テレビのなかで活躍していた野球選手や芸能人も。

改めてその人たちのことを思い出してみると，彼／彼女らをめぐる記憶は変化していくのである。そしてまた，これまで封印されていた別の記憶や場面が芋づる式に思い出されていく。驚くことに，このような記憶をめぐる実践，つまり身近な世界との再会を積み重ねていくうちに，自分自身が何者かという問いに対する答えの意味も変わっていくのである。そうすると，実は在日コリアンに対する差別や排除というものが，自分自身に対する差別や排除とも関連しているということ，「他者」を貶(おとし)めるということが自分自身をも貶めることにつながっていることにも気づかされる。

このことを踏まえて，本章で考察を深めてきた，「当事者」は差別や排除を語るのか，という問いに立ち返ってみることにしよう。

5 「当事者」は差別や排除を語るのか

◇ 互酬性と倫理

まず確認しておく必要があるのは，「当事者」が差別や排除について語ることと，差別や排除とは何なのかについて考察することは同じではないということだ。この２つを混同してしまうと，私たちは差別や排除について知るためには「当事者」に教えてもらうしかないという回答にいきついてしまうかもしれない。ともすれば，差別や排除の問題を「当事者」に押しつけることと紙一重のような状況さえ生じるだろう。そうではなくて，「非当事者」が「当事者」について本当に知りたいと思い，真摯に向き合うとするならば，「当事者」／「非当事者」という二項対立的な枠組みをともに乗り越えていくという歴史・社会的な回路が開かれていく。

フィールドワークや聞き取りなどの社会調査であれ，日常的な他愛のないやりとりであれ，「他者」をめぐる真実を探求するという知的な営為というものは，「他者」とともに思考を紡ぎだし言語化していく過程ではないかと思う。そしてまた，「他者」について知ろうとすることは，自分自身について知ろうとすることと切り離すことはできない。ゆえに，調査者と対象者のあいだには知的な互酬性なるものが発生するのである。語る者と聞く者のあいだに生じる言葉や感情の交換を積み重ねることによってフィールドという時空間が立ち上がっていく。また，当然のように，調査することを職業としている研究者とその対象となる人びととのあいだに存在する，共有された知識に対する立場や目的の違いから生じる非対称性を対話を通じて乗り越えようとする試みにコミットしていく地平に，ともに考えていくための知的な互酬性が展開していくことになる。

それゆえに，聞く者と語る者のあいだには倫理的な関係性が生じることになる。おそらくそのような倫理的な関係性とはすべて言語的に明示することができるものばかりではないだろう。社会調査においても調査倫理の問題に対する意識は高まっているものの，言葉を通じた書面での契約を済ませれば倫理的なものをクリアするわけではない。倫理的なもののなかには，言語によって十全には明示されない非言語的なコミュニケーションも含まれる。むしろ，ほとんどの人は自分が一番伝えたいことを適切な言葉を用いて表現しない。または，何も語らないことや沈黙が，語ることのできない圧倒的な現実のリアリティについて教えてくれることもある。ゆえに，「当事者」は差別や排除を語るのかという社会調査における方法論的な問いは極めて倫理的な問いでもあるのだ。

◇ 差別・排除から見えてくる私たちが生きる時代

さらに忘れてはならないのは，差別・排除的な考えや行為が単独に純粋なかたちで存在しているわけではなく，環境や人間関係といった社会構造によって生じるということだ（三浦 2006）。そのうえで，差別や排除というものは，差別や排除ではないと正当化される場合が多い。たとえば，筆者が1年間参与観察した中小企業では，忙しい仕事のストレスや同僚とのコミュニケーションの潤滑油として北朝鮮をめぐる偏見に満ちたステレオタイプな話題がジョークというかたちで正当化されていた（川端 2013）。

そしてまた，特定の差別や排除が禁止されると，新しい差別や排除の形式が生じる。ゆえに，現代社会の環境の変化と結びつけて，また他の社会問題やカテゴリーと越境的に結びつけて差別や排除について考えてみる必要がある。差別や排除はダメだという啓発運動のみでは限定的であるし，一つひとつの差別や排除の行為や現象にはさまざまな思惑をもった人びとが関わっている。誤解をおそれずにいうならば，差別や排除の問題を人権問題にかんする禁止事項としてのみ理解するのではなく，さまざまな社会問題と結びつけて理解していく必要があるだろう。たとえば，衰退した地域社会を活性化しようというまちづくりやボランティア行為が，意図せざる結果として特定の人びとを排除することもある（川端 2016）。よいこと悪いこと，喜怒哀楽といった感情がせめぎあう日常生活の一場面で差別や排除というものは発生するのだ。そして，気づかぬうちに誰しもが何らかのかたちで差別や排除に加担することもあれば，差別や排除の対象となることもあるのである。

つまり，「当事者」は差別や排除を語るのかという問いを深めていくと，「当事者」に語ってもらうことを期待するのではなく，誰しもが「当事者性」をもって差別や排除について考え，感性を磨いていく必要があるというあたりまえの結論が導かれるだろう。差別や排除は禁止すべきという理解で思考停止するのではなく，そもそも差別や排除とはなんなのかを誰もがつねに問い直す必要があるということだ。だけれどもそれは差別や排除という日常の一側面のみを切り出して考えることではない。そうではなくて，日常生活を遂行していくなかでさまざまな場面＝日常的実践において生じる差別や排除のことについて，同時に生じているさまざまな出来事や関係性とともに感じ，考えていくということである。それは，テレビでお笑い芸人が発する一言から感じることかもしれないし，家族や友人とにぎやかに食事をしている際の会話でのやりとりで感じる些細な違和感かもしれない。ありのままの出来事が本質的に備えている多様性を感受すること。つまり私たちは，スマホやパソコンなどのコンピュータが苦手とする「他者」とのコミュニケーションや関係性の領域において，感受性を十全に発揮していくことが求められる時代を生きているのだろう。

参考文献

Back, L., 2007, *The Art of Listening*, Berg.（＝2014，有元健訳『耳を傾ける技術』せりか書房）

川端浩平，2013，『ジモトを歩く――身近な世界のエスノグラフィ』御茶の水書房。

――――，2016，「ホームタウンのホームレス――地域社会の安心・安全のとりくみにおいて生じるジレンマ」秋津元輝・渡邊拓也編『中間圏――親密圏と公共圏のせめぎ合うアリーナ』京都大学学術出版会（近刊）。
三浦耕吉郎編，2006，『構造的差別のソシオグラフィ――社会を書く／差別を解く』世界思想社。
中村一成，2014，『ルポ京都朝鮮学校襲撃事件――〈ヘイトクライム〉に抗して』岩波書店。
上野千鶴子，1996，「複合差別論」井上俊ほか編『差別と共生の社会学』（岩波講座現代社会学 15）岩波書店。

ブックガイド

レス・バック／有元健訳『耳を傾ける技術』（せりか書房，2014年）

▶多文化化が進展する社会のなかで，日常や親密な関係性のなかに潜むレイシズムを「敵」と切り捨てるのではなく，批判的に向き合っていくための繊細かつ大胆なアプローチを示してくれる。

韓東賢『チマ・チョゴリ制服の民族誌――その誕生と朝鮮学校の女性たち』（双風舎，2006年）

▶ 16年間朝鮮学校に通った著者がチマ・チョゴリの歴史を紐解く。朝鮮学校やそこで営まれる文化やアイデンティティについてジェンダー的な観点を踏まえて学ぶことができる。

川端浩平『ジモトを歩く――身近な世界のエスノグラフィ』（御茶の水書房，2013年）

▶筆者の出身地である岡山で暮らす日本人と同年代の在日コリアンへの参与観察と聞き取り調査をもとに執筆したエスノグラフィ。

金泰泳『アイデンティティ・ポリティクスを超えて――在日朝鮮人

のエスニシティ』（世界思想社，1999 年）

▶在日コリアン３世によるアイデンティティ論。若い世代の在日をめぐる多様なアイデンティティのあり方を学ぶことができる。

レナート・ロサルド／椎名美智訳『文化と真実――社会分析の再構築』（日本エディタースクール出版部，1998 年）

▶著者は，フィリピン・ルソン島でかつて首狩りの習慣をもっていたイロンゴット族の語りのもつ「迫力」（force）に着目する。調査者／対象者の関係性や対象者の記述をめぐる問題点を再考させてくれる名著。

くまさんの映画コラム③

在日コリアンへの差別と在日の〈いま〉を考える

『かぞくのくに』（ヤン・ヨンヒ監督，2011年）・**『ディア・ピョンヤン』**（ヤン・ヨンヒ監督，2006年）。1960年代，在日朝鮮人の間で北朝鮮への帰国事業があった。当時，北朝鮮は「至上の楽園」とされ祖国へ多くの人びとが帰っていった。しかし現実は楽園などなく過酷な生活が待っていたという。監督の3人の兄弟も父親の思想に従い祖国へ帰っていった。現在もなお彼らは北朝鮮で暮らしている。監督の父親は大阪で朝鮮総連幹部として活躍した存在だった。父親にカメラを向け，彼の語りやその後の生涯を追った監督のドキュメンタリー『ディア・ピョンヤン』を見れば『かぞくのくに』の原点がわかる。金日成に心酔し，済州島出身の父親が祖国は北朝鮮でありピョンヤンだという。監督は父親とは異なり，思想に縛られず自由に生きたいと思う。カメラを向ける娘に対し好きに語る，どこにでもいそうな太ったおやじの姿。なぜ彼が厳格な幹部として在日の運動を進め，息子たちを帰国させたのだろうか。監督にとってもっとも理解しがたい最愛の父親の人生を理解したいという思いがドキュメンタリーを貫いている。

『かぞくのくに』は，北朝鮮に帰国していた兄が戻ってくるというストーリーだ。彼は脳に腫瘍があり，北朝鮮の医療技術では治療できないため，3か月の期間限定で日本に来て診察治療するという。25年ぶりに兄に再開する主人公リエ。兄には監視役がつき，常に家の外で様子を見張っている。再会を喜ぶ家族。北朝鮮へ帰国させた父と再会を手放しで喜ぶ母の姿の違いがおもしろい。兄は旧友たちとも再会し昔を懐かしむ。旧友の一人が根掘り葉掘り北朝鮮での暮らしや様子を聞こうとするが，ただ曖昧に笑い答えない兄。「自由にそんなこと言えないだろうが」と釘をさすもう一人の友人。家族や旧友と再会はしたが，そこには国家という見えない壁が厳然と存在し彼らのつながりを妨げていることが伝わってくる。兄の腫瘍は思いのほか悪く3か月では治療できないと医者から告げられる。父親は組織にかけあい滞在期間の延長を求め，リエは旧友に連絡し，もっと優れた医者や医療を模索する。しかし突如として北朝鮮の幹部から監視役に「明日帰国するように」と命令が入る。命令は絶対だ。むこうではこんなことは頻繁におこるのだ，従うしかないと淡々と語る兄。父は組織に怒りをぶちまけるがどうしようもないこともわかっている。母は仕送り用の金を使い兄の帰国準備を整え，監視役の男性に背広を新調し彼の家族におみやげを準備する。帰国しても兄はこの男の世話になるだろう。だからこそ兄をよろしく頼むと男性に気を遣う母の姿も印象に残る。納得がいかないリエは監視役の男性に促され，車に乗ろうとする兄の腕にしがみつく。静かにそれをふりほどき，車に乗り去って行く兄。

『ディア・ピョンヤン』で父親が語っているが，近い将来，北朝鮮と日本の国交が回復し自由に家族が行き来できるという思いがかつて生きていた。しかし依然として自由に行き来できない現実がある。いったい家族にとって「くに」とは何なのだろうか。日本人の在日に対する差別を主題とした映画はたくさんある。しかしこの作品は確実に異質だ。在日朝鮮人に固有の問題があり怒りがある。家族を分断して平然としている「くに」の不条理さへの怒りが主題なのである。

ほかにも在日問題を考える秀作映画は多い。『**伽倻子のために**』（小栗康平監督，1984 年），『**GO**』（行定勲監督，2001 年）。『**チルソクの夏**』『**カーテンコール**』（佐々部清監督，2003 年，2004 年），この 2 作品は“下関ムービー”として監督の原体験が含まれ，在日への日常的な排除や感覚が自然に描かれている。在日のドキュメンタリーとしては『**戦後在日 50 年史［在日］**』（呉徳洙監督，1998 年），『**HARUKO**』（野澤和之監督，2004 年），『**海辺のリャンさん**』（原村政樹監督，2005 年）などがある。

第Ⅱ部

個別の問題を手がかりとして

第4章

「身体」をあたりまえに生きるために

――「マタニティ・ハラスメント」という問題

妊娠で降格 違法判断
最高裁「同意必要」初の基準
高裁差し戻し
マタニティー・ハラスメント

働く妊婦いじめ深刻
心無い言葉 退職迫る 26%が経験
背景に非正規増 ストレス 流産も

マタニティ・ハラスメントについて報じる新聞記事（左：朝日新聞 2014 年 10 月 24 日，右：東京新聞 2013 年 6 月 22 日〔共同通信配信〕）

アメリカで誕生した「セクシュアル・ハラスメント」という言葉が日本で使われ始めたのは，1988 年ころである。それまで，男性中心の職場文化で不問に付されてきた，女性への不要な身体的接触や性的発言・揶揄などが，「セクシュアル・ハラスメント」という概念によって，問題化できるようになった。女性が「不快」と感じながらも「被害」として訴えることができなかった職場のさまざまな行為が，この概念によって，告発できるようになったのである。1999 年には，男女雇用機会均等法が改正され，雇用主にセクシュアル・ハラスメントの防止措置が義務づけられている。

それから時を経た現在，「マタニティ・ハラスメント」という言葉が社会で用いられるようになった。雇用主への防止措置の義務化も決定した。「セクシュアル・ハラスメント」がそうであったように，「マタニティ・ハラスメント」も，働く女性の人権を守るための概念として，力をもとうとしている。

1 「マタニティ・ハラスメント」の社会問題化

「マタニティ・ハラスメント」という言葉を，最近，よく耳にするようになった，そう感じている人は多いのではないだろうか。

実はこの言葉は，私が，2001年から，女性労働者の妊娠期の問題を調査・研究するうえで用いてきたもので，2009年に刊行した，『働く女性とマタニティ・ハラスメント』という本が，この言葉が社会に発信された最初とされている。そのささやかな問題提起は，それから4年を経て，大きなムーブメントと結びつくことになった。直接のきっかけは，2013年5月に日本労働組合総連合会（以下，連合と略記）の非正規労働センターが実施した「マタニティ・ハラスメント（マタハラ）に関する意識調査」である。「4人に1人が（マタハラを）経験している」という連合の調査結果が報告されると，マスメディアがこれを大きく取り上げ，「マタハラ」という言葉のインパクトとともに，社会的関心と結びついた。そうした報道と社会的関心，社会的な動きは，私がこの原稿を書いている現在まで，途切れることなく続いている。

この間に，メディアが盛んに取り上げるようになったことから，「マタニティ・ハラスメント」を「新しい社会問題」として認識している人もいるかもしれない。だが，「社会問題」として出現することと，そこで「問題」とされる「現象」のありかには「ずれ」がある。スペクターとキツセは，「社会問題は，なんらかの想定された状態について苦情を述べ，クレイムを申し立てる個人やグループの活動である」（Spector & Kitsuse 1977＝1990：119）

と定義しているが，クレイムを申し立てるためには，「現象」を「問題」としてとらえるための認識枠組みが必要となる。「問題」として社会に告発するために有効な，新しい言葉や概念である。たとえば，「child abuse（子ども虐待）」や「domestic violence（ドメスティック・バイオレンス）」は，それまで，家族という関係性のなかで「しつけ」や「愛情」という名のもとに隠されてきたもろもろの行為を，「虐待」や「暴力」として，告発できるようにした。日本で，「子ども虐待」や「ドメスティック・バイオレンス」が社会問題化したのは1990年代以降とされているが，それは，「見えなかった暴力」が「暴力」として社会に「見えるようになった」ことを意味する。

「マタニティ・ハラスメント」もまた，同じである。女性労働者が，妊娠や出産をきっかけに，職場で「排除」されたり「差別」されたりすることは，これまでもあったし，むしろ，あり続けてきた。しかし，それが「社会の問題」として強く訴えられることはなかったし，まして，メディアが今のように大きく取り上げることもなかった。多くの女性たちは，妊娠によって職場で経験するもろもろの行為について――それは，同僚からの心ない言葉であったり，身体的にしんどくても必要な配慮が受けられないことであったり，時に退職への圧力であったり，そうしたさまざまな行為であるが――，それらを長いあいだ，「仕方ない」「我慢するしかない」とあきらめていた。そして，声をあげない限り／あげられない限り，それは「見えない」ままとされてきたのである。

それが，今，改めて「社会問題」として立ち上がることの意義は何か。「マタニティ・ハラスメント」という言葉がすくいあげたさまざまな事象が，多くの人びとの関心や問題意識に結びついたこと，さらに，当事者である女性自身が声をあげ始めたことは，女性労働者の「排除と差別」という問題を考えるうえで，どのような意味をもつのだろうか。これまで不公正でありながらも見逃されてきた行為が，社会的に「許されない行為」として意味づけられるとするならば，「マタニティ・ハラスメント」はいったい，何を問題化したことになるのだろうか。

本章では，「マタニティ・ハラスメント」という題材を取り上げながら，女性労働者の「排除と差別」の現在（いま）について，考えてみたい。

2 何が「問題」とされているのか

◎「社会問題化」へのプロセス

「マタニティ・ハラスメント」は，何を問いかけていることになるのか。それを確認するために，社会問題として扱われ始めたこの数年の経過を，もう少したどっておきたい。

先に紹介した連合調査をきっかけに，社会的な認知を得た「マタニティ・ハラスメント」は，「マタハラ」と略されて用いられ，言葉の浸透とともに，さまざまな議論をも呼ぶことになる。メディアがこの問題を盛んに報道し始めたのは，2013年の6月からだが，8月の終わりには，『週刊現代』に掲載された作家の曽野綾子氏の「妊娠したらお辞めなさい」という記事をきっかけに，「マタハラ論争」が勃発，SNSなどWEB上の意見も含め，多くの人びとがこの論争に参加した。翌2014年7月には，被害者の女性たちが中心となりマタハラNet（現在はNPO法人）が設立される。代表の小酒部さやか氏は，みずからの被害経験を「当事者」として語るとともに，メディア等に積極的に情報を発信，その活動は，翌年アメリカ国務省の「国際勇気ある女性賞」を日本人で初めて受賞するなど，世界的にも注目されるものとなる。2014年10月には，広島県の理学療法士の女性が妊娠によって降格されたことが男女雇用機会均等法に定められている9条3項（「妊娠・出産等を理由とする不利益取扱いの禁止」）にあたるかが争われた裁判が，「マタハラ裁判」と名付けられ，新聞紙上やテレビのニュースで大きく取り上げられた。これまで，踏み込まれることのなかった「均等法違反」について，最高裁が初めて「原則違法」との判断を示したことは，「画期的」と評価され，差し戻し審となったこの裁判は，2015年，広島高裁で原告勝訴の判決が確定している。12月には「マタハラ」が新語・流行語大賞TOP10を受賞した。

2015年に入ってからは，「マタハラ」で会社を提訴する女性たちのニュースがたびたび報道されるようになり，具体的な国の取り組みも加速化した。同年6月に厚生労働省が「STOP！マタハラ」を掲げ「マタハラ防止」キャンペーンを実施，9月には，妊娠を理由に女性職員を解雇した茨城県の病院が，再三にわたる国の是正勧告に従わなかったとして，実名が公表されている。均等法違反に対する社会的制裁措置である企業名公表は，1999年に導入されて以降1件もなされていなかったので，これが初の公表となった。秋には，国による初めての実態調査が行われた。厚生労働省の委託を受けた労働政策研究・研修機構によると，「妊娠等を理由とする不利益取扱い」の経験率は21.4%だった（労働政策研究・研修機構 2015)。こうした調査結果を受け，育児・介護休業法ならびに均等法の改正に向けた労働政策審議会の分科会で，マタニティ・ハラスメントの防止等について議論がなされ，2016年3月に，マタニティ・ハラスメント防止措置を企業に義務づけることが決定，2017年1月から実施されることになっている。

赤川学は，ベストによる「社会問題」の6つのプロセスからなるモデルを紹介しながら，そのプロセス自体を検討することの重要性を指摘している。ベストによれば「社会問題」は「クレイム申し立て → メディア報道 → 大衆の反応 → 政策形成 → 社会問題ワーク（政策の実施過程）→ 政策の影響（意図せざる結果）→ 新しいクレイム」(Best 2008）によって構成されるという（赤川 2012：37)。「マタニティ・ハラスメント」は，現在，「政策形成 → 政策の実施過程」というプロセスにある。

◈ メディア報道の限定性を超えて

先にも触れたように，女性労働者の妊娠期の問題は，何も今に始まったことではない。戦前からの「母性保護運動」によって，戦後，産前・産後休暇をはじめとする各種母性保護措置が勝ち取られてきた歴史がある。だが，そうした制度的拡充が図られる一方で，近年になっても，看護職などの流産率の高さが問題化され（ジャーナリストの小林美希は過酷な労働現場での流産を「職場流産」〔小林 2011〕と名づけた)，「妊娠解雇」「育休切り」という言葉で妊娠・出産による退職強要や契約打ち切りが報じられるなど，さまざまな課題を抱えてきた。そうした働く妊婦が直面してきた問題が「マタニティ・ハラスメント」という言葉によって，社会により見えやすいかたちで問題提起され，それと呼応するかたちで

「声」をあげ始める女性たちが登場し，メディア報道とそれによって引き起こされる社会的議論を経て，政策形成がなされようとしている，というのが，今の地点といっていいだろう。政策実施に向けた社会的合意が問われる，という地点において，この原稿を書いていることになる。

だが，メディア報道以降，一般に理解されるようになった「マタニティ・ハラスメント」と，私自身が問題提起してきた「マタニティ・ハラスメント」には「ずれ」もある。「ハラスメント」は，マスメディア等では「嫌がらせ」と訳されることが多いが，「マタニティ・ハラスメント」も，多くは，職場で起こる「妊娠した女性に対する嫌がらせ」というふうに理解されている。「意図的な行為」「加害—被害関係」がはっきりした行為をさし示す言葉として理解されているのだ。これは，先ほどの社会問題化のプロセスにおける，メディア報道の限定性という問題でもある。メディアは，限られた紙面や放映時間のなかで，より，インパクトの強いものを報道する。「マタニティ・ハラスメント」でいえば，退職強要や同僚からのいじめなど，問題としてわかりやすいもの，誰が見ても「ひどい」と憤りを覚えるような事例が取り上げられる。だからこそ，社会に訴えかける力も大きいのだが，一方で，そうした報道が繰り返されることで，問題の理解を狭めてしまうおそれもある。たとえば，取材に訪れた男性新聞記者は，以下のように語った。

> 「いまだに，こうした職場（妊娠した女性を追い出しにかかるような職場，という意味）が，あるんですね。僕の職場では，妊娠した女性も，みな元気に働いていますよ」

あるいは，知り合いである管理職世代の男性銀行員は，以下のようなコメントを送ってきた。

> 「何か，メディアの取り上げ方って，違和感あるんだよね。男性上司対若い女性のほうが対立軸としてわかりやすい，と思うのですけど，多分，ほとんどのマタニティ・ハラスメントって，女性の女性に対するものだと思います。（略：自分の会社の女性同士のケースをあげながら）僕はその場に居合わせていなかったけど，それはまあ，ひどい言葉を浴びせていたらしいよ」

「退職を強要する」「ひどい言葉を浴びせる」，彼らには「マタニティ・ハラスメント」は，そうした行為として理解されている。だから「自分の職場には関係ない」（記者氏），「自分たちはやっていない」（銀行員氏）と語られ，「他人事（ひとごと）」になってしまう。だが，たとえば「妊娠中も元気に働いている」とされる女性であるが，本当に「元気」なのだろうか？ もちろんそうである場合もあるだろう。だがもしかしたら，「元気に見える／見せている」だけかもしれない。「問題」を隠して，かなり無理をして，働いているのかもしれないのだ。それは，本人が訴えない限り周りには見えないし，それが「無理」として「見える」時は，何か身体的トラブル（切迫早産とか流産とか）に結びついてしまった時であり，それでは遅い。

目に見えている問題が深刻であることは間違いない。ただそれだけでなく，まだ見えていない（訴えられていない）ところにも問題は潜んでいる。たとえ「いじめ」や「嫌がらせ」がなくても，妊娠した女性の「抑圧的（あるいは抑制的）な働き方」は存在するからだ。「harass」には，もともと「悩ます，苦しめる」という意味があるが，「働く妊婦を悩ませること，苦しめること」，そう理解してもらったほうが，わかりやすいかもしれない。

3 「一人前に働けない」という批判をめぐって

社会的合意が図られていくプロセスにおいては，反論としての対抗クレイムが生じるとされるが，この問題においても同じである。問題が認知されるにしたがって，働く妊婦に対する批判的なコメントやバッシングも増えている。さらに，先に紹介した「妊娠による降格が均等法違反にあたるか」が問題とされた裁判で，最高裁が下した「原則違法」という判断に対しても，ネットメディアが「反応まっぷたつ」と見出しをつけるほど，批判的な意見があがっており，原告を「わがまま」「自分勝手」とする中傷コメントも少なくなかった。

「妊娠したら，一人前に働けないのに，なぜ，権利ばかりを主張するの？」

こうした「意見」は，その代表的なものだ。だが，この問いかけは，「マタニティ・ハラスメント」が何を問題化しているのかを解読するための手がかりにもなる。ここであげられている「権利」とは何だろう。働く女性は，いったい，どんな権利を主張していると「非難」されているのか。さらに「非難」の根拠とされる「一人前に働く／働けない」の「一人前」とは何だろう。それは，何を基準に測られているのだろうか。以下からは，この「権利」と「一人前」というキーワードを手がかりに考えてみたい。

◇「家族の事情」を抱えながら働く権利

「権利」ということについていえば，女性たちがこの問題で主張しているのは「妊娠・出産しても働き続ける権利」であろう。「マタニティ・ハラスメント」は「妊娠・出産しても働き続ける権利」をどのように考えるのか，それを映し出す鏡となっている。なぜなら，それが認められていない社会においては，妊娠して働くことの困難や葛藤が訴えられたとしても，「だったら辞めればいい」「無理して働くことはない」という声に，簡単におしつぶされてしまうからだ。少なくともこれまではそうであったし，今もそうした「見方」は根強くある。であるとするならば，「マタニティ・ハラスメント」の社会問題化とは，女性たちが今，初めて「堂々と」その権利を主張し始めたこと，さらに，社会がそれについて，ようやく本気で考え始めたこと，を意味している。

そもそも，女性たちは，「妊娠・出産しても働き続ける権利」以前に，まず，「働く権利」を求めなければならなかった。女性は，長らく「労働」から「排除」されてきたからだ。この場合の「労働」とは，近代化以降のペイド・ワーク，すなわち経済活動としての賃金労働をさす。なぜ，女性は労働から排除されてきたのか。それは，女性の身体性が，労働者としては「非効率的な身体」とみなされてきたからだ。「非効率的」とみなされる理由には二つある。一つは，家事・育児役割といった「家族的責任を担う身体」として，もう一つは「産む身体」，すなわち「妊娠・出産をする身体」として，である。

日本社会においても，女性は職場から排除されてきた。戦後の高度経済成長期以降の性別役割分業を前提とした男性正社員中心の「働き方」においては，男性は，長期雇用と年功賃金が保障される一方で，長時間勤務をはじめとする過酷な労働が課されたが，女性には，そうした男性労働者を支える主婦役割が求められたからだ。たとえ，未婚で働き続けたとしても，「主婦になるべき」と意味づけられた女性たちは，それこそ「一人前扱い」されなかった。1980年代半ばまでの日本の職場には，新卒時における男女別枠での採用，賃金差別，昇進差別，さらには女性だけの若年定年制など，「目に見えるかたちでの差別」が（たとえ労働基準法に抵触する行為であっても），企業の慣習として数多く存在していた。

1985年に成立した男女雇用機会均等法（以下，均等法）は，こうした女性差別を撤廃することを目的としたものである。かたちのうえでは，女性も「差別なく働く権利」を得たことになる。だが「働き続けること」は，やはり難しかった。妊娠・出産という「身体の事情」も，家事・育児といった「家族の事情」も，職場で主張することは許されなかったからだ。もし，それを主張すれば，たちまち，「非効率的な労働者」として排除の対象とされてしまう。だから「働き続けたい」と望んだ女性は，主婦役割を担わないよう結婚をしないとか，たとえ結婚しても子どもをもたないとか，さらには，子どもがいたとしても子育ての事情を職場に極力もち込まないようにするとか，そういう「がんばり方」をするしかなかったのだ。

その状況に少しずつ変化が生じ始めたのは，1990年に前年度の合計特殊出生率が1.57であったという，いわゆる「1.57ショック」と呼ばれる少子化問題が浮上した，それ以降のことだろう。「女性が子どもを産まない」ことと「女性の就労」が結びつけられて議論されるようになり，ここから「家庭と仕事の両立支援」が社会的課題として認識されるようになる。少子化対策として女性の就労支援がなされることには，大いに疑問がある。だが，女性労働者の長年の要求であった育児休業法が1991年に成立するなど，具体的な施策がとられるようになるのは，この頃からだ。「非効率的」と職場から排除されてきた「家族の事情」が，「配慮すべきこと」として，位置づけられるようになる。女性の側からいえば，女性の役割とされてきた家事・育児役割を，男女両性の役割として，さらには社会的サポートを必要とする役割として，主張することができるようになった。女性が「非効率的」な存在として排除されてきた一つの理由が，家事・育児役割であるならば，なぜそれを，女性だけに担わせるのか，という問い返しである。子どもをもつ女性が働くことへの理解と，それを支援しなければならないという社会的合意が，徐々につくられるようになる。

現実的には，現在においても，両立のための支援や環境が整っているとは言い難い。保育園に入れないという待機児童問題は一向に解決されず，近年は「保活」（保育園を探すための活動）という言葉も生まれている。また，均等法と同じ年に制定された労働者派遣法と，その後の度重なる規制緩和によって，女性労働者の非正規化は急速に進み，均等法が守られない状況で働く女性たちが増え続けている。たとえ，働き続けることができたとしても，「マミートラック」と呼ばれる，母親となった女性社員を配属や昇進において別枠の扱いとする，「目に見えない差別」もある。それら，多くの課題を抱えながら，しかしだからこそ，女性たちは「家族の事情を抱えながら（共有しながら）働き続ける権利」を主張してきた。

◇「身体の事情」を抱えながら働く権利

それに対し，女性排除のもう一つの根拠，「妊娠・出産をする」という「女性の身体性」について，女性たちは，どのように主張してきたのだろうか。先に紹介した，「妊娠したら一人前に働けない」という批判に，どのように対抗してきたのだろうか。

2001 年に私が調査を始めた時，まず，最初に強く印象に残ったのが，「（妊娠しても）職場に迷惑をかけたくない」という女性たちの「語り」だった。「迷惑をかけない」とは，妊娠中も「これまでどおり働く」ということだ。それは，具体的には，つわりの症状を隠したり，お腹が張っても我慢したり，体調に不安があっても無理をしたり，ということだった。女性たちは，「一人前に働けないくせに」といわれないよう（いわせないよう），そういう「がんばり方」をしていた。また，そうした働き方をしなければ，「排除」の対象とされかねない状況があった。

だが，そうした「働き方」は，具体的なリスクをともなう。調査で出会った女性たちからは，不正出血や切迫流産，切迫早産，流産など，妊娠中の身体的トラブルが語られている。また「マタニティ・ハラスメント」が社会問題として浮上して以降，社会的に「声」をあげ始めた女性たちからも，何度となく，流産という辛い経験が語られている。あるシンポジウムで登壇した女性が，「今まで人に話したことはなかったのだけれど」といって，複数回にわたる流産の経験を語った時，改めて，こうした「リスキーな働き方」をしている女性がどれくらいいるのだろうか，とショックを受けた。

「妊娠」という身体の制約を抱えながら働くことは，それ自体が，女性にとっては葛藤である。薬品などの危険物を取り扱う仕事や，営業など外回りが多い仕事，重いものを持ち運ぶ作業など，直接的な危険をともなう仕事もある。そうではなくても，残業や出張，当直勤務など，それまでは「ふつうに」できていたことが，負担となる場合もあるだろう。労働基準法や均等法には，各種の母性保護措置が設けられており，制度的には整えられている。また，制度利用に至らないまでも，職場に「配慮」を求める必要が生じることもあるだろう。だが，そうした制度利用や職場への配慮を求めることなく（あるいは，求めることが難しい状況で），働いている女性が多いのであるとすれば，それ自体が大きな問題ではないだろうか。仕事を続けたいと望む女性たちが，妊娠期間中，無理をした，リスキーな働き方をする，そうした「働き方」が「あたりまえ」とされている，それこそが「マタニティ・ハラスメント」ではないだろうか。

こんなふうに説明すると，「それはハラスメントとは違う問題ではないか？」といわれることもある。熱心に取材していた女性記者からは，「自分の身体管理は自分の責任だから，それは，ハラスメントとは違いますよね」と指摘された。彼女に限らず，「自分の体調くらい自分で見極めるべきだ」「なんでもかんでも職場のせいにするのはおかしい」という声はよく聞く。だが，先に紹介した国の調査（労働政策研究・研修機構が実施）では，「不利益取扱い」の経験時に「健康だった（不調はなかった）」と回答している人が54.4%，さらに不調はあったが「仕事を休むほどではなかった」と回答している人が23.4%，つまり8割近くの女性は，不調がある，なしにかかわらず，仕事を休まず（職場に大きな迷惑をかけずに）働いていることになる。にもかかわらず「不利益な取り扱い」を経験しているのだ。「不利益取扱い」の内容としてもっとも多いのが，「『休むなんて迷惑だ』『辞めたら？』など，妊娠・出産・育児関連の権利を主張しづらくするような発言をされた」というもので，47.0％であった。「マタニティ・ハラスメント」の代表的な物言いに，「これまでどおり働けるなら仕事を続けてもいいよ」「周りに迷惑をかけないようやりなさい」等があるが，「身体の事情」を主張しなければ仕事を続けていいというルールが課せられている限り，それを支持する職場意識がある限り，「リスキーな働き方」はなくならないだろう。それは，構造的なハラスメントとはいえないだろうか。

そう考えると「一人前に働けないのに」という批判のなかにある「一人前」が何を基準にしているのか，という問いに対する答えもおのずと見えてくる。それは，「産む性としての身体的負荷がない男性身体」である。労働領域に「後から」参入した女性たちは，この身体性に「あてはまる努力」をしてきた。とくに，均等法以降，「平等」や「同等」の前提として「同一労働」という名の「男並み労働」が求められてきたなかで，「女性の身体の事情」は，マイナス評価に結びつくものとして，もっとも主張しにくいものであり，その事情は，個々に封じこめられてきたのだ。「非効率的な身体」として排除の対象とされてきた「女性の身体」は，「労働に適した身体」（杉浦 2009：56）になろうと努力することで「居場所」を確保してきた。だが，そうである限り，妊娠という「身体の事情」を「あたりまえに」生きることは難しい。

であるならば，「マタニティ・ハラスメント」の社会問題化は，労働領域において，これまで認められていなかった「女性の身体の居場所」を獲得するための主張となるはずである。「一人前に働けないくせに」という批判に対し，その「一人前」が，女性の身体性を排除した基準から測られていることを指摘し，その基準そのものが，「おかしいのでは」と，問い直していく行為とならなければならないはずだ。

4 「身体」をあたりまえに生きること

こういうと，「なぜ，妊娠・出産する女性ばかりを『特別扱い』しなければならないのか」という批判に，必ず出会う。もちろん，女性の誰もが，妊娠・出産するわけではない。「産む／産まない／産めない／（結果として）産まなかった」など，まだここでは語りきれないような，多様な身体性を，女性は生きている。決して「女性の身体」とは「妊娠・出産をする身体」だけではない。だが，逆にいえば，「特別扱い」と表現されること自体，やはり，おかしなことではないだろうか。女性が働けば，妊娠する人もいるだろうし，妊娠することもあるだろう。それは何も「特別なこと」ではないはずだ。

さらにいえば，「身体の事情」を主張することができない，職場に配慮を求めることが難しい，という働き方に苦しんできたのは，何も，妊娠した女性ばかりではない。過酷な長時間労働に耐えうる「男性身体」が「一人前」の基準とされる，そのことに多くの女性たちが，そして男性たちが苦しんできたのではないのか。「身体の事情を訴えずに」「弱音を吐かずに」働く，という「働き方」が，過労死や過労自殺，メンタルヘルスなどの問題を生み出してきた。「マタニティ・ハラスメント」が「身体の事情」をあたりまえに生きるための主張であるとすれば，それは，女性だけでなく，男性を含めた，すべての働く者の問題でもある。

「マタニティ・ハラスメント」の社会問題化は，時の政権が「女性の活躍推進」や「女性の活用」を政策方針として掲げ，喧伝するようになった時期と重なっている。この問題もそうした方針にそって政策課題の一つにあげられているという見方もある。

しかし，華やかな活躍推進議論の一方では，まったく別の現実が進行した。2015年9月，大きな反対の声を押し切るかたちで成立，施行された改正労働者派遣法によって，女性労働者の非正規化は，さらに加速することが懸念されている。雇用者側から見れば，必要な時に必要な箇所に労働力を配置できる派遣という仕組みが規制緩和されたことは，「事情を負わない身体」のみを「効率のよい労働力」として求めることが，一層可能になる，ということである。さらに「女性の活躍推進」と「対」になるかたちで浮上した，外国人家事従事労働者の受け入れ議論は，「男女でともに担うべき」という社会的合意を勝ちとったはずの，家事・育児という「家族の事情」を，再び，排除しようとする動きともいえる。女性だけが担わされてきた家事・育児を「男女でともに担う」という方向性がめざされてきたはずであるのに，「男女ともに担わない」という新しい選択肢が提示されるとするならば，「事情」を持ち込まない者だけが「活躍」できるという「一人前」基準は，ますます強化されることになる。

両立問題が社会的課題として浮上した1990年代以降，「家族の事情」を抱えながら働ける社会の実現がめざされてきた。そして，今，「マタニティ・ハラスメント」の社会問題化は，「身体の事情」を抱えて働くという「あたりまえ」を職場に，社会に訴えかける可能性をもつ。一方で，「事情を抱えない身体」のみを「効率的な労働者」として利用しようとする力は，むしろ強くなっている。「マタニティ・ハラスメント」が新しい権利概念として，働く女性／男性のための主張となりうるのか，それが，今問われている。

参考文献

赤川学，2012，『社会問題の社会学』弘文堂。

Best, J., 2008, *Social Problems*, Norton.

小林美希，2011，『ルポ 職場流産――雇用崩壊後の妊娠・出産・育児』岩波書店。

労働政策研究・研修機構，2015，「妊娠等を理由とする不利益取扱い及びセクシュアルハラスメントに関する実態調査」結果（概要）http://www.jil.go.jp/press/documents/20160301.pdf（2016年5月15日アクセス）

Spector, M. & J. I. Kitsuse, 1977, *Constructing Social Probrems*, Cummings Publishing.（＝1990，村上直之・中河伸俊・鮎川潤・森俊太訳『社会問題の構築――ラベリング理論をこえて』マルジュ社）

杉浦浩美，2009，『働く女性とマタニティ・ハラスメント――「労働する身体」と「産む身体」を生きる』大月書店。

――――，2010，「職場とマタニティ・ハラスメント――「迷惑をかけない働き方」という差別」好井裕明編『セクシュアリティの多様性と排除』明石書店。

――――，2014，「多元的共生社会における職場と労働――『マタニティ・ハラスメント』問題を手がかりにして」菅沼隆・河東田博・河野哲也編『多元的共生社会の構想』現代書館。

――――，2015a，「『事情をかかえた身体』の困難と可能性――『マタニティ・ハラスメント』とはいかなる問題か」『女性学 Vol.22』新水社。
――――，2015b，「マタニティ・ハラスメントは何を問題化したのか――『妊娠しても働き続ける権利』をめぐって」『労働法律旬報』1835。

ブックガイド

荻野美穂『女のからだ――フェミニズム以後』（岩波新書，2014年）

▶「女のからだ」や「産む性」が，社会においてどのように意味づけられてきたのか，またそれに対し女性たちがどのような主張（運動）を展開してきたのか，その歴史的経過が学べる1冊。

杉浦浩美『働く女性とマタニティ・ハラスメント――「労働する身体」と「産む身体」を生きる』（大月書店，2009年）

▶女性労働者にとって妊娠期とは，「労働する身体」と「産む身体」という二つの身体性を生きる時間である。その困難と葛藤のありかを，アンケートと聞き取り調査から明らかにした。

小林美希『ルポ　職場流産――雇用崩壊後の妊娠・出産・育児』（岩波書店，2011年）

▶労働現場で失われる「いのち」について，看護師や保育士などの過酷な労働現場をルポするとともに，産科医療の崩壊や雇用環境の悪化など社会構造の問題として訴えている。

小酒部さやか，2016，『マタハラ問題』（ちくま新書）筑摩書房

▶みずからの被害経験とともに，マタハラ Net によせられた相談事例や，独自に行った調査結果等を収録。2014年以降，政策を動かす原動力として活躍した著者の活動記録ともなっている。

くまさんの映画コラム④

『ハッシュ！』で家族を考える

『ハッシュ！』（橋口亮輔監督，2001 年）。30 歳をすぎたゲイの直也と勝裕。直也はゲイであることを割りきり毎日を暮らし，勝裕は，会社で同僚女性に思いをよせられながらも，カムアウトすることもなく暮らしている。人間関係を諦め，自暴自棄な毎日を送っている朝子。彼女が，直也と勝裕とひょんなことから出会い，生き直す可能性を見出していく。「結婚とかつきあってくれとか，そういうのじゃなくて。私，子どもがほしいの」「勝裕の目を見たとき，父親になれる目をしてると思った」と。彼女が勝裕に告白する。ゲイである 2 人の関係をどうこうするつもりはない。ただ子どもがほしく，子育てを共同でしたい。朝子の唐突な申し入れが 2 人の関係に影響を与えていく。確実に加齢するなかで恋愛関係が続けられるのかという漠然とした不安。戸惑いながらも父親になれる可能性に魅かれていく勝裕。勝裕の思いがわからず，苛立つ直也。田舎で友人の婚礼に出て東京へ戻り直也の仕事場に直行する勝裕。直也の自転車を押しながら帰る 2 人。朝子は変わっているけど，子どもがほしいというのは本気だ，それなら自分も本気で応えないと，と語る勝裕。「いいよ，わかった。おれも一緒に考える」と直也。自転車の荷台にくくられた婚礼の引出物がアップされる。この時新たに 2 人が結婚したかのように。印象的な場面だ。

朝子の思いに伝統的な家族観，嫁の姿など因習的な力が対峙する。実家に帰る勝裕。仕事から帰り着替えを嫁に手伝わせ食卓に座り込みビールを待つ兄。好きでもない相手と見合いで結婚し家を守ることで人生を費やしてきた兄嫁の姿。会話の端々から 2 人の関係はすでに冷え切っていることがわかる。「まわりがどうでも，自分がほんま好きな人と一緒にならんと，つまらんよ」と勝裕にさりげなく今の自分のつまらなさを語る兄嫁の姿が印象的だ。同僚女性は勝裕と朝子の関係を誤解し朝子の過去を調査しあばき実家に送りつける。当然，波風が立ち，兄と兄嫁が事情確認のため，３人が暮らすマンションへ出向く。調査報告を見せ，勝裕に事実を確認しようとする兄嫁。朝子と兄嫁が真っ向からぶつかり合う。朝子に強烈な差別や排除の言葉が投げかけられ，彼女の思いが否定される。そこには夢など抱く余地もなく伝統的な家の嫁を生きざるをえなかった兄嫁のやるせなさ，くやしさが同時に噴出する。朝子は勝裕と直也と出会い諦めていた人生を生き直せ，子どもがあれば，それでぜんぜん大丈夫だ，「自分の家族は自分で選びたかった」という本気の思いを兄嫁に語る。「ぜんぜんわかれへんわ，わかりとうないわ……男産め言われて，男よう産まんと。できそこないの女みたいに言われて。ぜったい男産んで見返してやる。そればっかりやった……自分の都合で，人と手ぇつないだり，ご飯食べたり，笑うたり。楽しい先に子どもがあったら，ぜんぜん大丈夫やて。あんた何言うてんのん……子ども産んで育てるのはそんなふざけたことちゃうねんよ」。夫に向かい，自分に言い聞かせるように吐き捨てるように語る兄嫁の語り。朝子は我慢ができず兄嫁につかみかかり，気絶し倒れてしまう。秀逸な場面だ。因習的家族観，跡取りの男子など「しがらみ」から解放されパートナーを自分で選び，毎日人生を楽しみ子育てしてみたい。「家族」からはあふれ出る新たな人間関係が生み出されるのではと。そんな朝子の本気の思いが徹底攻撃される。だが攻撃の裏には朝子への羨望があり，あんただけ，そんな生き方許さへんで，という怒りがある。この作品は，家族とは何か，親密な関係とは何か，を考えさせられるリアルなファンタジーの傑作だ。

『二十才の微熱』『渚のシンドバッド』（橋口亮輔監督，1993年，1995年），**『メゾン・ド・ヒミコ』**（犬童一心監督，2005年），**『ぼくのバラ色の人生』**（A.ベルリネール監督，1997年），**『アタック・ナンバーハーフ』**（ヨンユット・トンコントーン監督，2000年）なども傑作だ。

『ハッシュ！』販売：ハピネット・ピクチャーズ

第5章

「ひきこもり」からの問題提起

ひきこもりＵＸ会議の様子（不登校新聞提供）

あなたは「ひきこもり」のことをどう見ているだろうか。あまり関心がない，自分で稼がなくても暮らせるのは羨ましい，どこか共感を覚える，現実逃避にすぎない――感じ方はさまざまだろう。しかし，大勢としてはやはり「怠け者」や「人生の落伍者」といったイメージが根強いように思う。一方，この 15 年余りのあいだに「ひきこもり」への支援は格段に充実したが，支援はひきこもっている人びとを無能で無力な存在として扱ってしまう危うさを孕んでいる。近年，こうした否定的な視線に対抗しようとする動きが当事者のあいだで生まれている。かれらは社会に何を投げかけようとしているのか，そして，私たちはかれらの声をどう受け止めればよいのか考えてみたい。

1 はじめに

「ひきこもり」が2000年代初頭に社会問題化してから15年以上が経過した。近年，従来の支援のあり方や，この問題に対する人びとの見方に対して大きな転換を迫る動きが生まれている。その動きとは当事者発信の隆盛である。議論を先取りすれば，これまでの支援の主眼は，ひきこもった人びとを治療・矯正して社会適応させることにあった。しかし，本人からすれば復帰を促されている先の社会とは，自分を排除した当の社会でもある。2003年のインタビューで，ある当事者はすでに次のように語っていた。▶1

「いったんひきこもったりした人間を，今のこの社会に回収することが，本当に正しいのかなっていうと俺はちょっと疑問なのね。それに対して拒否反応を示してドロップアウトしちゃったわけだから，そこに強制して元に戻すことが必ずしも正しいことなのかというと俺は首をひねってしまう。社会が間違っているというつもりはないけど，そこに適合できなくて逸れたんだから，その適合できなかった人が生きていけるようなオルタナティブな道をつくるっていう発想も，ありなんじゃないかな」

このインタビューが行われたのは「ひきこもり」の支援の中心が就労支援に移行する少し前の時期にあたり（第2節参照），社会適応とはまずもって雇用労働を通して果たすものとイメージされていた。ところが，それから10年あまりのあいだに労働市場の冷え込みや労働環境の劣悪化が進み，雇用労働は金銭的にも精神的にも豊かな人生・暮らしを保障するものではなくなってしまった。こうしたなかで，自分にとって真に必要な支援とはどのようなものか，どうすれば納得のいく生き方を実現できるのかを問う当事者たちの声が大きくなりつつある[▶2]。

本章ではこうした2015年時点における「ひきこもり」の現在形に焦点を当てるが，その前に当事者発信の機運が高まるに至った背景を見ておきたい。まずは支援の動向を中心に社会問題としての「ひきこもり」の歴史を早足でたどる。次に，「ひきこもり」は何から排除されているのかという観点から当事者の経験を素描する。その後2014年11月末に東京で開催された当事者主体のあるイベントを中心に取り上げ，主催者へのインタビューから当事者発信の動きがどのようにして生まれたのか，そこにどういった思いが込められているのか，その一端を見ていく。そして，最後に「ひきこもり」が社会に対してどのような問題を提起しているのか考えてみたい。

2　社会問題としての「ひきこもり」の歴史

◇ 1990年代

「ひきこもり」という言葉が人口に膾炙(かいしゃ)したのは2000年代に入ってすぐ，相次いで起きた3つの刑事事件に関する報道を通してのことだった[▶3]。これを契機に社会から孤絶している若者が数多く存在していることが世間に知れ渡るところとなった。ただし，その存在はすでに1990年代から不登校支援の領域を中心に関心を集めていた。フリースクールやフリースペースにも通えない不登校児や，学齢期を終えて成人年齢を迎えてもなお社会と接点をもてないままでいる元・不登校児，つまりは学校外に居場所を用意するだけでは対応しきれない層が，「ひきこもり」として問題化されていたのである。そして，1990 年代後半になると若者のコミュニケーションの希薄化や，親元から独立しようとしないパラサイト・シングルと関連づけられ，「ひきこもり」に対する関心は徐々に高まっていった。

2000 年代

しかし，こうした緩やかな流れとは別に，「ひきこもり」への認知と関心は犯罪報道を通して爆発的に高まった。そのため一時は犯罪者予備軍というレッテルを貼られたが，専門家たちの積極的な啓発が功を奏して誤解は早々に解け，自助グループや民間団体の活動が活発化するとともに，厚生労働省の主導で公的支援体制の整備も進められていった。

その一方で「ひきこもり」とは何なのか，誰をどのように支援するべきなのかをめぐって，現場では対立と混乱が生じていた。複数の専門家がそれぞれに「ひきこもり」の定義を作成したが，そのなかで現場にもっとも浸透したのは，精神科医の斎藤環による定義だった。斎藤は就学・就労ではなく対人関係の有無を重視し，長期間にわたり家族以外の対人関係が失われている状態を「ひきこもり」と定義した（斎藤 2002）。この定義に基づいて，まずは対人関係の獲得と安定が回復目標として設定され，民間団体や公的機関が運営するフリースペース，病院のデイケア・グループ，自助グループなどへの参加が促された。

だが，それほど時間がたたないうちに次のような状況が問題視されるようになった。「ひきこもり」の集まりを超えて活動の場を広げていけない（いかない）人びとが目立ち始めたのである。このまま当事者も親も年をとっていけば生活が立ち行かなくなるのは明白として，現場では不安と焦燥感が高まっていった。一方，巷間ではフリーターやパラサイト・シングルの増加が関心を集めており，「ひきこもり」も含めて自立しない若者に対する批判的な風潮が強まっていた。ここに登場したのが就学・就労せず求職活動もしない若者をさす「ニート」概念である。

「ひきこもり」は「ニート」の一部として若者自立支援政策の対象に位置づけられると同時に，「ひきこもり」の支援団体も「ニート」概念を積極的に取り入れていった。以前から就労支援に力を入れていた団体に多くの人が集まり，それ以外の団体も就労体験をメニューに加えていった。2000 年代後半，「ひきこもり」は改めて就労・経済的自立の観点から問題化され，働いて稼げるようになることが最終的な回復目標として位置づけられたのである。

ところが，このような就労重視の支援のあり方は，2000 年代末を迎える頃には早くも行き詰まりを見せる。雇用形態はどうあれ何らかの職を得て「ひきこもり」のグループから“卒業”した人びとの一部が，厳しい労働条件や職場の人間関係に消耗しきって舞い戻ってきたのである。それは 2008 年 9 月に起きたリーマン・ショックの直撃を受けて日本経済が悪化の一途をたどり，働こうにも働けず十分な収入を得られない状況が年齢層を問わず広まった時期でもあった。ひきこもる人びとが安定して働ける機会はさらに狭まり，現場は閉塞感に包まれたまま 2010 年代を迎えることになった。

◇ 2010年代

2000年代を通じて明らかになったのは，ひきこもる人びとは「多様」かつ「複合的」な困難を抱えており（佐藤 2010：98），支援も一筋縄ではいかないということだった。これを踏まえて2010年前後から支援体系の見直しと整備が図られるようになった。

大きな変化としては，民間主導の色合いが濃かった「ひきこもり」の支援に政府が大きく乗り出したことが挙げられる。2009年に厚生労働省が「ひきこもり対策推進事業」を創設，2010年には内閣府を主管として「子ども・若者育成支援推進法」が公布・施行された。同年，厚生労働省は「10代・20代を中心とした『ひきこもり』をめぐる地域精神保健活動のガイドライン」（2003年）の改訂版として「ひきこもりの評価・支援に関するガイドライン」を公開した。このガイドラインは医療関係者が中心となって作成したもので，精神障害との関連が強調された点は批判の対象になった。ただし，居場所やデイケア・グループのような「中間的・過渡的な集団での活動にはなんとか適応」できても，「実際の就労へどうしても踏み出せないという，ひきこもりでも社会的自立でもない群が一定程度現れるはず」であり，よって「就労を唯一のアウトカムとして想定」するような支援体系には限界があると，明確に述べられている点は注目に値する（厚生労働省 2010：66）。

民間では企業に雇われることを前提にせず，ひきこもる人びとが無理なく働けるような機会と仕組みを自分たちの手でつくり出す試みが見られるようになった。また，親たちのあいだでは自分たちの老後を犠牲にせず，かつ死後も子どもがひきこもったまま生きていけるように資産を活用する「ライフプラン」のつくり方（畠中 2012）が関心を集めている。

2000年代の支援は，対人関係の獲得であれ経済的自立の達成であれ，つまるところひきこもった人を今ある社会に適応させるべく治療・矯正を施すことに主眼があったといえる。しかし，2010年代に入ってからは雇用労働を最終的な回復目標として絶対視することなく，ひきこもった人びとが自分を押し殺さずに安心して生きていける道筋の模索が始まっている。当事者発信の隆盛は，このような流れのなかに位置づけることができる。

3 「ひきこもり」は何から排除されているのか

◘ “ひきこもらされている”という視点

ここまで支援の動向を軸に，社会問題としての「ひきこもり」の歴史を素描してきた。本節ではひきこもる人びとの経験に目を向けたい。かれらの経験を理解するうえでは“ひきこもらされている”という視点が外せない（石川 2007，2009）。

かれらは何によってひきこもらされているのか。一つには雇用機会を中心とする受け皿の不足である。本人がいくら努力したとしても，今の社会はひきこもった人びとを受け入れる余裕を失っている。この余裕のなさは多くの人に不安定な生活を強いており，その意味でひきこもっている人とそうでない人は同じ苦境に立たされているといえる。ところが，不安と苦痛を味わっている人ほどひきこもる人びとに対して羨望と嫉妬の入り混じった憎悪を抱きがちである。いつまでも親のスネをかじっているこの生活は「ぬるま湯」に浸かっているようなものだ，とひきこもった人びとはしばしば自嘲的に語る。「ひきこもり」を攻撃する人たちの目にも，かれらの姿はまさにそのように映るのだろう。

だが，ひきこもった人の多くは決して気楽に過ごしているわけではない。ある人は，働いていない人間は「くず」同然だと語り，「働いてないならおまえ価値なし」とみずからを断じていた[▶4]。またある人は，「何やってんの？ って聞かれて，いや，遊んでるよって，そういうふうにいえちゃうような人だったらひきこもってないんじゃないかな」と語っていた[▶5]。この一言からは，ほかならぬ本人が「ひきこもり」への非難が根差している価値観に深く囚われ，ひきこもっていることを厳しく追及しているからこそ，自分が今この社会に受け入れられる余地など一切ないとしてひきこもるしかなくなる様子がうかがえる。

要するに，かれらは「ひきこもり」を白眼視し，とりわけ就労を通じた社会参加の機会を十分に与えない社会によってひきこもらされているといえる。そうしたなかでひきこもる人びとは，湯浅誠がいうところの「自分自身からの排除」に陥っていく。社会が求める真っ当な生き方をできないことの責任を全面的に押しつけられ，当人もその責めを甘んじて受けることにより，「何のために生き抜くのか，それに何の意味があるのか，何のために働くのか，そこにどんな意義があるのか。そうした『あたりまえのこと』が見えなくなってしまう」（湯浅 2008：61）のである。

◎ 自分自身からの排除／セーフティネットからの排除

当事者にインタビューを続けるうちに見えてきたのは，自己の存在価値を根元から揺さぶられ，生きていくことに意味を見出せなくなり苦しむ姿だった。しかし，その苦しみはなかなか周囲から理解されず，また本人にとっても言語化するのが容易でないために，いっそう苦悩は深まっていくようだ。

父親との会話で生じたすれ違いについて，次のように語ってくれた人がいる[▶6]。「仕事が続かないとか学校行きたくないって話」をすると，決まって父親からは「学校なんて皆行きたくないけど我慢して行くもんだよとか，仕事だって別にやりたくないけどお金のために行くんだよ」という反応が返ってきた。それはたしかに「皆がいうこと」であって「あたりまえのこと」なのかもしれない。だが，「皆のしんどさと自分のしんどさが同じか違うかわかんないじゃないか」。その人はどうにも納得のいかない様子で語った。

おそらく彼が感じている「しんどさ」の本質は，働けなかったり学校に通えなかったりすること自体にはないのだろう。何とかその苦しみを言葉にしようと発達心理学の専門書にも目を通すなどしたが，父親に限らず，これまで通ったどのカウンセラーにも「肝心なところ」は伝わらなかったそうだ。次の語りからは，そんな彼の不安や孤独感が伝わってくる。「人間として生まれてきた以上は社会の人とつながりたいっていうふうに思うんですけど，その接点はあるのか，果たしてそんなことができるのかって，そこで悩んでる」。

しかも，問題はそこで終わらない。それは「死活問題でもある」と彼は続けた。支援を受けようにも自分の直面する困難を適切に伝えられなければ，みずからが必要とする社会資源にアクセスすることが難しくなるからだ。ただし，自分の経験を十分に言語化できたとしても，必ずしも支援者がそれを聞き届けられるわけではないことも問題である。たとえば，ひきこもった人びとはよく「働きたいけれども働けない」というジレンマを口にするが，この時周囲は「働きたい」という部分ばかりを強調して受け止め，現に「働けない」ことを軽く扱いがちであるように感じる（石川 2007，2012)。また，「ひきこもり」の支援では，そもそもひきこもる本人より親のニーズが優先される傾向にあることが指摘されている（関水 2011)。

支援者がひきこもる人びとの思いを汲まないことは，自分の存在が社会には受け入れられないというかれらの苦しみをいっそう深め，自分自身からの排除を助長するばかりではない。それは同時にセーフティネットからの排除にもつながる。いうなれば支援の現場は，二重の意味で「排除の現場」になりうるのである（石川 2012)。当事者発信の動きは，こうした状況に対する抵抗として高まってきたものととらえることができる。

4 当事者たちからの発信

◘ ひきこもった経験の価値転換

当事者発信が盛り上がるきっかけとして，ここでは 2011 年に出版された勝山実の著作『安心ひきこもりライフ』を挙げておきたい（勝山 2011)。勝山は「ひきこもり」が社会問題化されて間もない 2001 年に手記を出版して注目を集めた人物である（勝山

2001)。それから10年ぶりとなる前掲書では，20年間ひきこもった経験をもつ「ひきこもり名人」として，「『ひきこもりをいかにして就労させ，社会参加させるか』という従来の問題設定を否定し，まずはひきこもることの後ろめたさを取り除いて，安心してひきこもり生活を楽しむコツを伝授」している[▶7]。

本書のキーワードの一つは「ひきこもり資産」である。「ひきこもり資産」とは単純にいえば「ひきこもり経験」のことで，勝山は自分自身の経験を語ることを「資産運用」と表現する。ここで図られているのはひきこもった経験の価値転換である。たとえば，自分では「わがままで，怠けていて，一銭の価値もない」と感じるような経験であっても，それを率直に語れば同じような「ほろ苦い」思いを抱える仲間たちと出会うことが可能になる（勝山 2011：136-37)。また，ひきこもりながら生き抜くために身につけてきた知識や知恵，たとえば医療とのつきあい方，各種手引きには書かれていない障害者年金申請の細かいノウハウなども，ひきこもりながらも安心して暮らしていくためには欠かせない「資産」である。さらに，自分を理解しようとしない親と折り合う（やり過ごす）ためのコツも立派な「資産」だ。勝山自身は10代の頃から母親との熾烈な葛藤を経験しており，40代の「中年」になった今だからこそ語れるものがあると主張する。そして，同じように長らく親との関係に苦しんできた人びとに対して，親子間の「不毛な争いをやめさせるためにも，ひきこもり中年男子の資産運用が欠かせません」と呼びかけている（勝山 2011：135)。

この「ひきこもり資産の運用」というアイディアを具体化したものとして，「ひきこもり大学」と名づけられたイベント方式を挙げることができる。もちろん当事者による発案で[▶8]，2013年に東京都内で初開催された。「ひきこもり大学」は一般的な講演会とは違い，当事者が講師となって「親や家族，関心のある一般の人たち」に向かって「講義」を行う。一見すると体験発表と大差ないようだが，ここではひきこもった経験の共有を第一義的にめざしているわけではない。発案者によれば，この方式の「最大の特徴」は「ネガティブと思われていた『空白の履歴』の経験や知識，知恵を価値に変えること」にあるという[▶9]。つまり，自分の経験を「周囲の誤解を解き，家族関係を改善していくこと」に役立てようという明確な目的意識のもとに語る点が，通常の体験発表と大きく異なっている。

親の会に参加する人たちの話を聞いていると，30〜40代になっている息子・娘でも「うちの子」と呼ぶ人が少なくない。ひきこもっている人びとは年齢に関係なく，保護の対象として「子ども」扱いされていることがわかる。それはおそらくひきこもっているあいだは「何もしていない」と見られていることと関係している。しかし，いわゆる社会経験は積んでいなくとも，たとえば収入や人間関係が限られているなかでも穏やかさを保って暮らすための術や，生きることや社会に対する洞察など，ひきこもっているあいだにも実は多くのものが蓄積されている。それらはひきこもったからこそ得られたものであり（ひきこもるなかでやむなく編み出したという側面があることも忘れてはならないが），そこに人びとがよりよく生きるうえで学ぶべきものがある，まさに活かすべき「資産」であるというのが，勝山や「ひきこもり大学」の基本的な主張であろう。その蓄積に目を向ければ，ひきこもっている人びとは親や支援者がどうにかしてあげなければならない無力な存在などでは決してなくなる。

◇ 誰も排除しない社会をめざして

もう一つ当事者主体のイベントを紹介したい。2014 年秋，東京都内で開催された「ひきこもり UX 会議」である（以下「UX 会議」と表記）。8 名の当事者がプレゼンテーションを行い，主に支援者に向けて自分たちの人生やニーズを発信することを試みた。当日は 300 名以上もの人が会場に足を運び，その様子は新聞や雑誌でも取り上げられ，大きなインパクトを残した。

「UX」とは User Experience の略で，このイベントは支援対象として一方的に扱われてきた自分たちの経験に根ざして，従来の支援のあり方に一石投じることをめざしたものだという。発起人の H さんは次のように語る。▶10

> 「専門家とか支援者とかいわれる人たちに，我々は分析され，語られてきたけれど，やっぱりそれが必ずしも当事者の気持ちとしっくり合ってるとは限らないし，何よりも国や自治体がやってきた就労支援とかで，失敗に終わったものがいっぱいあるじゃない？▶11 ああいうのでどれだけ税金使ったんだと。で，それだったら，せっかく喋れる人たちがこれだけいるんだから，自分たちでいえばいいじゃないかっていうふうに思ったんですよね」

壇上に上がった 8 名は，当事者といっても皆すでにひきこもっている状態にはない。それぞれ現場をもって支援活動や著述活動に取り組んでいる人たちばかりだ。みずからの経験に裏打ちされたかれらの言葉には非常に説得力があり，話しぶりも堂に入ったものである。その声を身近なところを超えて，できるだけ多くの人たちに届けたい，自分たちの話にはそれだけの価値があるという強い思いが，Hさんからは伝わってきた。

また，Hさんは「自分が何かをやる時の一番底にあるものは怒り」だと語る。Hさんは高校時代から学校に通えなくなり，以来およそ30年間，数多くのカウンセラーや精神科医のもとを訪れ，いくつもの不登校と「ひきこもり」の支援団体に関わってきた。しかし，不登校が病気とされていた1980年代の頃から結局は何も変わっていない，「その変わらなさに非常に強い憤りを常々感じている」と，Hさんは語気を荒くした。たとえば，2003年に厚生労働省が全国の精神保健福祉センターと保健所に通達した「10代・20代を中心とした『ひきこもり』をめぐる地域精神保健活動のガイドライン」では「ひきこもり」は精神障害ではないことが明記されていたが，2010年公開の「ひきこもりの評価・支援に関するガイドライン」では精神障害との強い関与が強調された。また，不登校にしても1990年代にはいたずらに登校刺激を与えず見守る姿勢を保つことが大切だといわれていたが，2000年代中盤からは不登校への早期対応が「ひきこもり」の予防になるとして登校刺激への揺り戻しが続いている。また，講演会に呼ばれてくる専門家にしても「センスがない」と，Hさんは一刀両断した。

もう一人の発起人であるOさんはまだ20代後半だが，Hさんのこうした思いに深く共鳴しているようだった。小学校からの不登校経験をもつOさんは，ピースボートのクルーズで洋上フリースクールを開校するという独自の活動を展開している。だが，これまでを振り返ってみると「一緒にやっていこうと思えるような信頼のおけるカウンセラーや精神保健福祉士と出会える確率」は「とても低い」と語り，「そういう専門家っていってる人たちがこのレベルで医療の現場はやばくないか」と危機感をあらわにした。Oさんは，「UX 会議」の登壇者の一人が数年前に主催したセミナーでHさんたちが語っている姿に衝撃を受け，こういう人たちの話が数十人だけのあいだにとどまり，支援者たちと「全然つながらない」のは「もったいない」と感じたそうだ。それでHさんからイベントを一緒にやらないかともちかけられた時には，二つ返事で引き受けたのだった。

このように従来の支援に対する憤りや危機感が「UX 会議」の原動力になっているものの，批判に終始するようなイベントにはしたくなかったと2人は口を揃える。Hさんがいうには「怒りをぶちまけたからって変わらないということは，それこそわかってる」からだ。精力的に企画・運営を進め，また当日を振り返るなかで明確になってきた理念の一つとして「未来志向」が挙げられた。自分たちの声を反映させつつ，真にひきこもった人びとの助けとなるような支援体系を構築することをかれらはめざしている。ただし，それは「UX 会議」の最終目標ではない。支援はあくまで1回目のテーマにすぎず，2回目はまた別のテーマを考えているという。では，この挑戦の先に2人は何を見ているのだろうか。Oさんが強調したのは「多様性」というキーワードだった。彼女はこう語る。

「社会として多様性が認められることで生きやすい世の中になるし，そうすることで，『ひきこもり』ももっと生きやすくっていうか，命を絶たずとも何とかこのなかでやっていけるっていうところに希望をもっている」

「UX 会議」に関わったメンバーは「皆そこに行き着いている

気がしている」ともOさんは語った。ひきこもった人だけではなく，性的少数者など生きづらさを強いられている人は五万といる。そうした人たちの生を認め，受け入れられる社会にしていきたい。このような願いが「UX 会議」の根幹を成している。

5 「ひきこもり」からの問題提起

本章冒頭で，ある当事者の語りを引用したが，それは続けて次のようなやりとりになった。

> 「……その適合できなかった人が生きていけるようなオルタナティブな道をつくるっていう発想も，ありなんじゃないかな。（石川：自分も適合するのは無理があるということ？）それはわかんない。というのは，自分はひきこもり経験者のなかでは比較的普通だから（笑）」

「オルタナティブな道」を意識しつつも，自分自身はそちらを歩むことに躊躇を覚え，できれば今の世の中で認められることを望んでいることがうかがえる。こうした揺らぎを経験している当事者は少なくないように思う。前節に登場したHさんも，かつて次のような比喩でもって同様の葛藤を語っていた。とても素敵な靴があって，何とかして履きたいけれどもサイズが合わない。足を入れても痛くなってしまって歩くことができない。それと同じように自分は決して今の世の中を拒絶したかったわけではない。叶うことならそこで生きていきたかった。しかし，どうしてもそれができないのだ，と。

従来の支援や社会のあり方に「ノー」を突きつける当事者たちに対して，所詮は負け犬の遠吠えにすぎないとか，自分の言い分ばかりを通そうとする甘えた態度ではないか，といった冷ややかな視線を注ぐ人たちがいるかもしれない。しかし，昨今の当事者発信の根底には，今述べたような揺らぎのなかで試行錯誤と努力を続け，それでもいっこうに報われず深まっていった自分への失望や社会に対する憤りが横たわっているのではないだろうか。加えて，次のことにも留意したい。かれらが表舞台で語れるようになるまでには「ひきこもり」が社会問題化してから 10 年以上が経過しており，さらにいえば，ここに至るまで一人ひとりが過ごしてきた歳月はもっと長い。担い手たちの個々の人生を抜きにして，この状況を十分にとらえることはできないだろう。

また，当事者の声に耳を傾けるようになってきた周囲の変化も重要である。「UX 会議」のような試みが大規模なイベントとして成立したのは，当事者たちの強い思いがあったからであるのはもちろんのこと，かれらの話を聴くために数百名にも上る人びとが会場に足を運んだからである。当事者発信の機運がどのように高まってきたのか，どのような社会的・時代的状況に位置づけられるのか明らかにするためには，語る側だけでなく聴く側の変化を同時に見ていかなければならない。

かつて，ある当事者から「ひきこもり」とは現代日本社会における「パンドラの箱」のようなものだ，という言葉を聞いたことがある。誰もが「何のために生きるのか？ 働くのか？」ということを考えたがっている。しかし，そんなことを考え始めては日々の暮らしが成り立たなくなってしまう。おそらく「ひきこもり」はそうした思考を刺激するのだろう。だから臭いものにフタをするように，「ひきこもり」のことをちゃんと見ようとしないのではないか，と。そうだとすれば当事者発信に対する高い注目は，「ひきこもり」をまなざす側の変化の兆しとしてとらえることができる。

今の日本社会では「ひきこもり」をはじめとしたマイノリティとされる人びとに限らず，誰もが綱渡りのような人生を送らざるをえなくなっている。そして，第3節で述べたように，足元をつねに脅かされていることからくる不安こそが「ひきこもり」への悪感情を煽っている。ひきこもった人びとの社会適応のみをめざすような支援は，結局のところそのような不安を生み出す社会の温存につながる。ひきこもった経験の価値転換を図り，そこから「ひきこもり」に対する誤解を解くばかりでなく，多くの人びとに生きづらさを強いる社会のあり方をも問おうとする当事者発信の動きは，誰が一番つらいのか競い合うような不毛な状況を脱し，相互の生を尊重し認め合えるような社会を実現していく契機となるのだろうか。それはひきこもった経験の有無にとらわれることなく，対話できる関係性を広く築いていけるかどうかにかかっている。

注

1　2003年5月24日実施のインタビューより。本章でのインタビューからの抜粋は言いよどみや繰り返しを修正したり相槌を省略したりするなど，読みやすいように編集してある。

2　ただし，この動きが目立っているのは東京・神奈川・大阪・兵庫などの大都市圏であり，地方の状況については別途調査する必要がある。

3 1999年12月末に京都で起きた小学生殺人事件，2000年1月に新潟で発覚した女性監禁事件，同年5月に佐賀で発生したバスジャック事件の3つ。

4 2001年5月31日実施のインタビューより。

5 2001年8月6日実施のインタビューより。

6 2011年1月26日実施のインタビューより。

7 出版社の紹介文より引用（http://www.ohtabooks.com/publish/2011/07/30141711.html〔2015.7.25取得〕）。

8 これは2012年に始まった「ひきこもりフューチャーセッション」から生まれたアイディアである。

9 ホームページに掲載されている発案者の言葉から引用した（http://hikiuniv.net/〔2015.7.25取得〕）。

10 2015年3月23日に発起人のHさんとOさんにインタビューを行った。

11 2005〜10年まで実施されていた若者自立塾などを念頭に置いていると思われる。

参考文献

畠中雅子，2012，『高齢化するひきこもりのサバイバルライフプラン――親亡き後も生きのびるために』近代セールス社。

石川良子，2007，『ひきこもりの〈ゴール〉――「就労」でもなく「対人関係」でもなく』青弓社。

――――，2009，「『ひきこもり』について考える／『私』を振り返る」好井裕明編『排除と差別の社会学』有斐閣。

――――，2012，「『ひきこもり』の当事者は何から排除されているのか――リアリティ定義からの排除という視点」稲垣恭子編『教育における包摂と排除――もうひとつの若者論』明石書店。

勝山実，2001，『ひきこもりカレンダー』文春ネスコ。
————，2011，『安心ひきこもりライフ』太田出版。
厚生労働省，2010，「ひきこもりの評価・支援に関するガイドライン」。
斎藤環，2002，『「ひきこもり」救出マニュアル』PHP 研究所。
佐藤洋作，2010，「『子ども・若者育成支援推進法』と若者支援の現状」『議会と自治体』147。
関水徹平，2011，「『ひきこもり』問題と『当事者』——『当事者』論の再検討から」『年報社会学論集』24。
湯浅誠，2008，『反貧困——「すべり台社会」からの脱出』岩波書店。

ブックガイド

上山和樹『「ひきこもり」だった僕から』（講談社，2001 年），
勝山実『ひきこもりカレンダー』（文春ネスコ，2001 年），
諸星ノア『ひきこもりセキラララ』（草思社，2002 年）

▶いずれも当事者による手記である。ひきこもっている時の心情や葛藤が赤裸々に綴られており，当事者から見た問題の所在なども知ることができる。

村澤和多里監修／杉本賢治編『ひきこもる心のケア——ひきこもり経験者が聞く 10 のインタビュー』（世界思想社，2015 年）

▶「ひきこもりのベテラン」による支援機関スタッフ，精神科医，研究者など 10 名の「専門家」へのインタビューをまとめたもの。経験者ならではの視点が活かされた興味深い 1 冊である。

石川良子『ひきこもりの〈ゴール〉——「就労」でもなく「対人関係」でもなく』（青弓社，2007 年）

▶ 6 年間にわたるフィールドワークと追跡調査を含むインタビューから，当事者にとって「ひきこもり」とはいかなる経験なのか，回復するとはどういうことなのかを読み解いたもの。また，非当事者がこの問題にどう向き合えるかということも示している。

荻野達史・川北稔・工藤宏司・高山龍太郎編『「ひきこもり」への社会学的アプローチ――メディア・当事者・支援活動』（ミネルヴァ書房，2008年）

▶ 8名の研究者による論文集。メディアでの「ひきこもり」の語られ方，当事者・家族の経験，支援活動の現状と課題など，社会学的観点から「ひきこもり」を包括的に扱った画期的な1冊である。

くまさんの映画コラム⑤

『まひるのほし』がみえますか

『まひるのほし』（佐藤真監督，1998 年）。障害者アートをめぐる秀逸なドキュメンタリー。冒頭，障害者アートの「説明」があるが，あとは人物一人ひとりが絵を描き，焼き物をつくる姿であり，それぞれの作品が淡々と重ねられていく。鉢植えの植物と向き合い，大きな紙が真っ黒になるまでデッサンを描き消し納得いくまで手を休めようとしないシュウさん。彼はいつもまわりにいる人びとを幸福なオーラでつつみ，描いていく植物からも幸福を取り出してくる。「幸福な植物たち」という不思議な温かみをもつ彼の作品群。ほかにも個性豊かな人びとが登場する。思わずうなずいてしまうシーンがあった。それはシュウさんが何気なく見せる姿だ。一心に絵を描いている彼に絵画倶楽部の人が「もうやめる，まだ少しかく？」と尋ねるシーン。デッサンに疲れたのか飽きたのか，手を止めてシュウさんはゆっくりとあくびをした。私はこのシーンでホッとひと息つけた感じがした。「そらそやな，しんどかったら休むしあくびもでるわなぁ」とつぶやき，思わず笑ってしまった。このあくびのシーンはすばらしい。ドキュメンタリー全体を“締める”鍵とでもいえるような，そんな感じだ。この作品は，「思いやり」「かわいそう」「がんばろう」など障害者を理解するための“常識的”な硬直したイメージや枠を自然にずらしていく。映像を見ながら私たちはこの枠に囚われている自分の姿に気づき，緩やかではあるが確実に意識が変動していくのだ。「まひるのほし」というタイトルも象徴的だ。まばゆいばかりに「日の光」が満ちている「まひる」では「ほし」たちの輝きは見えず，「ほし」自体に気がつかない。しかし確かに「ほし」たちは輝いている。この事実に気づくとき「まひる」であろうと「まよなか」であろうと，その輝きはくっきりと見えてくるのだ。

『人生，ここにあり！』（ジュリオ・マンフレドニア監督，2011 年）。

映画の原題は「やれば，できるさ！」だ。1980 年代イタリア。バザーリア法が制定され精神病院が閉鎖され，病者たちが地域で暮らし始めた。彼らも住むことができる地域づくりにその時代が挑戦したのである。この作品は，彼らと共に暮らすという地域づくりの挑戦のなかで起こった実話をもとにしている。ミラノで労働組合から追い出された主人公ネッロ。彼は精神病院の元患者たちの協同組合の運営を任されることになる。詳細な物語はぜひ映画を見てほしいが，象徴的な３つの暴力シーンがある。いずれもルカという男性がふるうものだ。しかしその３つの意味は確実に異なる。最初ネッロが初めて彼らと出会った場面，いきなりルカはネッロに殴りかかる。まさに「突発的暴力」であり，何をするか予想がつかない「患者」というイメージを象徴させる。２つ目のシーン。それはルカの仕事仲間の若い男性が好意を抱いた女性の家でのパーティの場面。ある語りがきっかけで若い男性の症状が出て，食べているものをもどしてしまう。その行為を部屋にいたほかの男たちがからかい真似してみせ，おどける。ルカはその男たちに殴りかかる。これは「突発的暴力」ではない。若い男性への思いやり，からかう男たちへの怒りの発露である。３つ目のシーン。彼らが組合活動の再開を決めネッロを迎えに行く場面だ。ネッロは知り合いのファッションショーを手伝っていた。そこに乗り込みネッロと交渉しようとする。ショーを中断されたことへの怒りからか知り合いは彼らに侮蔑する言葉を吐く。それに対してルカはパンチを食らわす。これは明らかに自分たち病者に対する侮蔑や差別，排除に対する抵抗として読める。３つの暴力シーン。そこには明らかに組合活動を通して人間として生き地域で暮らす彼らの成長する姿が象徴されている。

ほかにも『**ジョゼと虎と魚たち**』（犬童一心監督，2003 年），『**フリークス**』（T.ブラウニング監督，1932 年），『**ビヨンドサイレンス**』（C.リンク監督，1996 年）なども必見だ。

©「まひるのほし」製作委員会，1998 年。DVD ¥3,800（税別），株式会社シグロ。

第6章

学校空間における排除と差別

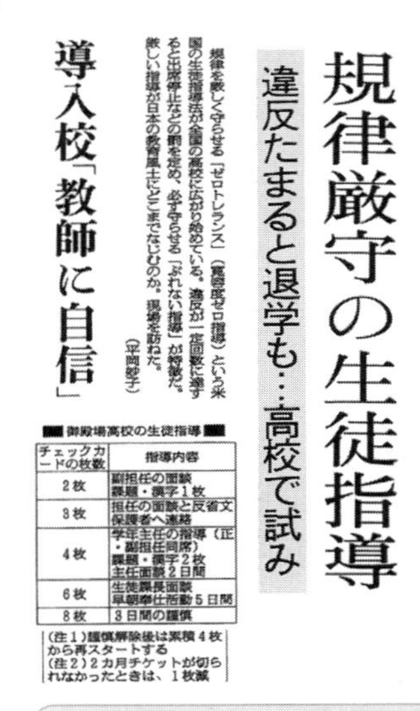

規律厳守の生徒指導

違反たまると退学も…高校で試み

規律を厳しく守らせる「ゼロトレランス」（寛容度ゼロ指導）という米国の生徒指導法が全国の高校に広がり始めている。違反が一定回数に達すると出席停止などの罰を定め、必ず守らせる「ぶれない指導」が特徴だ。厳しい指導が日本の教育風土にどこまでなじむのか。現場を訪ねた。（平岡妙子）

導入校「教師に自信」

御殿場高校の生徒指導

チェックカードの枚数	指導内容
2枚	副担任の面談 課題・漢字1枚
3枚	担任の面談と反省文 保護者へ連絡
4枚	学年主任の指導（正・副担任同席） 課題・漢字2枚 主任面談2日間
6枚	生徒課長面談 早朝奉仕活動5日間
8枚	3日間の謹慎

（注1）謹慎解除後は累積4枚から再スタートする
（注2）2カ月チケットが切られなかったときは、1枚減

高校でのゼロトレランス型指導の事例（朝日新聞 2007年1月14日）

いじめや不登校など学校で起きる生徒の問題がマスメディアで詳細に報道されるようになってから数十年。学校は，勉学と競争による社会的成功の場ではなく，しだいに友人関係を取り結び個々人の自己充足を可能にする生活の場へと変貌しつつある。そのため，突然おとずれるかもしれない教室からの排斥は，生徒にとって大きなリスクと脅威であり，親密な仲間への気配りや互いのグループの序列など教室を生き抜く処世のワザが絶えず要求されている。キャラ化やスクールカーストなどを生み出す今日の学校空間の排除や差別のメカニズムを考え，中途退学者や不登校生徒などにみられる「生きづらさ」の意味を問いかける。

1　学校空間から排除される中退者の事例

◘ 液状化するライフコース

〈中退と編入学を繰り返す20歳代女性Aさんへのインタビュー〉

A：たぶん，自分の私生活の問題がそのまま学校につながっちゃうから。

I：私生活が揺れてくると，学校へ行くどころでなくなっちゃう？

A：そうです。もう学校行くどころじゃなくなっちゃって，家にひきこもっちゃったりとか。……「完璧主義」になったのは，たぶん，ファストフード店で働き始めてからなんで。何かすごい細かいところまで（何でも）気になるようになっちゃって。……そん時，つきあってた（大学生の）人が会社に就職するってなって，「あっ，私，中卒じゃいけないな」って，そこで思って，「(また,）学校通い始めよう」と。

まず，ある高校中退者のインタビューから紹介した。Aさんはすでに20歳代前半である。これまで職業科高校を振り出しに学校をやめては飲食店などの職場で非正規として働き，思い直して編入学し勉学に向かうということを繰り返してきた（古賀 2014)。

特段，学校や教師に反抗した経験もなく，不本意入学といった自覚もない。ただ遅刻が多く出席数が不足して単位取得ができなくなり，フェードアウトするように退学せざるをえない状況に追い込まれてきた。声をかけてくれる友人や働きづめのひとり親からの協力も充分に得られぬまま，独力で通学を続ける意欲が失われていった。

「私生活の問題がそのまま学校につながっちゃうから」という冒頭の語りは，自分自身を取り巻く限られた対人関係や社会環境のなかで，スローガンにならえば「早寝，早起き，朝ご飯」といった，日々の通学習慣を支えることが困難になる経緯を訴えたものであった。私生活に起こる出来事に左右される日常生活のリズムが，公的な学校空間への入り口をしだいに失わせてしまう。

いうまでもなく，中退はその後の進路形成やライフスタイルに大きな影響を与える。たとえばファストフード店での長期バイトによって細かな間違いにも過敏になる完璧主義になったと語られる。また，経済的に貧窮するひとり親家庭のため，キャバクラをはじめとした接客業を転々とせざるをえなかった。カレシが大卒であると知ると，低学歴が関係の揺らぎになると思い立ち，定時制高校を探して再挑戦もした。そればかりでなく，内向する気分はつねに自分のいたらなさへの後悔となり，自傷的行為を繰り返し心理カウンセリングの受診をすることにもなったという。

Ａさんは高卒―就労という標準的ライフコースを離脱し，中退という出来事を通して，社会学者バウマンのいう「液状化するライフコース」（Bauman 2000＝2001）に身を置くことになっていった。

◇ 環境管理型権力による「排除」

この事例は，従来の中退者のイメージからは程遠い。教師の権威に反抗し悪い仲間と不良行為をすることで学校規範から逸脱する。Ａさんはこうした「反学校文化」の担い手ではない。個人を取り巻く人間関係や家庭環境，教育支援などの脆弱さによって，日々の通学のつまずきが生徒役割からの脱落を容易に促し，「生きづらさ」を助長している。継続的に高校に出席しない，あるいはできない生徒は学校生活のタイムラインから取り残され，校内のコミュニティに参加することが困難になり，さらに欠席しやすくなるという悪循環を起こしていく。

ここでの排除の構造は，「環境管理型権力」の産物であると見ることができる（東 2007）。生徒個々人に緩やかに学校空間への自発的な適応を促しつつ，その場に適応しきれない生徒を個人の自己選択や社会的態度の結果として学校以外の場へと緩やかに排除していくという方法である。教師による生徒の成績や規範意識などについての否定的評価は，最終的に退学の説明要件を満たすにすぎず，むしろ対人関係や居場所を生み出す学校の生活環境自体が，そこに参入できない生徒を中退の方向へと導いていってしまう。個々人の欠席の動機が何であれ，学校に参加していない，参加できないという事実が記録され，「合理的配慮」のもとに排斥されていく。

従来の学校は校則や懲罰などの規律によって集団として生徒たちを均一に統制し，教育的働きかけによる人格の改善をめざしてきた。どのようなタイプの生徒も学校空間に内包し，教育指導によって規範を内面化させようとした。すなわち「規律統制型権力」を行使し，法と規範による指導の強制力を生徒の教育に発揮してきたのである。

だが先の手法はこれと異なる。たとえば遅刻３回で欠席とカウントする，いわゆる「底辺高校」（教育困難校）での「ゼロトレランス型」と呼ばれる指導に象徴されるように，教育指導の内容ではなく，学校の入り口となる出席自体の厳格化を求めている。まずもって在籍環境のシステムを整備し，後は本人のふるまい方次第であるというサジェスチョンをするという手法である。

都内の中退者に質問紙調査をした結果を見ると（古賀 2015），類似した困難を抱えやすい進路未決定卒業者と比較して，学校で問題行動を起こしたことや学業の遅れがあるなどとする回答の割合が顕著に高いわけではなかった。むしろ中退の原因として多くの者に回答されたのは，学業や通学を可能にする日常的な生活リズムの未確立であった。たとえば，「遅刻や欠席などが多く進級できそうになかった」，「通学するのが面倒だった」，「自分の生活リズムが学校と合わなかった」，さらには「精神的に不安定だった」といった項目も高い回答率となっていた。聞き取りをすると，そもそも立地の悪い「底辺高校」への通学時間は長くなりがちで，昼夜逆転による生活の揺らぎや朝起こしてくれる親の不在があるなど，日々の通学自体が困難になっていた。

同様に，中退せず卒業できるために必要だった条件を尋ねてみると，学校内での対人関係や居場所などの社会的資源の不足を挙げる者が非常に多かった。「友人や仲間からの手助けがない」，「学校に自分の居場所がない」，「悩みを相談できる人や場所がない」などの項目で回答率が高かった。しかも，中退に至るまでの教師の勉学や生活の指導を批判する者はまれであり，むしろ中退は自分自身の至らなさの結果であったという自己否定的な評価が強くなる傾向が見られた。

今日，高校の中退率は全国平均 1.5％程度，年間５万人ほどであり（文部科学省調査），中学生の不登校に比して出現率・実数ともかなり低い水準である。しかしながら，定時制や通信制あるいは教育困難校に限っては極めて高率であり，中退が局所化しやすい傾向にある。このように見れば，階層格差の社会と連動した高校のトラック（入試偏差値などによる高校のランキング）による社会的排除のメカニズムが，「中退」という現象を通して作動しやすい状況があるといえる。

2　学校空間の内包と排除

◆ 学校化した日常生活世界

「学校」という場の日常性は，多くの人にとって自明である。四角い20坪ほどの教室に，整然と並ぶ机と椅子。前方の教卓と黒板。時間割に即した授業開始と終了の合図。多人数の生徒たちに教師が一斉に教える授業形態。オープンスクールやICT導入などイノベーションがあっても，空間的・時間的に統制された学校のイメージは世代を超えて変わらない。

この学校空間で，現在でも生徒たちは1日の生活の大半を過ごしている。部活動を含めた学校への滞留時間は中学2年生で平均8時間半に及ぶというから（ベネッセ教育総合研究所 2008），1日のほぼ3分の1は学校にいる勘定になる。睡眠を除く家庭での活動時間さえ大きく上回り，学校での対人関係や生活経験抜きに，生徒たちの日常生活世界を語ることはできない。

それゆえ，「学校化」されているのは，通学を学習と同一視する学校の制度的神話だけでなく，学校をコアとした生徒の生活スタイルそれ自体だともいえる。社会学者イリイチ（Illich 1971＝1977）の論じた「学校へのフルタイムの出席」を要求する社会は，平日の日中に生徒が学校以外の場にいることを逸脱行動とさえみなすものである。これまで不登校生徒がフリースペースの設置などを求めてきたのも，社会的に承認された居場所が学校以外に存在しなかったからにほかならない。ここでは，学校という物理的空間の優位が，ネット社会の浸透によるユビキタス化などによってもまったく揺らぐことなく存続している。

学校はこの生活世界の日常性を基盤として，生徒の社会化や選抜という社会的機能を達成してきた。いうまでもなく，知識や技能を組織的・計画的に伝達する公的機関として学校はあり，生徒は教科書的な知に基づく公式のカリキュラムを習得することによって評価される。時々に課される試験はよりよい進学や就職のステップとみなされ，学業成績を上げる努力が絶えず推奨される。

同時に，一斉授業への関与やグループ活動への順応など集団生活への同調と適応がなければ高い評価は得られない。学校の集団規範から逸脱する生徒は，どれほど潜在的能力があろうと，高い学業成績にはつながらない。学校生活には遵守しなくてはならない「ヒドゥンカリキュラム」（隠れたカリキュラム）が埋め込まれており，生徒の言動や評価のあり方を強く規定している。

しかも，学校空間にふさわしいふるまい方は，校内での日常生活に繰り返し参加することによってしか体得されない。日々の状況に応じた教師や生徒相互の対人関係を通して，身体化されたハビトゥス（慣習行動）として学習されていく。生徒は学校生活のルーティーンを理解し適合していかなくてはならず，同時にそれが学校の制度的構造や機能を支えていくことにもなる。社会学者ブルデュー（Bourdieu 1990＝2001）のいう「構造化する構造」が学校空間の実践にも宿っている。

このように，高校中退者や不登校生徒のようにみずから離脱するにせよ，外国籍生徒のように制度的に受容されないにせよ，日々の学校生活世界から排除されることは，生徒として社会参加の入り口を失うことを意味する。いいかえれば，学校化した社会生活における行き場を失うリスクを抱えることなのである。

◇ コンサマトリー化する学校空間

しかしながら，このようにフルタイムの出席管理が外枠として生徒の日常を規制するからといって，学校の内側でも教育の公的な権威や価値が生徒に強く作動していると考えるのは早計である。むしろ，今日では通学の慣習などによって生徒役割がかろうじて支えられていると見るべきであろう。

いじめや不登校が一般化した1990年代に入って，「私事化」と呼ばれる私生活の充実や個人の価値観を重視する生き方が生徒たちの学校生活にも浸透してくるようになった（森田 1991）。学校の公的場面でも，個人のニーズや居場所に配慮すべきだと要求する生徒が目立つようになり，公と私の境界が随所で揺らぐようになった。公的な空間の拘束を敏感に感じ取り，その重苦しさを回避しようとする生徒たちの登場である。

別な観点からいえば，たとえば消費者が市場価値によってサービスを選択するように，生徒が自己充足できる学校生活のアイテムを求めるようになったということである。新自由主義的立場からいえば，生徒個々人の権利と責任が強く意識され，教師には生徒と共通理解をもって実践に取り組み，指導責任を果たすことが求められた。ここには，学校選択やアカウンタビリティなど，学校の権威がさまざまな場で問われる市場原理に基づく社会への変動が存在していた。こうした変化を「学校のコンサマトリー化」，すなわち消費者中心主義と呼ぶことができる（古賀 2008）。

それは単なる自己中心の生き方とは異なり，学業達成や道徳性獲得など「インスツルメンタル」（道具的）な学校的価値に重きを置かずこだわりをもたない生活スタイルの拡大であるともいえる。教師に反抗するのでも従順であるのでもなく，生徒として課された役割から距離をとり，他方で学校内外の情報や対人関係には敏感に反応する「非学校文化」を体現した者たちの広がりである。

本来学校は教授学習のための合目的的な場であり，教師には効率的な教え込みを是認するリーダーシップが付与されてきた。ところが，コンサマトリー化が進むと，学習塾など外部機関との教育の市場価値の対比がなされ，教師に生徒個々人ときめ細かに接しそのニーズに応えるような援助の姿勢が一層求められることになる。一言でいえば，個々の生徒にとって「居心地のいい学校づくり」の要請が強まっていく。

この点で，不登校生徒が自分自身の不登校に至るライフヒストリーをもとに創作したドラマ（NPO 法人東京シューレ 2011）は興味深い。ここには，学校の時間どおりルーティーンに進む生活への違和感や，勉学・部活に人一倍がんばりすぎて燃え尽き，他者から浮いていく感覚，あるいはいじめによる人間関係の強烈な疎外感などの事例がリアルに描かれている。

学校から排除されたあるいは学校を拒絶する当事者たちがこの作品のなかで問題視しているのは，学業達成の失敗や管理的な指導など直接的でインスツルメンタルな価値そのものに関わる損失ではない。何らかの契機によって，学校の対人関係を通して居場所を失うことへのリスク，いいかえればコンサマトリー化した学校空間に自分自身の所在をなくすことへの不安なのである。先の中退者事例にも類似した，居心地よく環境管理されたはずの学校空間の落とし穴がそこにはある。

3　分断化する小グループとその力学

◆ 島宇宙化と共振的コミュニケーション

『けいおん！』という人気アニメがある（かきふらい 2008）。バンドを組む軽音楽部の女子高生たちが部室に集いおしゃべりする様子が描き出される作品である。そこには，取り立てて劇的展開はなく，勝利をめざして一生懸命努力したりもしない。ゆったりまったりした日常がユートピアとして描かれる。「空気系」と称されるアニメの代表作である。いじめ問題などが常態化した現在，空気のようにトラブルが生じない相互信頼のおける教室内の仲間関係が理想視されて描かれている。

従来学校は多様な能力や性格をもったクラスメートとの一体化した関係性や協同活動を前提として構成されてきた。人格的な交わりによって，コミュニティとしての全体集団が民主的に立ち上がるとされた。ところが，今日では学級内でいつも一緒な少数の友人との関わりを優先する「いつメン」や，仲間たちから離れ一人を好む「ぼっち族」など，さまざまな対人関係の小グループが乱立するようになった。グループの分断化が学校空間内部に生じたのである。

社会学者の宮台真司は，1990 年代以降の若者における仲間関係の変化を「島宇宙化」と名づけている（宮台 1994）。コミュニケーションを求める仲間が学校内で選択され，分立したグループが対人関係に強い影響を与える状態のことである。ここでは，取り上げられる話題や語り方などが，参加していないと理解できない内輪のものとなり，「小さな物語」が支配して，グループとの距離のとり方が難しくなる。

しかも，学校外の生活でも分断化は加速する。スマホなど情報メディア接触の機会が拡大すると，ネット上の SNS でも親密なグループが再確認される。「FIC（フルタイム・インティメート・コミュニティ）」という言葉があるように，学校でのグループに対してメールや LINE などで関わりを絶たないように相互交信し続ける「選択的人間関係」が生じるのである（岡田・松田 2002）。

この島宇宙では，コミュニケーションを行う回路そのものがグループそれぞれで異なってくる。「ノリ」が同じであり，シンボルとなる服装や話し方などを共有できることによって，グループが構成されていくからである。

たとえば，ある「底辺高校」の教師は次のように語る（古賀 2001）。

> 「1年生のオリエンテーション合宿にいったんですね。（みな）初めて会う。だけど，違うクラスでも同じような格好をした生徒たちが寄ってくるんですね。まるで，テレパシーで呼び合っているような感じ。……グループができると，一緒に動きます，何でも。他とは話しもしない」

この事例で指摘されているのは「共振的コミュニケーション」である。仲間関係からはじかれることがないように，「ノリ」という同じ波長を抱えた者とだけ親密に関わり，自分の存在できる居場所を探り出す。和んだ気分で仲間とのコミュニケーションを支えることが大切となり，情緒的な一体感や価値観の共有といった関係性の中身は重要ではなくなっていく。『けいおん！』が描く空気とは，これなのである。

◇ 教室でのキャラ化の広がり

島宇宙化は自己充足的な学校空間の産物であるが，つねにグループの日常から浮き上がり排除されるリスクをともなうものでもある。生徒は教室の空気を感じ取り，自己を防衛的に提示する方法を学習する必要がある。不登校やいじめなど学校問題がたびたびメディアで報道される現在，「友だち地獄」（土井 2008）と呼ばれるように，学校で仲間がいない生きづらさや対人不安を意識しない生徒はほとんどいない。

たとえば，クラスでの仲間関係をうまく築けず中退した者は次のように語る。

> 「でも，いろいろとやっぱり，友達関係の問題が多くって。結構，ぶつかるんですよね。……性格上，自分はこうっていうふうに，絶対何か，曲げないんですよ。だから，そういうところで，意見の食い違いだけでぶつかっちゃったりして。裏とかでいうとかじゃなくて，全部，口に出しちゃって，相手に伝えちゃうから。……」

このような葛藤の回避をめざして，教室での「キャラ化」の広がり，とりわけ「外キャラ」による自己呈示の方法が重視される。「キャラ化」とは，学校で自分にふさわしいと周りの仲間が認める特徴（キャラクター）を演じることである。まじめキャラとか癒しキャラなど学校で受容される「外キャラ」を，仮に生来備わった素質が「内キャラ」として別に存在していると自覚していても，教室場面に合わせて的確に提示する必要がある。

これまでアイデンティティ論に代表されるように，社会的自己は広範な他者との対人関係の過程で，「自分らしさ」として認識され確立するという考え方が基本だった。これに対して，教室を舞台とみなすドラマツルギー論に立てば，役割演技によって状況に応じた自己を提示する方法が存在し，「本当の自分」との距離をとりつつ，防衛的な表向きの適応による葛藤の回避と他者からの好意的な評価の増大が目論まれることになる。

「キャラ化」には，演技論の視点と共通する指向がある。教室で個々人に適合したキャラとしてのふるまいがあれば，相手に嫌われず予定調和的にコミュニケーションができる。たとえば，「いじられキャラ」ならば，仮に教室で外れた発言をしても，周囲はコメントしてやさしく受け止めてくれるだろう。教室での緊張を回避する融和の戦略は，仲間をリードするキャラを演じるだけでなく，場を和ます「ゆるキャラ」を演じることも可能にする。

◘ スクールカーストと政治空間化

グループの分断化がもたらすものは，内輪のコミュニケーションだけではない。グループ相互間の序列や勢力が生じていくことにもなる。インドの身分制である「カースト」のごとく，学級内での地位に差が生じる。それは，学業成績や運動能力といった学校の業績性による序列と異なり，仲間のキャラへの評価や反応に応じた序列であり，「人気」や「モテ」といった生徒目線の地位基準となる（鈴木 2012）。

ここにはカーストの下位に置かれ排斥されやすい弱い立場が存在する。いじめ問題分析の言葉を借りれば，「バルネラビリティ」（攻撃誘発性）が生じる。排斥されやすさとしてよく指摘されるのは，学級内で孤立しウケが悪い行動をとることである。具体的には「休み時間に居場所がない」，「外見を気にしない」，「オタク趣味がある」，「グループ分けの時に余る」などの教室空間でのふるまいである。

他者からの付け込まれやすさや目立ちすぎるなど否定的な性質が，教室の出来事を通して個人に貼りつけられ，教室からの疎外感が生まれる。もともと個人に明確な問題性が備わっていたというより，「機会原因」と称されるように，教室場面の出来事とそこでのコミュニケーションを通して印象が定着されていく（菅野 1997）。ここにキャラ化した教室で生活する難しさがある。

スクールカーストの議論を見ると，生徒が利害や暴力といった権力性を抱えながら仲間や教師との駆け引きに腐心しつつ日常を生き抜いているという事実に出会う。学校空間は現在ではグループの力学により政治空間化し，個の逸脱が突出し検知されやすい場となり始めている。

そうなればなるほど，生徒たちは学校空間の穏やかな空気を守るため，自分が経験している困難を「いじめ問題」などと簡単に認めることはできなくなる。顔の見える教室の空気が，排除される個人への圧力となって，かえって問題を隠蔽し深刻化させる。

精神科医の中井久夫は，トラウマ症例の治療から教室内におけるいじめの政治的過程を 3 段階に分けて説明している（中井 1997）。第 1 段階では，「孤立化」が進む。特定の個人をマークし，助け舟を出すかもしれない仲間との関係を断ち切るように試みる。第2段階では，「無力化」が進む。教師や他の生徒が疑念をもたぬよう，反撃しても無駄だと当人に知らしめる。最後は，「透明化」である。いじめられることがキャラ自体の結果であるかのように，あたりまえのコミュニケーションに感じさせるべく反復的に日常の言動を繰り返す。

学校の政治空間化は，このように普段と変わらぬキャラのふるまいと感じさせる，見えにくい困難を抱えた教室内部の人間関係を生み出している。だから，生徒たちはキャラ化した互いの関係性が傷ついたり壊れたりしないようにきめ細かに配慮しつつふるまい，「KY」な態度はとらないという不文律を守る。こうして，対立を回避することを最優先する「優しい関係」（土井 2004）が学校空間全体を支配していくのである。

4　抵抗の文化の喪失と「生きづらさ」

◆ 反学校文化と学校・社会への抵抗

コンサマトリー化する学校空間での生徒文化の表出は，かつての成績序列のトラッキングの結果とは異なった様相を呈している。学校のもつ価値への遵守に応じて「向学校文化」から「反学校文化」へと内部で分化するのではなく，学校文化の統制力の弱まりによる「非学校文化」の浸透を背景としつつ，学校空間で選択され受容されるキャラとそこから排除されるキャラの区分へと変容していく。

かつてイギリスの社会学者ウィリス（Willis 1977＝1996）は，反学校文化のレジスタンスとしての役割を論じた。反学校文化の担い手は絶えず教師に反抗的な態度をとり，学校の学習活動を揶揄したり参加のふりをして逃走するなどの行動を起こす。それは，公的な学校の権威性に抵抗することによって，学校の価値を否定しその実践の意味を異化していくことだった。これは，低階層者の就労の場における抵抗のふるまいの肯定にもつながっており，結果として，階級の文化的再生産を促していた。学校は階層社会の現実とつながって見えたのである。

同時に，反学校文化は向学校文化を支持する生徒にも影響を与えた。たとえば，ヤンキー文化を体現する生徒たちは逸脱的な自分たちをパーマや学ランなどの服装や言動で表現し，まじめでオタッキーな他の文化の生徒との違いを際立たせる。こうした差異化の力学が，向学校文化の生徒たちにも学校空間の正当化の論理を感じとらせ，単に教師の言いなりになるよい子ではないしたたかさを教えて，規律統制的権力との距離感を探らせてきた。

しかしながら，「優しい関係」の支配する学校空間では葛藤や差異から文化を読み取ることは難しい。むしろ居心地のよい居場所の確保にそれぞれのグループが閉塞的に奔走するしかない。もちろん，グループ間の政治力学は，相互のノリに応じたメンバーの入れ替えやキャラ替えを要請することさえある。

たとえば，『桐島，部活やめるってよ』という作品（朝井 2010）では，クラブの部長であるカースト上位の桐島が部活動をやめるという情報が教室に流れ，それに他のメンバーが一喜一憂するという内容となっている。桐島が何か事件を起こしたのではなく，彼がいないことで教室の力学が変化することに応じて，自分はいかにふるまうべきかと，彼の地位とキャラの確認が繰り返し生徒たち相互によって試みられる。ここには，自分が一歩先を読み間違え演じそこなうと，容易にいじめられ排除されてしまうというリスクと不安を抱える学校空間の日常が描かれている。

環境管理型権力は，どのようなふるまいやキャラを選ぶのであれ，学校にいられる者といられない者との境界を強く突き付け，教育的な働きかけによる内包のない，いきなりの排除への不安を醸成させていく。

◇ 社会的排除と「生きづらさ」

「生きづらさ」という言葉がある。自分の居場所が社会のなかに見つからず，将来への展望が描けない疎外された状態をさす。その原因は多様であり，対人不安で精神的に生きづらい人もいれば，生活困窮で経済的に生きづらい人もいる。ひきこもりや不登校などに見られるように，周囲からは動機がわかりにくく，本人が生きることに苦痛を感じ続ける場合も多い。そのため，コミュニケーション能力やレジリエンス（耐性）などの欠如による当事者個人の人格の問題が指摘されやすい。

自傷体験のある作家の雨宮処凛は次のように「生きづらさ」を位置づける（雨宮・萱野 2008）。

> 「自分病みたいな状態がすごく長く続いて，自分の存在意義を得られなくては生きていけない，生きている意味がないとずっと思ってきました」

生きづらさの感覚は，対人関係の場所や回路を喪失し，「役に立たない自分」との対話を際限なく繰り返す過程で生じる。本人自身が気まじめに生きようとすればするほど，その苦痛は増幅していく。冒頭に見た中退者の事例でも，高校へと足が遠のき出席しなくなればなるほど，自分自身を責めて，生きづらさが増幅していった。

こうした対人関係や自己肯定への不安は，通学困難を契機とした学校からの排除を通して，さらに学習機会や継続就労，家族形成などの進路不安へと拡張されていく。すでに見た中退者のケースでは，滑り台を降りるように，対人関係や居場所の資源をますます喪失していくことになっていた。動機や経緯はともあれ，学校を離れた者たち，酒井朗（2015）の言い方にならえば「学校に行かない子ども」への支援や補償の糸口がないと，こうした自責による生きづらさは拡大し，人権の擁護もままならず，社会参加の糸口を失うことになってしまう。

「ケイパビリティ」（選択可能な潜在的可能性）という福祉用語が最近使われる。問題を抱えた若者の生活の質を向上させていくには，本人の資質や努力を超えて，コミュニティで出会う他者・機関や出来事をまずもって拡張させていかなくてはならないという。

高校中退者の追跡調査でも，中退後数年が経つと非正規の労働が定着するのと反対に，学習行動が急激に減少する。サポートを受ける機関の経費の不足や再入学する学費調達の困難などもしだいに表面化し，やる気を失う。中退後就労しかつ学習の機会があった者の２割ほどが中退した高校の教師に相談に行った経験をもっており，同様に中退後も学習の機会しかなかった者の２割ほどが心理相談機関を受診している。ほかには行く場がなく，頼れる他者が少ないことがこの結果からも見てとれる。

このように学校からの排除という問題を当事者の人格や能力に

帰さず「脱個人化」し，排除のメカニズムに沿って問題の「社会化」された理解を進めていく視点が必要である。同時に，リカバリーのタイミングを失わないように，学校内外で「切れ目なく支援する」こともここでは不可欠となる。今日，居心地のよくなった学校空間からの排除が，このように生きづらさを抱えた社会参加困難な若者をつくり出している構造を改めて自覚していかなくてはならない。

参考文献

雨宮処凛・萱野稔人，2008，『「生きづらさ」について――貧困，アイデンティティ，ナショナリズム』光文社。

朝井リョウ，2010，『桐島，部活やめるってよ』集英社。

東浩紀，2007，『情報環境論集――東浩紀コレクションS』講談社。

Bauman, Z., 2000, *Liquid Modernity*, Polity Press.（＝2001，森田典正訳『リキッド・モダニティ――液状化する社会』大月書店）

ベネッセ教育総合研究所，2008，「第1回 放課後の生活時間調査」（http://berd.benesse.jp/shotouchutou/research/detail1.php?id＝3196）

Bourdieu, P., 1990, *The Logic of Practice*, Stanford University Press.（＝2001，今村仁司・港道隆訳『実践感覚 1』みすず書房）

土井隆義，2004，『「個性」を煽られる子どもたち――親密圏の変容を考える』岩波書店。

――――，2008，『友だち地獄――「空気を読む」世代のサバイバル』筑摩書房。

Illich, I., 1971, *Deschooling Society*, Harper & Row.（＝1977，東洋・小澤周三訳『脱学校の社会』東京創元社）

かきふらい，2008，『けいおん！』芳文社。
古賀正義，2001，『〈教えること〉のエスノグラフィー――「教育困難校」の構築過程』金子書房。
――――，2008，「学校研究の現在」『教育学研究』75(1)。
――――，2014，「液状化するライフコースの実証的分析――都立高校調査からみた中途退学者の意識と行動」中央大学『教育学論集』56。
――――，2015，「高校中退者の排除と包摂――中退後の進路選択とその要因に関する調査から」『教育社会学研究』96。
――――，2016，「高校中退者問題と格差社会」『社会の中の教育』（講座『教育 変革への展望 第2巻』）岩波書店。
宮台真司，1994，『制服少女たちの選択』講談社。
森田洋司，1991，『「不登校」現象の社会学』学文社。
中井久夫，1997，『アリアドネからの糸』みすず書房。
NPO法人東京シューレ，2011，『不登校なう――居場所を求める私たち』(DVD)。
岡田朋之・松田美佐，2002，『ケータイ学入門――メディア・コミュニケーションから読み解く現代社会』有斐閣。
酒井朗，2015，「教育における排除と包摂」『教育社会学研究』96。
菅野盾樹，1997，『いじめ――学級の人間学』新曜社。
鈴木翔，2012，『教室内（スクール）カースト』光文社。
Willis, P., 1977, *Learning to Labour: How Working Class Kids Get Working Class Jobs*, Farnborough Saxon House.（＝1985，熊沢誠・山田潤訳『ハマータウンの野郎ども――学校への反抗・労働への順応』筑摩書房）

ブックガイド

土井隆義『キャラ化する／される子どもたち――排除型社会におけ

る新たな人間像』（岩波書店，2009 年）

▶教室の仲間関係におけるキャラ化の特質を現代の排除型社会における格差の進展と自己責任論の強まりに重ね合わせて論じる。ブックレットの 1 冊。

加野芳正『なぜ，人は平気で「いじめ」をするのか？――透明な暴力と向き合うために』（日本図書センター，2011 年）

▶いじめが学校でなくならない理由には，目に見える暴力と異なる透明な悪意があることをわかりやすく説く 1 冊。入門書として，いじめ問題全体を俯瞰できる。

阿部真大『居場所の社会学――生きづらさを超えて』（日本経済新聞出版社，2011 年）

▶若者が自己の存在を確認する場としての居場所の意味を，「ぶつかり合う場」から「一人の生きられる場」としてまで，ミクロ・マクロの視点から論じる社会学書。

貴戸理恵『「コミュニケーション能力がない」と悩むまえに――生きづらさを考える』（岩波書店，2011 年）

▶不登校生徒を事例としながら，個人のコミュニケーション能力問題に還元することのできない社会環境のもたらす今日の生きづらさを問いかける一書。

日本教育社会学会編『教育社会学研究』第 96 集（2015 年）

▶学校を始めとする多様な生徒への社会的排除を 9 つの論考から分析した学会編による専門書。不登校，外国人，高校中退などさまざまな学校からの排除の問題が概観できる。

くまさんの映画コラム⑥

スクールカースト，いじめ，自殺を考える

『桐島，部活やめるってよ』（吉田大八監督，2012年）。高校バレー部のリベロとして活躍する桐島。彼はスポーツ万能，受験塾にも通う「できるやつ」だ。スクールカーストの頂点にたつ桐島が，突然部活をやめ，学校に姿を見せなくなる。桐島が姿を消し部活をやめたことで，彼の周辺にいる多くの人間のつながりに亀裂が入り，日常にさまざまな波が立っていく。木曜日から週末，火曜日までの出来事をそれぞれの生徒の生きている場からフラッシュバックさせ，立体的に丁寧に彼らの葛藤を描いていく優れた映像だ。

放課後，部活が終わるまでバスケットボールをしながら桐島を待つ“帰宅部”の3人。一人は桐島と一緒に塾にも通うもう一人の「できるやつ」だ。彼は活躍を期待されながらもなぜか野球部をやめている。キャプテンは戻ってきてくれと事あるごとに頼むが，彼はあいまいに返事をはぐらかしている。でも野球部のバッグを普段持ち歩いている。いったい彼は何がしたいのだろうか。部活にも熱中できないし勉強にも熱中できないまま日常を過ごしているが，スクールカーストの上位を占めていることもまた確かだ。桐島が突然やめたことでリベロの責任を一気に負わされた男子。彼はバレー部では桐島のサブだった。急きょレギュラーで試合に出るが桐島との力の差は歴然で試合は負けてしまう。バレー部の秩序は一気に揺らぎ，部員相互で葛藤が起こる。サブのリベロのがんばりに共感するバトミントン部の女子。彼はがんばってるんだよね。でもがんばってもだめなんだよねと。彼女は同じ部の能力ある友だちをうらやましく思いながら，サブのリベロの男子に自分と同じ姿を重ねようとする。桐島がいなくなることでスポーツ部活の上位カーストを占めている人間たちが確実に迷い，上位カーストを占める男子とつきあうことで上位にいられる女子もまた揺らいでいく。

他方，文化部の下位カーストをしめる映画部の男子たちがいる。彼らは顧問の意向に抵抗し“反乱”を起こす。顧問に従うのではなく，自分たちがつくりたい映画をつくろうと。剣道部部室入口から入り部室横にカーテンで仕切られた穴ぐらのような薄暗い映画部の部室。そこに 10 人くらいの男子がたまってマンガを読んでいる。カースト底辺にいる生徒たちを象徴する映像だ。映像からは臭いを感じることはできないが，剣道部の防具が発する特有な異臭がこもった空間に映画部が押し込められていることが底辺の意味をさらに想像させる。映画部の反乱とひそかに帰宅部の「できる」男子を想う吹奏楽部長との“場所とり”をめぐるせめぎあいはおもしろい。映画のラスト近く，桐島に翻弄された上位の人間たちが校舎屋上での映画部の撮影に闖入し結果として撮影に巻き込まれるシーンは秀逸だ。吹奏楽部の演奏と相まって，ゾンビを演じる映画部男子たちが上位の人間たちを襲っていく。必死でカメラを回す監督の男子。下位と上位が見事に転倒しカーストの秩序がいっとき霧散してしまう。「闘おう，ここがおれたちの世界だ。おれたちは，この世界で生きていかなければならないのだ」。ゾンビの反乱を撮り終えた後，監督が確認する映画のセリフがおもしろい。さまざまな生きづらさで満ちている学校の日常。でも自分たちはそこで生きざるをえない。桐島がいようといなくなろうと，学校という空間で，それぞれが生きざるをえないのだ。見ているみんなはどうする？ そんなメッセージがじんわりと伝わってくる。

ほかにも多くの優れた作品がある。いじめという出来事をいかに私たちが傍観し作り上げてしまうのかを考える**『問題のない私たち』**（森岡利行監督，2004 年）。**『青い鳥』**（中西健二監督，2008 年）。自殺した主人公が「生き直す」チャンスと出会い，これまでの自分の姿を見直し，人間はもっと「カラフル」であっていいという印象深いメッセージを伝えようとする優れたアニメ**『Colorful』**（原恵一監督，2011 年）がある。

第7章

解放の政治から生成の政治へ

──「ゲイ」というカテゴリーの意味転回

渋谷駅前のメジャーな通りまでコースが延びたプライドパレード（筆者撮影）

「ゲイ」というカテゴリーは，「差別─反差別」あるいは「性の多様性」という解放の文脈で意味づけられ，語られてきた。だが，ゲイというカテゴリーのポテンシャルはそれだけだろうか。逆にそういった意味づけ・文脈への決めつけが，他者理解や他者との関わりの可能性を狭めてしまってはいないだろうか。他方で，ゲイというカテゴリーが一種のファッションとして消費され，市場に絡めとられていく危うさも見逃せない。解放のムーブメントが一定の成果を見せた今日だからこそ，セクシュアル・マイノリティはもう一歩先に歩を進める正念場に立たされているのかもしれない。その「もう一歩先」とはなんなのか。近年のゲイシーンでの一人ひとりの「生」の動きから模索してみたい。

1　あるカミングアウトから

ヒントン

もう何度かカムアウトは経験していたが，仲の良い友人に話をするのはいつだって緊張する。特に，そこにいた友人の一人，ナオキは，僕にとってはかなりの難関だった。自分の信条は曲げないタイプだし，"思想"のようなものに関してはかなりカタい頭を持っているやつだと，なぜだか僕は思い込んでいた。この告白ひとつで，僕たちの関係は二度と同じものではなくなる。同じものであってほしいわけではない。いやむしろ，覚悟を決めて彼の中の僕を別の人物に変えるのだから同じものであっては困るのだけれど，関係が変わったとしてもせめて仲良くしていたい。いや，できる。そのためにずっと準備してきたのだ。彼の頭の中に，僕が作るべき「ゲイ像」をきちんと作れば良いだけの話なのだ。クイッと酒を一杯飲んで，ハラをくくった。

「今までずっと隠しててほんと悪かったんだけど,,,実は，僕は，ゲイです。」

言葉のひとつひとつに，できるだけ力を込めた。ナオキとケンタロウの目をしっかりと見て言った。これは紛れもない真実で，逃れようは無いのだと，口調と目つきで彼らに知らせた。一瞬の沈黙の後，ケンタロウは何故だか泣き出し，ナオキはそのまま黙り続けた。少し間を置いて，僕の言葉を噛み砕かせた。

彼らは明らかに動揺していたし，嘘だとは思っていないようだった。そこからは，今まで隠れてやってきたことや，僕が説明できる限りの自分の性の在りようを，壇上でスピーチするかのごとく話した。友人たちは驚くほど真剣に聞いてくれた。

ひとしきり喋り終わって，「感想は？」と訊くと，ケンタロウは泣きじゃくりながら「言ってくれてありがとう」と，あまりにありきたりなクサい反応をし，ナオキは「お前の言った言葉が頭から離れない。お前，ちゃんと言ったな。」と独り言のようにつぶやいた。なんだかむちゃくちゃ嬉しかった。

朝，歯磨きしているとたまたまナオキと二人きりになった。カムアウトをした男友達と初めて二人きりになるとは，気まずいものである。された側はなんと言って良いのかわからず戸惑ってしまうし，こっちもなんだか気恥ずかしい。緊張した雰囲気をほぐそうと，「どう？」と訊くと，ナオキは「お前との思い出塗り替えるのに必死だから」と苦笑いしながら言った。僕は自分のことで一杯一杯だったから，この素直な反応が意外でおもしろかったし，嬉しかった。

ナオキ

彼は突然，僕らに彼の秘密を打ち明けたいと言い出した。本当に突然のことだった。「お前ら聞いたらマジでぶっ飛ぶよ。」と高をくくって来たので期待は高まったが，どうせ大した事ないだろうというのが本音だった。しばしの沈黙。

「実は，ボクは，ゲイです。」

ぶっ飛ぶというのはこういうことを言うのだろう。ぶっ飛んだ。何も言えなかった。彼は笑顔でその言葉を口にしたが，その裏にある決意と勇気が僕の胸に激しい動悸をもたらした。それは嘘などではなく真実であることに何の疑いも感じる暇がなかった。隣にいた友人は泣いていた。何故泣いたのか自分でもわからないけど自然と涙が溢れ出してしまったと言っていた。僕も泣いてしまいたい気分だった。でも我慢した。その後に，彼はゲイというものはどういうことであるか，いつ自覚していたのか，どんなセックスをするのかという話をしてくれた。もちろん聞いてはいたが，僕は過去の記憶を遡り，そうかあの時あんなことしていたけどあいつはゲイだから実際は…という具合に，今までの彼との思い出を修正する作業をしていて，彼の話が頭に入っていたのかは良く分からない。寝る時間になって，動揺を隠すことに必死になっていたので彼との接し方が微妙になっていたのは間違いない。

翌朝，彼と二人で話す時間が少しだけあったが，自分が今何を思っているか伝えなければいけないということで頭が一杯で，実際に何を言ったかはあまり覚えていなかったが，彼はその時の僕の言葉が印象的だったと後日話してくれた。……（中略）……もし僕がゲイだったとしたら，彼にカミングアウトする時にどんなことを思うだろうか。一生かかっても分からない。

彼がゲイであったとしても彼を嫌いになるわけではない。むしろ彼の勇気が友達として誇らしかった。今まで偏見など持っていないと思っていたがそれは，ただ何も知らないだけで，何の情報もないから勝手にそう思い込んでいたのだと分かった。知らないで当然だとも思う。でもこれからは知ろうと思う。

今でも頻繁に彼とは会う。ゲイであろうがなかろうが彼は良き理解者だ。でもたまに思うことがある。こいつはやっぱりゲイだ。

これは，大学3年生のヒントンが，やはり大学3年生で親友のナオキに，自分がゲイであることをカミングアウトした時のことについて，カミングアウトした側（ヒントン）とされた側（ナオキ）のそれぞれの立場から，みずからの心情を綴ったものである[▶1]。

高校時代からの親友だった2人は，大学は別々のキャンパスに行くことになったが，それでも月に数回は飲み会等で顔を合わせていた。だが，しだいにヒントンのドタキャンが目立つようになり，「つきあいが悪くなったな」とナオキは感じていた。ヒントンはヒントンで，親元を離れて自由の身となり，ここぞとばかりにゲイライフを満喫する一方，友人たちの目の届かないところで新しい自分ができあがってしまったことを隠して，今までどおりつきあっていることの違和感に耐えられなくなっていた。そんな折，夏休み最後の思い出づくりにナオキはじめ友人たちと熱海に旅行することになり，久しぶりにヒントンも顔を見せた。酒を飲みバーベキューをして，くだらない話で盛り上がっているうちに日が沈み，気がつくとバーベキューの残り火を囲んでいるのは高校以来の親友たちだけになっていた。自分たちの将来について静かに語りあっていた時に，ヒントンは「今しかない」とカミングアウトしたのであった。

カミングアウトする時の，あのジリジリする緊張感。私にも経験がある。「この告白ひとつで，僕たちの関係は二度と同じものではなくなる」というヒントンの言葉からもわかるように，カミングアウトする側は，みずからの「生（life）」全体を賭けて告白する。だからヒントンは，自分たちの将来について皆で語りあっていた時に「今しかない」と思ったのだ。

だが，ここでいっそう注目したいのはナオキの反応である。ナオキも，「ゲイ」云々ではなくみずからが関わってきたひとりの親友の「生」全体の文脈から，必死にヒントンを理解しようとしている。「お前との思い出塗り替えるのに必死だから」というナオキの言葉がそれを物語っている。そうしたなかで「ゲイ」について何も知らないことに愕然とする。そして「知らないで当然だとも思う。でもこれからは知ろうと思う」。「ゲイ」というカテゴリーではなく，「ひとりの人間」としてトータルにその人を見たときに，逆説的に「ゲイ」についてその実何も知らなかったことに気づき，もっと知ろうと思ったのだ。ひとりの人間の生の経験として。

ひとりの人間の生の全体性から見た時に，「ゲイ」というカテゴリーの位置づけが変わってくる。彼の生き方，彼のあり方総体を理解するためのそれに。その意味で，このひと夏のカミングアウトは「差別―反差別」の政治を超えている。「ゲイ」というカテゴリーの意味が，「差別―反差別」という文脈を超えて，「ひとりの人間の生き方への関わり」という文脈に転回しているのだ。▶2

実は，このような「ゲイ」カテゴリーをめぐる意味転回は，現在のゲイシーンにおいて，一種の社会的背景をもって進行しつつある事柄である。ゲイシーンにおけるエイジングの発見である。

2　ゲイシーンにおけるエイジングの発見

「エイジング」という言葉は，近年ではゲイシーンでもよく目にするようになった。2001年頃からゲイのメディアでも見かけるようになったし，2005年に開催された「東京レズビアン&ゲイパレード2005」では，実行委員会の企画によりセクシュアル・マイノリティのエイジングをテーマとする日本初のシンポジウム「私たちのエイジング――婚姻制度の外で年齢を重ねるということ」も行われた[▶3]。2010年には，「エイジング」という言葉を冠したLGBT（レズビアン，ゲイ，バイセクシュアル，トランスジェンダー）の未来の暮らしを考えるためのNPO「グッド・エイジング・エールズ（good aging yells.）」が設立され，認定NPO法人として精力的に活動を行っている。

「エイジング（aging）」とは「age（年齢）＋ing（進行形）」であり，まさしく年齢を重ねていくプロセスをあらわした言葉である。と同時に，社会の高齢化（aging society）という意味もその背景にあり，社会の高齢化によってクローズアップされた中年期以後の人生後半の意味地平から人生全体（生涯）をながめなおしていく視点を含みもった概念である（小倉 2001）。このエイジングがゲイシーンで注目されはじめたということは，トータルなゲイの生を考えていく意識がゲイのあいだで高まってきたことを反映している。これまでクローゼット（日陰者）の存在であったゲイたちが，「苦しい，苦しい」と身もだえしながらホモフォビア（同性愛嫌悪）の闇を突き破って表に出てきたのが1990年代だったとするならば，このエイジングというテーマがゲイシーンで掲げられるようになったことは，その闇を突き破って表に出てきた後の生涯を，どのように十全に生きていくかということを考えていくステージにようやくきたのだ，ということを象徴している。

私は，このゲイシーンにおけるエイジングの発見の根底にある具体的意味と課題を，次の5点として指摘してきた（小倉 2009, 2014）。①老後まで含みこんだゲイの「トータルな生」が発見されつつあるということであり，それは単なる「反差別」という文脈から「生き方の創造」という文脈への軸足の移行・広がりを意味していること。②そういった背景のなかでゲイのエイジングが問いかけているのは，従来のつながりの枠組み（近代家族制度）を超えて，「ひとりの人間」として誰とどう生きるのか，どのような組み合わせで支えあって生きていくのかという根本的・普遍的な問題であり，その意味で異性愛者も含めた“みんな”の問題になりうること[▶4]。③そこには，婚姻・家族制度（に基づいた役割関係）という外部からの支えなくして身体のままならなさ・関係のままならなさを受容しあえる「絆」をいかに築けるか，従来の婚姻と家族の物語が支えてきた「生の意味」の相対化の果てに，人生の目的をどう考え，何を信じて生きていくのか，といった課題があること。しかしながら，④それこそがゲイのエイジングがもっている可能性でもあり（たとえば，家族縁／職場縁に閉ざされない多様な人間関係のネットワーク，婚姻制度や性別役割にとらわれない自前のパートナーシップ，「ひとり」を充実させながらこころ豊かに生きる術など，「これぞ定番」がないからこそ，共に，存分に模索ができる），まさしくそれは地道で壮大な「生き方の実験」であること。したがって，⑤今必要とされているのは，安易に答えを求めることではなく，この現実のなかにじっくりと身を沈めながら，日々の「生き方の実験」を地道に積み重ねていくことであるのと同時に，このような可能性の中身を埋め，それを現実化していくため，そういった日々の生き方の実験をしている他者の姿と「出会う」（交わり，関係し，学びあう）ことが重要であること。「出会う」ことによって，個々の生き方の実験という経験の積み重ねが人生展望（ビジョン）へと編まれていき，ゲイコミュニティの内側だけでなく，セクシュアリティの違いを超えた“みんな”の生き方への生成可能性を含んだ，次なる社会構想に着地していける回路になるかもしれないからである。

実際，このような考え方のもと，ここにいう「出会い」の場の提供という意味を込め，2014 年のレインボーウィークに「LGBT と老後——誰と，どうやって生きていく？」と題したワークショップを開催したことがある[▶5]。それは，主催者である「LGBT から始まる高齢期のなかま暮らし研究会」（以下，「なかま暮らし研」と略称）が 1 年あまりにわたるインタビュー調査によって集めてきた 50〜60 代のゲイやレズビアンの方々が「誰とどう生きてきたか」に関する事例と語りを紹介し，それらを一つのきっかけにしてグループワーク（参加者で 6 人程度の即席グループをつくり，語りあい）を行うというものだった。

地味なテーマでもあるし，グループワークを重視して小規模でじっくり行うべく，当初は参加人数 40 名ほどという想定で企画したイベントだった。ところが当日は，ゴールデンウィーク中とはいえ平日だったにもかかわらず 81 名が参加し，直前に会場を 2 部屋に拡張するなどして対応しなければならない状態だった。参加者は 20 代前半〜60 代後半まで，レズビアン，ゲイ，バイセクシュアル，トランスジェンダー，ストレート（異性愛者）の参加があり，年齢もセクシュアリティも多様であったが，最大のボリュームゾーンは，30代後半〜40代前半のゲイ[▶6]であった。

参加者によるグループワークはスタート早々からたいへんな盛りあがりを見せ，まだまだ話し足りないという様子で，イベント後に居酒屋で行われた懇親会は（参加者20名程度を見込んでいたところ）50名近い参加となり，予約していた部屋に座りきれず，ここでも部屋を追加しなければならないほどであった。参加者に募ったアンケートの回収率も96％という驚異的な高さで，そこには次のような声が寄せられた[▶7]。

■参加理由「なぜこのイベントに参加しようと思われましたか？」に対して

「老後について考える機会が今まであまりなく，真剣に向き合うよいきっかけだと思ったので」（ゲイ，20代前半）

「マイノリティの方の人生設計のモデルがあまりないなかで，他の方々はどのように考えているのか，興味があったため」（ゲイ，20代後半）

「自分の将来の参考にしたいと思ったから。同じ悩みをもった人に会いたい」（ゲイ，30代前半）

「資金等の外形的なところで老後を想定することはできるものの，人との関わりのような実際のところがどうなのか，知りたかった」（ゲイ，30代前半）

「ゲイとして親の介護，自分の老後を考えたかったから」（ゲイ，50代前半）

「いつか誰かを説得したり，自分の生き方を決めていったりす

る時に，他の人の生きた道を知っておきたいと思ったから」（レズビアン，20代前半）

「離婚して，二度と結婚せずに幸せに生きていく方法を探しているので」（その他，30代前半）

「老後をどのように暮らしたいか，皆の意見を聞きたいと思いました」（ストレート，50代前半）

■感想「このイベントへの感想等あれば，ご自由にお書きください」に対して

「多くの参加者がいて関心の高さがわかった。最初の説明で家族の枠組みによる生き方が必ずしも幸せではないとわかって救われた気がした」（ゲイ，30代前半）

「また参加したい。このイベントがLGBTのなかで特別ではなく，フツーになってほしい」（ゲイ，30代前半）

「来訪した方々，それぞれ異なる理由だったと思うが，このような会に同席して意見を交換することに，意義が大いにある。今日はありがとうございました」（ゲイ，30代後半）

「みなさんともっとお話ししたかった」（ゲイ，40代前半）

「普段は何となく思っていても言葉にしにくい意見みたいなものを言葉にしてくれてスッキリしました。みなさんからのアドバイスを大切にします。ありがとうございました」（レズビアン，20代前半）

「同じ思いの方がいらしてよかった」（レズビアン，40代前半）

「とても有意義な集まりだったと思います。これから先の生き方を模索するよいきっかけになりました」（トランスジェンダー，40代前半）

「何度かこのテーマの研究会があると嬉しい」「絆をもてる人とつながっていきたい。老人ホームであってもシェアハウスであっても，自宅でもいいと思う」（ストレート，50代前半）

アンケート全体を通して，また当日聞こえてきた声からも，参加理由は大きく2つに集約された。①普段「LGBTと老後」というまじめなテーマを語りあえる場がないので（バー等ではなかなかそういう話はできない），普段できない出会いを求めて参加したというもの。②若い世代にとって「LGBTと老後」の問題はロールモデルがなく，先達の老後のパートナーシップの実際や人生観に触れることで，自身のこれからの生き方を考えるきっかけにしてみたいというもの。そして何より感想として多かったのが，「こういうテーマで当事者同士でつながれる，話しあえる機会は本当に貴重だ，もっと話したい」という声であった。「こういうテーマ」とは，「誰とどのように生きていくのか」という，みずからの生き方や生涯を見据えた他者との関わりをいかにつくっていくのかというテーマである。そこには，ゲイ（やLBT）としてトータルな生を考えていきたいという当事者の欲求の高まりを感じとることができる。と同時に，自分自身の生き方を考えていくために，老後をどのように生きていくのかについてLGBTの意見を聞きたいというストレート（異性愛者）が参加していたことにも注目したい。

ゲイのエイジングという問題のクローズアップが，トータルな生への視界を開くきっかけとなり，単なる「反差別」という文脈ではなく，「生き方を創造」していく主体として「ゲイ」であることをとらえていこうとしている。そんな姿をここに垣間見ることができるのではないだろうか。

3 「ゲイ」というカテゴリーの意味転回

かつて「われわれは懸命にゲイにならなければならない」と喝破した知の巨人であり，ゲイでもあったM.フーコーは，本稿にいう「生き方」のことを「生の様式」と表現し，それを「社会階級，職業の違い，文化的水準によるのではないもうひとつの多様化，関係の形態でもあるような多様化」を導き入れる重要な観念であると述べていた。

> 「生の様式は，異なった年齢，身分，職業の個人の間で共有することができます。それは，制度化されたいかなる関係にも似ない，密度の濃い関係を数々もたらすことができますし，生の様式は文化を，そして倫理をもたらすことができると私には思われます。『ゲイ』であるとは，私が思うに，同性愛者の心理的特徴や，目につく外見に自己同一化することではなく，ある生の様式を求め，展開することなのです」（Foucault 1984＝1987：15）

「われわれは懸命にゲイにならなければならない」という主張の根底には，単なる同性愛者のアイデンティティの確立ということではなく，閉塞的で生きづらい社会状況のなかから，（同性愛者・異性愛者にかかわらず）現代人の新たな「生の様式を求め，展開する」という普遍性（生成可能性）をもったラディカルな問題意識があった。このフーコーの主張の根底で意識されていた問題が，ようやく今，日本のゲイシーンでクローズアップされてきているのではないだろうか。

その意味で注目されるべきなのが，「アライ」と呼ばれる人たちの存在である。アライ（ally）とは同盟者の意で，異性愛者としてLGBTのことを理解し支援する人たちのことである。最近では日本のゲイシーンでもこの言葉をよく目にするようになり，一つの社会的カテゴリーとして認識されはじめている。このアライと呼ばれる人たちは，なぜ，どんな意識でゲイと関わっているのだろうか。その声からは，「ある生の様式を求め，展開する」なかでゲイとの関わりが生成している姿が浮かびあがってくる。▶8

「やっぱり意識が高いからです。自分の将来，どうしようかと考えている人が多いじゃないですか。そういうところで価値観は一緒という感じですかね」「要はね，人間として魅力的な人が多いので，そういう人とお友だちになりたい」（ヨウコさん，50代女性）

「自分の生き方だったり，人との接し方だったり，なんかそういうものが……やっぱり素敵だなとか，やっぱりいいなって思うような人がゲイのなかに多いから，お友だちになりたいのかなと。もちろん違う人もいるんだと思うけれど，比率的にいうと，何も考えない，何も悩まないで大人になった人よりも魅力的だと思う」（ユキさん，50代女性）

「ゲイの人たちっていうのは悩まざるをえない，つらい，そういう非常に悩んで，でも自分のなかでこうやってこう決めて，決めて進んで。……そういう潔さというか“人となり”に対して，私はリスペクトを感じるんじゃないかと思う

んです」(シンジさん，40 代男性)

「そういうところで価値観は一緒」と語っているヨウコさんは，LGBT フレンドリーなシェアハウスを運営されているが，「ゲイ同士じゃなきゃ嫌だ，レズビアン同士じゃなきゃ嫌だっていう人じゃ，だめだと」「LGBT のシェアハウスっていうつもりはなくて，やっぱり（LGBT）フレンドリーなシェアハウスなんです。いろいろな人が集まっても，人としてつきあえる人だけが来てくれればいいっていう感じなんです，私のなかでは」という。あくまで根っこは「違っている相手を理解して，認めるっていうこと」なのだと。ヨウコさんのいう「そういうところで価値観は一緒」の「そういうところ」とは，上述のフーコーがいうように「同性愛者の心理的特徴や，目につく外見に自己同一化すること」なのではなく「ある生の様式を求め，展開する」こと，つまり「違い」を生かしながら「生き方の実験」を積み重ねていけることなのだ。

そこは，ゲイへの関心・関わりについて「自分の生き方だったり，人との接し方だったり」というユキさんも，「悩んで，自分のなかで決めて進んでという“人となり”」というシンジさんも共通している。ユキさんは，「アライっていったいどんな存在なんでしょうね」との私の問いかけに，「そんなことをいったら，○○さんとか○○ちゃん（ユキさんのゲイの友人）だって，私のアライなわけでしょう。たぶん○○（ユキさんが関わっているゲイのグループ）のメンバーは本当に私のことを大切にしてくれるし，私もみんなのことは大切に思っているし，本当にお互いにいい関係」だという。また，「そういう人生もあって，この人は自分で人生を組み立てて，ちゃんとそれを評価されて，いい出会いがあって，今，ここにいるんだっていうのを実感できるから，ある意味，うちの子どももそうなってほしいんですよね」というシンジさんに，「じゃあ，シンジさんのお子さんが，たとえばゲイであることによっていろいろ悩み，そのことによって視野の広い人間になったとしたら，息子さんがゲイであったことはよかったというふうになりますか？」と突っ込んで尋ねてみたら，間髪を入れず「そうですね」と，迷いのない表情できっぱりと答えられた。

つまり，生き方をめぐる一人ひとりの試行錯誤（生き方の実験）を支えあうようなつながりへの志向が，ゲイへの関心・関わりを生成しているのだ。「大きな物語」が終焉し多様化・個人化が叫ばれる時代，すべての人に妥当するかたちで生き方を提示するような方向性をとることは，もはやできない。だが，従来の生き方のモデルが通用しないなかで，一人ひとりが生き方を試行錯誤せざるをえないという課題を社会的に共有する（つまり「出会う」）ことはできる。

さらに，ここで留意しておかなければならないことは，この課題が，さきに述べた「エイジングの発見」とともに，2000 年代以降顕著になってきた社会状況によって，いっそう深刻な様相を呈してきているということである。人びとが大きな物語なきままに経済のグローバル化と個人化に引き裂かれていく状況のなかで，「継続し安定した雇用と，それを前提とした家族」という従来型の生の基盤それ自体が解体していき，「結婚して子を産み育ててこそ一人前であり，それが人生の目的だ」というこれまでゲイにとって桎梏（しっこく）となってきた人生の筋書きは，異性愛者の若い世代にとってもおぼつかないものとなってきている。そんな状況下で進行していった新自由主義化の波は，生活の上昇感（成長の物語）に彩られた従来の生の意味づけが脱色されていくなかでただただ生き残りをかけた競争にあおられるという事態を招き，「無縁社会」という言葉があっという間に人口に膾炙（かいしゃ）したように「絆」を不安定なものにしていっている[▶9]。ゲイに限らず，人生後半期に限らず，人生前半も含めた生涯全体にわたって，「ひとりの人間」として誰とどう生きるのか，どのような組み合わせで支えあっていくのかが，するどく問われてきているのである（小倉 2013, 2014）。

従来の生き方のモデルが瓦解したなかで試行錯誤を展開していくためには，それを支えるつながり＝社会的場の生成を同時に構想していかなければ，「人それぞれ」で終わったり，排除を惹起したり，むきだしの個へと切り詰められたりしてしまうことにもなりかねない。そうなってしまっては個々の不安だけが残り，“みんな”の生き方への生成可能性の回路が絶たれてしまう。さきにも述べたとおり，「出会う」ことが必要なのであり，ここに見出せるのは，その契機として「ゲイ」というカテゴリーを活用していくような再帰的な「共」性の構想である。それは，いわば「生き方を実験しあう公共性」（小倉 2014）の“きっかけ資源”としてのゲイ性という，「ゲイ」というカテゴリーの意味転回である。

4　解放の政治から生成の政治へ

日本では 1990 年代以降，同性愛者がカミングアウトし，みずからを知らしめる実践が行われ，そこからゲイ・スタディーズが展開された。ホモフォビア（同性愛嫌悪）を問題化し，問題なのは同性愛の欲望なのではなく，同性愛を嫌悪し差別する社会の側であるとし，ホモフォビア社会からのゲイの解放を謳った（河口 2012）。それはいわば「反差別の主体づくり」（好井 2015：96）による解放の政治であった。

その後，ホモフォビアからの解放よりもむしろ根本的にはヘテロセクシズム（異性愛規範）の解体こそが問題だという認識のもと，クィア・スタディーズが展開された。「男／女」というカテゴリーも性的欲望も社会的に構築された観念でしかないと喝破し，カテゴリーやそのカテゴリーに基づく主体を前提にすることそれ自体を批判した。そこでは，「ゲイ」というカテゴリーや主体を立てることも批判の対象となった。それは，既存のカテゴリーに基づいた「主体の無化」による解放の政治であった。

いずれも必要なプロセスであり，積み重ねであった。だが，ヒントンとナオキのカミングアウトをめぐる相互作用，ゲイシーンにおけるエイジングの発見，アライの人たちのゲイへの関心・関わりを見ていくと，解放をめざす「反差別の主体づくり」や「主体の無化」から一歩歩を進めて，「生き方の創造」をめざして「ひとりの人間」の生への関わりをつくっていこうとする生成的な趨勢を汲みとっていくことの必要性を感じる。「反差別」という文脈から「生き方の創造」という文脈への軸足の移行・広がりのなかで，多様な違いをもつ他者を，いかにそれ自体として，「ひとりの人間」として理解し，関わり，そこから新たな視界を切り拓いていくか。「違い」を新たな生き方づくりのための創造的な刺激とみなすような，生成的構えである。それは，排除と差別の社会学における「『反差別の主体づくり』から『他者理解の主体づくり』へ」（好井 2015：96）という課題であるといってよい。

好井裕明は，私たちが日常生活のなかで（“問題だ”とみなす専門家やメディア等の）「“決めつけ”を受容し，それにとらわれてしまうことで，私たちは，当該の問題や人々との出会いやつながりの可能性をいかに狭めてしまっているのか，を考え直すこと」（好井 2009：64）の重要性を指摘している。もちろん，ホモフォビアやヘテロセクシズムによる排除や差別は，その「決めつけ」の最たるものである。だが，注意しなければいけないのは，すべてを「差別―反差別」関係に解釈してしまう逆の「決めつけ」もありうるということである。この逆の「決めつけ」も「他者理解の主体づくり」には弊害となろう。多様な他者との出会いやつながりの可能性を逆側から一つの枠にはめこみ，いたずらに分断をもたらしてしまうからである。

また，その人が背負っているカテゴリーを社会的に構築された観念にすぎないとして無化してしまうのも，「他者理解の主体づくり」にとって弊害となる側面があるだろう。その論理を突き詰めると，すべてのカテゴリーから降りなければならないということになり，私たちが現実の生のなかでカテゴリーから享受しているエロス（意味や価値）を外側からの理念（「主体の無化」による解放という一種の政治的正しさ）によって一律に否定し，実際にそのカテゴリーを背負って生きているその人の生身の経験やトータルな生への理解を切り詰めてしまうことになりかねないからだ。▶10

それでは，どのような態度が必要となってくるのだろうか。私なりに敷衍（ふえん）するならば，ゲイというカテゴリーを本質化（ベタに実体化）して自閉してしまうのでもなく，さらにはその反転（教条的な反本質主義）としてゲイというカテゴリーを解体しつくしてしまうのでもなく，ゲイというカテゴリーを再帰的（生成的）に活用（意味転回）しながら，「ひとりの人間」としての生き方（人間存在のあり方・人間関係のあり方）を求め，展開していくという態度である（小倉 2009，2014）。それは，かつてK. プラマーがセクシュアル・ポリティクスの新展開についていち早く繊細に感じとっていた「『政治的なものは個人的である』と知ること，不平等以上の何かを政治に感じとること」（Plummer 1995＝1998：318）であると言い換えてもよい。

その具体的なありようは，本稿に登場した人びとがすでに実践しているとおりである。アライのシンジさんは「パーソン・トゥ・パーソンのコミュニケーションがあるからこそ，フラットにその世界が知れるって，すごくこう，すごくね，自分のなかにこう何か遠くが見えるというか，よく見えるようになった気分」だと述べる。その人が背負っているゲイというカテゴリーを「無化」するのではなく，ゲイという経験も含めて「パーソン・トゥ・パーソンのコミュニケーション」をしていく。そのやりとりのなかで，今まで見えていなかった視界が切り拓かれ，他者への理解が深まり，新たな視点や気づきが生まれたりする。その生成可能性にみずからを開いていくことである。「ゲイであろうがなかろうが彼はよき理解者だ」と深く気づいたからこそ「でもたまに思うことがある。こいつはやっぱりゲイだ」と言い切れる，冒頭のナオキのように。

注

1　ナオキもその編集メンバーの一人であり，慶應義塾大学の学生が編集するフリーペーパー『ALPHA＋』（8号，2010年春）に掲載されたものから一部を抜粋した。当誌が刊行された当初，ヒントンが私に「よかったら読んでください」と渡してくれたものだ。

2　有末賢も，このカミングアウトが「決して『差別―被差別』の軸ではなく，『思い出』とか『記憶』の軸に沿って，再構成されるのではないか，という重要な鍵を私たちに与えている」（有末 2013：210）と意味づけている。

3　これらの動きの詳細については，小倉（2014）の注釈を参照されたい。

4　社会の高齢化が進み，人びとが皆長く生きるようになって，右肩上がりの人生50年・60年時代につくられた出来あいの「婚姻と家族の物語」では，人生後半期の支えにはならないという根本的な限界がさまざまなデータによって示唆されている。たとえば人生80年・90年時代の今，少子化も進み，子を「かすがい」として家族関係を築く期間や，一家の大黒柱として家族を養うといった性別役割を生きる期間は，人生の3分の1以下にまで縮小している（小倉 2014）。

5　レインボーウィークとは「『ゴールデンウィークをレインボーウィークに』という合い言葉のもと，LGBTをはじめとする多様なセクシュアリティの人たちが，より自分らしく前向きに暮らしていくことのできる社会をみんなで応援し，サポートする週間」（実行委員会ホームページより）である。毎年この期間にさまざまなイベントが開催され，当ワークショップも2014年4月28日に「アーツ千代田3331」で開催された。主催者である「なかま暮らし研究会」は，LGBTの介護士，看護師，会社員，先述のグッド・エイジング・エールズのメンバー等によって構成されており，筆者も参加している。なお，ここで提示している参加人数やアンケート等のデータは，「なかま暮らし研」のメンバーの一人，増崎孝弘氏が集約してくださったものである。記して感謝したい。

6　1990 年代のムーブメントを駆け抜けゲイ・アイデンティティを獲得し，ゲイとして生涯を全うしようとする意識が世代としての広がりをもって共有されはじめた最初の世代である（小倉 2009：2014）。

7　アンケート用紙には，「あなたのセクシュアリティを教えてください（丸で囲ってください）」として「ストレート（ノンケ）／ゲイ／レズビアン／バイ／トランスジェンダー／その他」のカテゴリーを，「あなたの年齢を教えてください（丸で囲ってください）」として「20 代前半／20 代後半／30 代前半／30 代後半／40 代前半／40 代後半／50 代前半／50 代後半／60 代前半／60 代後半／70 代前半／ 75 歳以上」のカテゴリーを設けていた。かっこ内のセクシュアリティと年代は，その回答に基づいている。

8　「なかま暮らし研」を通じて「アライ」へのグループインタビューを行いたいと打診し，集まってくださった 3 人へのインタビュー（2015 年 3 月 5 日実施）からの語りである。

9　2010 年 1 月にテレビで放送されて大きな反響を呼び，菊池寛賞を受賞したドキュメンタリー「NHK スペシャル 無縁社会」に対して，もっとも強い反応を示したのは，まだ「孤独死」を意識するには早すぎるはずの 30 代・40 代の世代であった。その多くが「他人事ではない」「将来の自分だ」というものであった（NHK「無縁社会プロジェクト」取材班編 2010）。

10　クィア理論の難点については，野口（2000）に詳しい。

参考文献

有末賢, 2013,「ジェンダー・セクシュアリティとオーラル・ヒストリー」山田富秋・好井裕明編『語りが拓く地平——ライフストーリーの新展開』せりか書房。

Foucault, M., 1984, "De l'Amitié comme mode de vie," *Gai Pied Hebdo,* 126(30), juin 1984.（=1987, 増田一夫訳「生の様式としての友情について」『同性愛と生存の美学』哲学書房）

河口和也, 2012,「ゲイ・スタディーズ」見田宗介ほか編『現代社会学事典』弘文堂。

NHK「無縁社会プロジェクト」取材班編, 2010,『無縁社会——"無縁死"三万二千人の衝撃』文藝春秋。

野口勝三, 2000,「クィア理論とポスト構造主義——反形而上学の潮流として」伏見憲明編『クィア・ジャパン3　魅惑のブス』勁草書房。

小倉康嗣, 2001,「ゲイの老後は悲惨か？——再帰的近代としての高齢化社会とゲイのエイジング」伏見憲明編『クィア・ジャパン5　夢見る老後！』勁草書房。

———, 2009,「『ゲイのエイジング』というフィールドの問いかけ——〈生き方を実験しあう共同性〉へ」関修・志田哲之編『挑発するセクシュアリティ——法・社会・思想へのアプローチ』新泉社。

———, 2013,「エイジングの再発見と『生きる意味』——第二の近代のなかで」『三田社会学』第18号。

———, 2014,「家族のそのさき, 絆のそのさき——『ゲイのエイジング』というフィールドがもつ意味」渡辺秀樹・竹ノ下弘久編『越境する家族社会学』学文社。

Plummer, K., 1995, *Telling Sexual Stories: Power, Change and Social Worlds,* Routledge.（=1998, 桜井厚・好井裕明・小林多寿子訳

『セクシュアル・ストーリーの時代――語りのポリティクス』新曜社）
好井裕明，2009，「メディアから排除や差別を読む」好井裕明編『排除と差別の社会学』有斐閣。
――――，2015，『差別の現在――ヘイトスピーチのある日常から考える』平凡社。

ブックガイド

伏見憲明『欲望問題――人は差別をなくすためだけに生きるのではない』（ポット出版，2007年）

▶ 1990年代の日本のゲイ解放運動を，フロントランナーとして思想・文化面から牽引してきた著者が，その経験の終着点で考えるべきことを「命がけ」で書いた渾身の一冊。

岡原正幸編『感情を生きる――パフォーマティブ社会学へ』（慶應義塾大学出版会，2014年）

▶「生きられた経験」にまで降り立つと「人それぞれ」の経験でも重ね合わせの可能性が出てくる。そういった他者理解の生成的な契機を，著者自身の経験も俎上にのせながら説いた一冊。

＊＊＊著／フェリクス・ガタリ協力／市田良彦編訳『三〇億の倒錯者――ルシェルシュ十二号より』（インパクト出版会，1992年）

▶本書のなかでガタリが述べている「同性愛的生成」は，ゲイというカテゴリーの意味転回をすでに予見していた。性の多様性をめぐる現在の問題への示唆に富んだ，古くて新しい一冊。

くまさんの映画コラム⑦

ゲイ・ムーヴメントの“熱”を感じよう

『ハーヴェイ・ミルク』（R・エプスタイン，R・シュミーセン監督，1984年）。30年以上も前のドキュメンタリー映像だが少しも色あせず強烈なエネルギーあふれる作品だ。1978年11月27日，サンフランシスコで市長と市政執行委員ハーヴェイ・ミルクが射殺されるという衝撃的な事件が起こる。2人を射殺したのは同じ委員の男性だ。彼は地元に長年暮らし消防士として正義の仕事をこなす“良心”“保守”を象徴する。なぜ彼は2人を射殺したのか。そこに同性愛者への差別や暴力という主題がある。公然と同性愛者を排除しようとするアメリカ社会。カリフォルニア州で同性愛教師を学校現場から締め出す法案が住民投票にかけられようとする。ミルクは排除する動きに立ち向かい，法案を否決せんと奔走する。テレビ討論会で議員と向き合い，ジョークを交えながら敢然と法案の差別性を語る。カムアウトしみずからの存在を主張する同性愛者たちは，支配的な場所で生きる多くの人びとにとって“恐怖”だった。彼らは生活に闖入してくる“異質な存在”を恐れ，排除しようとしたのだ。だが住民の大半は法案に賛成するだろうという予想ははずれ，法案は否決された。そしてドキュメンタリー冒頭につながっていく。映像では彼の人間的な魅力を周囲の人が次々と語っていく。同性愛者への忌避・嫌悪（ホモフォビア）に決然として立ち向かう姿は魅力的だ。それだけではなく障害者，フェミニスト，アジア系住民，高齢者などアメリカ社会での多様な少数者への優しさと共感もまた魅力的なのだ。射殺事件の衝撃。ミルクが殺害されたことに人びとは悲しみ怒り，ろうそくを掲げ，無言でカストロ通りを歩いていく。川のようにゆっくりと流れていく無数のろうそくが通りを埋め尽くしていった。無言のろうそくの光。静寂の怒り，悲しみの映像は見ていて本当に言葉を失う。ドキュメンタリーのラスト。強烈なホモフォビア，社会の暴力に正面から立ち向かい，カムアウトすることで，みずからが生きる場を変革できると熱く語るミルクの演説が流れる。「希望」を与えろと。70年代という時代の雰囲気が充満している作品だ。映画版**『ミルク』**（ガス・ヴァン・サント監督，2008年）もある。

『アタック・ナンバーハーフ』（ヨンユット・トンコントーン監督，2000年）。差別の理不尽さを思いっきり笑い飛ばすコメディ。1996年，タイ国体男子バレーで，一人だけがストレートであとはすべてゲイのチームが優勝するという出来事が起こる。その実話がもとにあり，全編にわたって，ゲイである彼らがかもしだす笑いと彼らに対する周囲の偏見，差別的な物言いで満ちている。と書けば，なにやらしんどそうな印象を与える映画ではと思われそうだが，決してそうではない。実にセンスあふれた軽快なコメディなのだ。地区予選を勝ち抜き本選へ。サトリーレック（鋼鉄の淑女という意味）のチームでただ一人ゲイではない男性チャイの変化が興味深い。国体本選のため宿舎に入る彼ら。そこでも彼らは特有のから騒ぎで，自分たちが“ゲイであること”を周囲に思いっきりふりまいていく。そうした彼らから思わず知らず距離をとってしまうチャイ。チャイにモンが語りかける。「オカマのチームで残念ね。でもオカマは嫌いなんでしょ」「今までにゲイの友達はいた？」「いない」「今までの人生で何人ゲイを知ってる？」「知らないなら，私たちを差別する資格ないわ」と。差別するならしてもいい，でもゲイである私たちの存在，ひととしての私たちをよく知ってからにしろ，と。“差別する資格”という言葉，映画のなかで，大きなアクセントとして見る側に響いてくる。同性愛という「問題」を平等や人権などという“高邁な理念”から理解しろというメッセージもあるだろう。この映画はもっと率直で具体的だ。ゲイである私たちの存在を認めることが第一。なぜなら，そのことこそが見ているあなたの暮らしをもっと豊かに愉しくするのですよ，と。

第8章

女性カップルの子育て願望への反発に見る排除のかたち

──「子どもがかわいそう」をめぐるポリティクス

アメリカ・カリフォルニア州で結婚式を挙げた女性カップルとその息子（中央）（AFP＝時事提供）

同性同士のカップルを法的に保障する動きが先進国を中心に加速している。動きが鈍い日本国内でも，2015年に，同性同士の親密な関係を公的に承認する自治体が登場した。同性愛への理解が進むなか，女性同士のカップルの子づくり・子育て願望が表現されるようになっている。日本社会はこの20年間で，彼女らの願望が可視化されるほどには成熟した。

しかし「自分で産み，一緒に育てる」という女性カップルの家族計画に対する世間の戸惑いは小さくない。本章では，そうした戸惑いや反発をめぐってなされた応酬を取りあげる。

女性カップルの子育て願望は，子どもの利益を損ねるかもしれない母親のあり方を問う，という議論を引き寄せやすい。このような議論が内包する問題，この議論だけに目を奪われてしまうことの問題は何だろうか。別の議論のあり方とその可能性はどんなところにあるのだろうか。考察を深めることを通して，マイノリティとマジョリティの分断を生まないための想像力を拓いていきたい。

1　同性カップルの承認と子育て願望への戸惑い

◈ 同性婚をめぐる各国の動き

同性同士のカップルを法的に保障する動きが，先進国を中心に加速している。国レベルで初めて婚姻を同性間にまで拡大したのは，オランダ（2001年）だった。同性婚の合法化は，ヨーロッパ諸国が先行していたが，近年，コロンビア，メキシコ，チリなどの南米でも議論が進んでいる。

アメリカ合衆国では，同性婚の合憲性をめぐる判断がそれぞれの州に委ねられてきたため，同性カップルに婚姻許可証を発行している州もあれば，同性婚を禁ずる法律が存続している州もあった。しかし，2015年6月，連邦最高裁判所が同性婚を禁止していた4つの州の州法を違憲としたことで，全米で同性婚が可能になった。同性カップルを婚姻から排除することは，法の下の平等を保障した憲法に反する——これが米連邦最高裁の結論だった。

◈ 国内の動き——2015年

日本では2015年に目立った動きが見られた。東京都渋谷区は，同性カップルにパートナーシップ証明書を発行する方針を盛り込んだ条例を真っ先に施行し（4月1日），話題を呼んだ。これに続き世田谷区でも，同性パートナーシップの宣誓を受けて「宣誓書」を発行する方針を決めた（7月29日）。これまでも，性指向・性自認に基づく差別を禁止する条例を定めた自治体はあったが，同性間の関係性を承認したのは渋谷区が初めてである。これらの自治体による公的書類の発行は，カップルとしての生活上の不都合を解消することに主眼を置いている。

他方，同性婚の合法性を問う動きもあった。同性婚を希望する455人が，日本で同性婚が法制化されていないのは個人の尊重や法の下の平等を定める日本国憲法に反するとして，人権救済の申立書を日本弁護士連合会に提出したのである（7月7日）。これに先立つ2月18日には，国会で初めて同性婚にかんする答弁がなされている。「現行憲法の下では，同性カップルの婚姻の成立を認めることは想定されていない」との首相の否定的な見解には，法学者や法律家から反論が寄せられているが，同性婚の是非を法的に議論する地ならしが国内でも進んでいる。こうした政治的な動きは突如として現れたように見えるかもしれないが，レズビアンやゲイらが地道に続けてきた働きかけの成果だ。

◆ 同性婚に対する世間の反応

世間の反応はどうだろうか。渋谷区の条例案が発表された後の世論調査では，「あなたは，男性同士，女性同士で結婚する同性婚に賛成ですか，反対ですか」という質問に対し，賛成意見が44％で，反対の39％を上回った（無回答が17％，1018人が回答，毎日新聞が2015年3月14～15日に実施した全国調査）。この1～2年のあいだに実施された調査では，同性婚を「認めるべきだ」が「認めるべきでない」を上回るようになっている。

メディアの反応も悪くない。渋谷区の条例成立にも一役買ったアクティビストの東小雪さんと増原裕子さんは，2013年3月に東京ディズニーシーで結婚式を挙げ，国内における同性婚のニーズをアピールした。ふたりの挙式までの軌跡や現在の生活は，いくつかのテレビ番組で紹介されてきた。どの番組も，さまざまな困難を乗り越えながら愛情と信頼を深めるふたりを好意的に取り上げ，スタジオのタレントらの共感と祝福の言葉を切り取った。

2015年4月には，タレントの一ノ瀬文香さんと女優の杉森茜さんが挙式し，会見を開いた。メディア報道は，ふたりの喜びの声，「結婚」や会見に踏みきった理由，同性カップルの暮らしにある困難や不安，それを生み出す法律の壁などを伝えた。彼女らの「結婚」に対するメディアの反応は，総じて肯定的だった。

◘ 子づくり・子育て願望への戸惑い

しかし，彼女らの子育て願望は，これとは異なる反応を人びとから引き出した。東さんと増原さんは，『私の何がイケないの？』（TBS，2014年6月30日放送）というゴールデンタイムのバラエティ番組に出演し，ゲイ男性から精子提供を受けて「ふたり同時の人工授精を考えている」「お互い子どもができないカップルなので一緒に子どもをつくって一緒に子育てできたらいいね，と話している」と語った。それまで共感的にふたりの関係や活動を紹介していた番組は一転，「全部を全部，認めるわけにはいかないんじゃないかなぁ」「ほかは男と女なのにどうしてうちは女と女なの，ということを子どもにどう説明しますか」「その子にも人権があるでしょ」などの戸惑いや反発の声を拾った。

東さんは，福祉情報番組『ハートネットTV』（NHK，2014年6月9日放送）でも「同性カップルが子どもを育てる」という選択について問いを投げかけた。出演者の一人はこうコメントした。「でもね，絶対的にたいへんだと思うんです。今こうやって話を聞いて，ふたりはすてきだなと思って話を聞けるけれども，子どもの世界とかって時にものすごい残酷なので，きっと子どものコミュニティで問題が起きると思うんですよ。だからたぶんたくさんの愛情が必要になると思うんですよ」。

東さん自身も，「テレビや講演会などで私たちの妊活についてお話すると『子どもにはなんて伝えるの？』『自然じゃない』『子どもがかわいそう』『法的には大丈夫なの？』といった質問やフィードバックを受けることが多い」とネット記事に書いている▶1。このように，女性カップルの妊娠・出産や子育ては，「結婚」と同じようには歓迎されない，という事態がある。

2　レズビアンが手にした新たな選択

同性カップルの子育て願望へ戸惑いの声があがる一方で，現実は先に進んでいる。子どものいる同性愛者，子どもをつくろうとしている同性愛者は国内にも以前から存在していた。それがこの数年で可視化されるようになっている。

◆ レズビアンマザーの同性婚ニーズ

今の日本で「子どものいる同性愛者」といえば，その多くは，男性との関係のなかで子どもを授かり，男性と別れた後に女性のパートナーと子どもを育てているレズビアンである。そうした女性たちの交流活動「レズビアンマザーの会」が始まったのは，1993年のことだという（泪谷 2003）。しかし，レズビアンマザー固有の問題は，同性愛者のコミュニティ内でさえ，これまであまり注目されてこなかった。

レズビアンマザーは，子どもを通して異性愛中心の地域社会に関わらざるをえず，家族の状況をどのくらい開示するか，周囲の理解を得るにはどのようにしたらよいのか，子どもにどう説明するかなどについて，日常的な対処を迫られている[▶2]。また，産んでいない母親（パートナーの女性）と子どもに法的なつながりがないことによる問題も深刻である。「子どもの財産の管理，学校や教育に対する決定や責任，子どものための公的な手続きの代理」（南 2015：141）などに関われない不便さや，産みの母親が亡くなった時にもう一人の母親が子の親権を得ることができないかもしれないという不安を抱えている。

レズビアンマザーの抱えるこうした問題を解決する手っ取り早い方法が同性婚である。同性婚は，「ふたりの母親と子ども」といった新しい家族のあり方に対する理解をひろげ，日々の交渉事の負担を軽減するだろうし，産んでいない母親と子の養子縁組，同性カップルによる共同親権の行使への道を開くかもしれない。レズビアンマザーたちにとって同性婚は，カップルの共同生活のみならず，ふたりで子どもを育てるのに不可欠な枠組みとして重視されている。

◘ レズビアンのドナー授精

すでに子育てをしているのが女性なら，これから子どもを授かりふたりで育てようとしているのも，ほぼ女性である。知り合いの男性から精子提供を受けて，女性カップルのどちらかが出産した子をふたりで育てようとしている（育てている）話や，生殖技術を使って子どもをつくろうとしている（つくった）話を，2000年代後半に入ってから国内でも見聞きするようになった（以下では，提供精子を用いた授精を「ドナー授精〔donor insemination〕」と呼ぶ)。日本では，未婚者（同性カップルも含まれる）による生殖技術の利用が日本産科婦人科学会の指針によって規制されているため（法律は2016年8月時点で未整備），海外の精子バンクやクリニックを利用する方法がとられている[▶3]。

これに対し，男性カップルが子どもを育てるのは今の日本では困難を極める。離婚後に父と母が共同で親権をもつことを認めず，離婚後の親権者は9割が母親であるという日本の状況[▶4]では，婚姻で得た子を育てる男性カップルはごくわずかだろう。日本産科婦人科学会などの専門家集団だけでなく，世間一般の代理出産に対する抵抗感が強い日本で，男性カップルのために卵子や子宮を提供してくれる女性を見つけるのは不可能に近い。代理出産を認めているアメリカのどこかの州で，男性カップルを受け入れている代理出産エージェンシーを利用するという方法もあるが[▶5]，遺伝上の父が日本で子どもの法律上の父になれるかが定かでない。現行民法の運用では，産んだ女性が母，その女性と婚姻関係にある男性が父と認定されるからである。男性カップル（すなわち日本においては未婚の男性）の生殖技術の利用は，現実味のない話である[▶6]。

このように，（日本の）女性カップルは，男性パートナーをもたずに子をつくり育てる手段を得たが，男性カップルはそうではない。第三者が関わる生殖の広がりによって「ふたりの子をつくり育てる」という新たな選択肢を手にしたのは，現状では，妊娠可能な年齢層のレズビアンだけである。国内のレズビアン・コミュニティでも，カップルでの子づくりや子育てにかんする情報共有が進んでおり，ドナー授精で「ふたりの子ども」をもつことがレズビアンの生き方の一つになりつつある。[7]

子育て願望の喚起

こうした生き方は，20年ほど前まではほとんどリアリティがなかった。以前は，「子どもがほしいから，レズビアンとして生きるのをあきらめる」か「レズビアンとして生きるから，子どもをあきらめる」か，という発想だった。アメリカでは1980年代から，子どもをもつのに男性と関係する必要がないと考えたレズビアンたちのあいだで「レズビアン・ベビー・ブーム」が起こり始めていた（Chauncey 2004=2006：151-59）という。1990年代後半には，日本でもそうした話を伝え聞くようになったが，あくまでも海の向こうの話だった。

日本のレズビアン・コミュニティにおいて，ドナー授精で子どもをつくった女性カップルの存在が見え始めたのは，2000年代半ば以降だと思われる。その背景には，同性愛の社会的承認が進んだこと，生殖技術の利用にかんする価値観が変容したこと，ドナー授精の方法や生殖ビジネスへのアクセスがインターネットの普及で容易になったことなどがあるのだろう。それからさらに10年ほど経ち，ドナー授精に成功した例を直接見聞きする機会も増えた。それがレズビアンたちの「子どもがほしい」という気持ちを刺激している。

レズビアン・カップルの妊活体験をもとに描かれた『ゆりにん』[8]という漫画では，知り合いの女性カップルに子どもができたという知らせを聞いた主人公が，「もしかしたら……私にもできる!?」と願望をふくらませていく。このように，身近な「おめでた」のニュースは，自分の欲望を確認させるきっかけになる。そ

して日本社会は今，「子どもを産み育てたい」というレズビアンの欲望を口に出せるほどには成熟しているのである。▶9

3　戸惑いや反発への応答を読む

とはいえ，すでに見たとおり，女性カップルの子育て願望に対する世間一般の戸惑いや反発は小さくない。それはたいてい「子どもがいじめられて苦労するのではないか」「周りの家族と違うことで子どもが悩むのではないか」というかたちで表現されている。東さんや増原さんは，そうした反発に根気よく応答している。

以下では，「子どもがかわいそうだから，女性カップルは子どもをもつべきでない」という見方への，東さんと増原さんの応答を取りあげてみたい。彼女たちの応答はどのように理解できるだろうか。分析の足がかりにするのは，日本のゲイ・ムーブメントを牽引してきた伏見憲明の「欲望問題」という視点である。まずは『欲望問題』（伏見 2007）で展開されたその視点を概略しよう。

欲望問題という視点

伏見が『プライベート・ゲイ・ライフ』（1991）という本でカミングアウトをした1990年代前半，日本の反差別運動は，同性愛という主題を，「病気」「趣味」から「差別」「人権」に関わる問題へ格上げすることに力を注いでいた。伏見は当時，自分の鬱屈を「差別の痛み」だと感じ，差別を批判することが「正義」だと考えていた。「差別―被差別」の構図では，「正義」はつねにマイノリティの側にある。伏見自身，マイノリティである自分を抑圧するマジョリティ社会は敵だ，という意識が少なからずあったと述べている。

しかし，それから15年が経ち（『欲望問題』執筆時点で），同性愛に寛容さを示す日本社会を見るにつけて，伏見は，マイノリティの痛みという「正義」を盾にマジョリティを問い質（ただ）すような運動スタイルへの違和感を大きくしていったという。そして，反差別の運動を「正義の行為」ではなく「欲望実現のための営為」として，「差別問題」ではなく「欲望問題」を解決するための実践としてとらえることを提案する。

「欲望問題」とは次のような視点である。個々の痛み，不満，欲求，利害，理想など——それらをまとめて「欲望」と伏見は表現する——の訴えは，それを「この社会で実現することが可能かどうか，どういうふうに調整することができるのか，どこまでそれぞれを妥協するのか，その『欲望』が社会という土俵自体を破壊することはないのか」（伏見 2007：56）を吟味する過程を経て，正当なものとして受け入れられていくものである。そこにおいて社会とは，マイノリティの敵ではなく，異なる「欲望」をできるだけ実現するように調整する場だと考えられる。同性愛者が逮捕されたり治療を強制されたりすることのない社会，多くの人が同性愛者を差別したくないと思っているような寛容な社会では，マイノリティの「欲望」とそれ以外の人びとの「欲望」との調整を図っていくという視点が大切だと，伏見は主張する。

◆「子ども」と「親」の欲望の調整

さて，「自然には」子どもが生まれない女性同士のカップルが子どもを望むことについて，「それは私利私欲だ」と感じる人がいることは想像に難くない。これこそ「欲望問題」として考えるにふさわしい，という意見もあるだろう。女性カップルの子育て願望は，同性愛への理解が進んだ社会でこそ成長する「欲望」だ。それは，「生まれてくる子ども」という他者の「欲望」と調整されなければならない。「欲望問題」の視点に立てば，女性カップルの子育て願望をめぐる応酬は，異なる「欲望」を調整しようとする営みに映るだろうし，実際にも，そのようなものとして進行する傾向がある。

「子どもがかわいそう」というよくある世間の反応について，東小雪さんはネット記事のなかで次のように述べている。「その子がかわいそうかどうかなんて，その子本人にしかわかりません。私は『どうやってできたか』よりも『どのように育てられたか』の方が，よほど重要だと思います」。パートナーの増原裕子さんは前述のテレビ番組（TBS）で「子どもにどう説明しますか」と聞かれ，次のように応じた。「ここ（ふたり）が愛情でしっかり結ばれていれば，もしかしたら男女のカップルにはないハードルがやってくるかもしれないんですけど，それを乗り越えていける自信があって，一つひとつ解決していけるのかなって」。

東さんのいうとおり，生まれていない子どもの「生の質」を評価することは不可能である。幸せかどうかを子ども本人に問えない状況で，「子どもがかわいそう」という批判に応えようとしてまずなされたのは，子どもの幸せの手がかりを親のなかに探すことだった。そして，手がかりとして差し出されたのは，ふたりの愛情のたしかさや子育てに対する姿勢である。

この応酬は，異なる「欲望」をもつ者――「女性カップル」対「未来の子ども（の代弁者）」――が共生するための条件を探っていくような，伏見（2007）がめざすような議論として理解しうるものである。女性が愛情あふれた家庭において子どもの養育責任を引き受けることは，多くの人びとの共感を呼ぶだろう。なぜならそれは，現代日本の「理想の家族」の構成要素の一つだからである。ここで東さんと増原さんは，具体的な条件を提示し，異なる欲望の調整を試みているようにも映るのだ。

◆「マイノリティの親」への想像力

もちろん「愛し合っているふたりに育てられる子ども」という共同体イメージに肯定感をもつことは，責められるべきでない。しかし，このような議論のあり方に違和感を覚える人もいるのではないだろうか。なぜなら，ふたりの愛情や育児のあり方を担保として差し出すこのやりとりは，「子どもを育ててよい者」と「育ててはならない者」とを選別する行為に連なっているからである。この議論に参加することは，「親にふさわしいかどうか」というものさしで人びとを測り，線引きをする力学に巻き込まれることである。

ところで，ここまでのやりとりは，女性カップルをもっぱら「（生まれてくる）子ども」の「（未来の）母親」としてカテゴリー化し，子どもと母親の「欲望」の対立を仮定することで成り立っている。そのため，女性カップルが「母親」以外の者として現れることによって，議論は別の方向へと進んでいく。

前述のテレビ番組（TBS）の次の場面では，「お前さんのいっているのは理屈だよ。その子にも人権があるでしょ！」と声を荒げた出演者に対し，増原さんが「マイノリティが子どもを産んじゃいけないというのはおかしいと思います」と応じている。この発言は，みずからを「子どもの母親」ではなく「マイノリティ」として位置づけ直しており，親子の利害対立に収斂しがちな議論の流れを変えうるものである。

「マイノリティ」というカテゴリーは，その対立項として「マジョリティ」を想起させる。伏見（2007）なら，この発言からマイノリティの「正義」を盾にマジョリティを糾弾するようなやりとりに発展するのではないか，と危惧するのかもしれない。しかし，「マイノリティ」は「マジョリティ」というカテゴリーとだけ結びつくわけではない。それは，セクシュアル・マイノリティ以外の，「他のマイノリティ」とつながっていくこともある。

東さんと増原さんは，『ふたりのママから，きみたちへ』という著書のなかで，外国籍の人，障害のある人，シングルマザーなどの「マイノリティの親」に想いをめぐらせ，「マイノリティ性を持っていて子育てをしている人はすでにたくさんいる」（東・増原 2013：133）と書いている。さらに「でも，はたして私はそこまで考えられていただろうか？　私がレズビアンマザーという点にしばられて考えたり答えたりすることが，ほかのマイノリティ性を持つ人の困難さを無視することにつながりはしなかっただろうか？」（東・増原 2013：133）と内省する。このように「マイノリティ」という概念は，困難のなかで育児をしているさまざまな人びとへの想像力を拓いていくものでもある。そうして，「マイノリティ」とされる人びとが親になろうとする時，あるいは親になった時に共通に経験する差別を問うていけるのである。

4　寛容さのなかの不寛容

女性カップルの子育て願望をめぐる応酬において何が問われるかは，（基本的にはその場面に依存するものの）現状では「子ども」の利益を損ねるかもしれない「未来の母親」個人のありようを問うというかたちで主題化されやすい。それは，見方を変えれば，「“子どもがかわいそう” という批判はセクシュアル・マイノリティに対する差別である」という理解が阻害されやすいということである。なぜ私たちはそこにある排除に気づきにくいのだろうか。この問いに取り組むために，もう一つ似たような事例を紹介したい。

◆ セクシュアル・マイノリティに対する排除のかたち

セクシュアル・マイノリティが子どもをもつことに対する忌避感は，性同一性障害を理由とした戸籍の性別変更を可能にする特例法（2003年7月成立）にも見てとれる。この法律は当初，性別変更の条件に「子がいないこと」を掲げていた（現在は「未成年の子がいないこと」に改正されている）。子の福祉に配慮したためだったと，法律成立に尽力した国会議員は述べた（南野 2004：11）が，これは，性別変更をする者は親にふさわしくないという意向を伝えるものである。さらに「生殖腺がないこと」という条件もあり，これは法的な性別変更を望む人に「遺伝上の子」をもつことをあきらめるようにうながしていると読むこともできる。21世紀に入ってからの諸外国での法制化は，子どもや生殖機能の有無を性別変更の条件にしない方向で進んでいる（野宮 2015：14-15）。その点において日本の法律は逆行している。

性別を変更すること，そのうえで婚姻することは許容するが，子どもの親であること，子どもをつくることは許容しない。同性同士の性愛関係や結婚（挙式）には寛容だが，子どもをつくることには難色を示す。セクシュアル・マイノリティへの集合的な排除は，「子どもをつくる」「親になる」「次世代を育てる」という人生の可能性を制限する，というかたちでなされている。

◘「人権」言説に埋め込まれる排除

この状況を「結婚は許すが産むことは許さない」と言い換えれば，そのおかしさに気づく人もいるだろう。たとえばハンセン病の療養所では，結婚は許されていたが子どもを産むことが禁じられ，断種や中絶が行われていた。かつて母体保護法（優生保護法）は，不妊手術（優生手術）を行える対象にハンセン病や「精神病，精神薄弱」の者を含めていた。その後，病気や障害を理由に出産を認めないことは優生学的思想だと問題視され，この法律は1996年に改正されている。

「同性カップルの結婚は祝福するが，子育て願望には抵抗感を示す」というのも，優生思想に近づきかねない危うさをもつ。にもかかわらず，それが法律や公共の電波にのっているのは，そこでなされている差別を後景に退かせるような，何らかの仕掛けがあるからである。そうした仕掛けを2つ紹介しておこう。

繰り返しになるが，公共の言説空間から同性愛（者）を貶める粗野な表現——たとえば「同性愛は不自然だ」とか「異常だ」「変態だ」とかの表現——は姿を消しつつある。かわりに目立ってきているのは，同性カップルの共同生活を異性カップルのそれと同じように祝う寛容さや，同性愛者の人権を擁護しようとする姿勢である。同性カップルと異性カップルを平等に扱おうとするふるまいのただ中で，出産・育児への関わりについては両者を区別し序列化しようとする。このような，寛容さのなかに埋め込まれた不寛容は批判しづらいものである。

また，「子どもというレトリック」が使われていることも，批判を難しくする（中河・永井 1993）。「子どもはかけがえのないものである」という価値観や「子どもには健やかに成長する権利がある」という人権感覚は，現代日本ではかなりの自明性を帯びている。「子ども」というカテゴリーは「大人」というカテゴリーを立ち上げ，それと同時に呼び出される道徳的な要請――「無力で無垢な子ども」の利益や権利は「大人」のそれより優先されるべき――もあたりまえのものとして受けとられる。「子ども」という至上の価値を前にすると，「大人」の側に位置づけられた者の利益や権利を後回しにすることも当然のように思えてしまうのである。

分断を生まないために

結婚が子育てをするための枠組みとして機能している社会で同性婚を求めていけば，必ず「同性カップルが子どもをもつこと」の是非が問われることになる。日本でもこれからさまざまな議論が巻き起こるだろう。とりわけ「子ども」というカテゴリーが議論を支配する力は強く，「子どもの利益のために」という観点から同性カップルに対する集合的な排除が正当化されていくのかもしれない。

本章では，そうした議論が内包する問題，その議論だけに目を奪われてしまう問題を指摘した。子どもを望んだ者を「親」というカテゴリーで縛り，（母）親のみに養育責任があることを前提にして子どもの利益を問う，という議論は，「（母）親にふさわしくない者」を無限に切り出し排除の範囲を広げていく。それに対して，「マイノリティ」というカテゴリーが，これとは異なる方向へ議論を導いていくことを示した。それは，「あたりまえ」とされている親子や家族にあてはまらない人びとの状況へ目を向けさせ，論じるべき課題，解決すべき問題がほかにもあることに気づかせる議論である。ここで行った簡単な分析からわかるのは，マイノリティを生み出しマジョリティとの分断を深めるのは，むしろ「子どもの利益」に拘泥する前者のような議論だということである。

最後に，「同性カップルの子どもはかわいそうだ」という見方が必ずしも客観的な事実に基づいているわけではないことをつけ加えておこう。同性カップルの法的承認が進んだ諸外国の複数の調査研究では，ゲイやレズビアンの親によって育てられた子どもが男女のカップルに育てられた子どもと比べて，発達上の差異がないことが示されてきた（Tin 2003=2013：396；APA 2005）[▶10]。日本では同様の調査研究は実施されていない。つまり「子どもがかわいそう」というのは（少なくとも現時点では）偏見にすぎない。そして「かわいそう」という偏見が子どもの利益を損ねるのである。子どもは周囲の大人の視線のなかで育つ。大人たちの偏見を減らすことは，子どもの利益にかなうものである。もし「子どもという至上価値」を認めるのなら，どんな親から生まれた子どもにも等しく心を配ることを大人たちに求めてもいいはずなのだ。

注

1　「東小雪とひろこのレズビアン的結婚生活」第119回【子どもを迎える方法について考える】Part 2 人工授精（http://www.2chopo.com/article/detail?id=1385）

2　「にじいろ家族」（http://queerfamily.jimdo.com）

3　「こどもがほしいから——女同士のカップルが精子バンクで家族をつくる記録」（http://angel.ap.teacup.com/spermbank/）

4　平成25年度司法統計「『離婚』の調停成立又は調停に代わる審判事件のうち未成年の子の処置をすべき件数—親権者別—全家庭裁判所」

5　アメリカの代理出産エージェンシーを日本国籍者が利用するのは，違法ではない。アメリカ連邦法は代理出産を規制しておらず，いくつかの州では同性カップルにもその利用が開かれている。そうしたサービスを日本に紹介するセミナーが2016年1月19日に東京で，おそらく国内では初めて開催された（「ゲイのための代理出産と卵子提供セミナー——子どものいる家族をつくろう」）。卵子ドナーや代理母の仲介業，不妊治療クリニック，卵子ドナーや代理母との契約や子どもの親権獲得プロセスに携わる法律事務所，英語ができない日本人クライアントをサポートする業者の人びとが来日し，それぞれのサービス内容がくわしく紹介された。

6　日本において，養親や里親として子どもの養育に関わっている同性カップルは（皆無ではないにしても）ほとんどいないだろう。特別養子縁組の養親は法律婚夫婦でなければならない。里親制度の登録や委託の基準は自治体によって異なるが，これまで，同性カップルは里親の受け皿として想定されてこなかった。子どもを育てたい同性カップルは，養親や里親という道が閉ざされているからこそ，生殖技術の利用に目を向けるのであって，必ずしも血のつながりのある子どもに固執しているわけではない。こうした状況を改善するために，セクシュアル・マイノリティが里親や養親として子どもを養育する機会を広げるための取り組みが始まっている（「レインボーフォスターケア」http://rainbowfostercare.jimdo.com/）。

7　ここでは，シスジェンダーの（＝性別違和感のない）女性同士のカップルを想定して書いているが，トランスジェンダー女性（MtF）とシスジェンダー女性のカップルや，トランスジェンダー男性（FtM）とシスジェンダー女性のカップルにも，「ふたりの子をつくり育てる」という選択肢がある。前者は，ふたりの（両方の）遺伝子を受け継いだ子を授かることも可能である。

8　『ゆりにん』は，原作の藤間紫苑とそのパートナーである牡丹の体験をもとにした「妊活漫画」である。2013年9月から2014年10月にかけて発行された同人誌で，2015年8月に単行本化された。

9　身近な男性に精子提供を依頼する女性カップルは，異性愛男性よりゲイ男性を選ぶ傾向があるため，生殖にかかわるゲイ男性も少しずつ可視化されている。また，それにより「女性カップル（ないしシングル女性）に精子提供をして子どもをつくり，育児にかかわりたい」というゲイ男性の欲望も喚起されつつあるようだ。たとえば，精子提供を希望するゲイ男性が，ともに子どもをつくり育てる女性カップルを募るブログがある。

10　アメリカ心理学会（APA）は2005年に同性カップルの子育てに関する調査研究を包括的に検討し，「異性愛者の親をもつ子と同性愛者の親をもつ子の発達上の違いを示した研究はない」と結論づけた。しかし，2010年代に入り，APAレポートの客観性に対する疑義もいくつか提出されている。

参考文献

American Psychological Association (APA), 2005, *Lesbian & Gay Parenting*. (http: //www. apa. org/pi/lgbt/resources/parenting-full.pdf)

Chauncey, G., 2004, *Why Marriage? : The History Shaping Today's Debate over Gay Equality*, Basic Books. (＝上杉富之・村上隆則訳, 2006『同性婚――ゲイの権利をめぐるアメリカ現代史』明石書店)

伏見憲明, 1991,『プライベート・ゲイ・ライフ――ポスト恋愛論』学陽書房。

――――, 2007,『欲望問題――人は差別をなくすためだけに生きるのではない』ポット出版。

東小雪・増原裕子, 2013,『ふたりのママから, きみたちへ』イースト・プレス。

南和行, 2015,『同性婚――私たち弁護士夫夫です』祥伝社新書。

中河伸俊・永井良和編, 1993,『子どもというレトリック――無垢の誘惑』青弓社。

泪谷のぞみ, 2003,「『レズビアンマザー』素描」『女性学年報』24。

野宮亜紀, 2015,「世界におけるトランスジェンダーの権利」NPO法人共生社会をつくるセクシュアル・マイノリティ支援全国ネットワーク監修発行／小島和子・杉浦郁子編, 2015,『セクシュアル・マイノリティ白書 2015』。

南野知惠子監修, 2004,『解説 性同一性障害者性別取扱特例法』日本加除出版。

Tin, L.-G., 2003, *Dictionnaire de l'homophobie*, Presses Universitaires de France. (＝ 2013, 齊藤笑美子・山本規雄訳『「同性愛嫌悪(ホモフォビア)」を知る事典』明石書店)

ブックガイド

東小雪・増原裕子『ふたりのママから，きみたちへ』（イースト・プレス，2013 年）

▶本章で注目した東小雪さんと増原裕子さんによるエッセイ。子どもを産み育てる準備を始めたふたりが「子どもがかわいそう」という世間の反応や「マイノリティの親」について考察を深めている。

江川広実［作画］・藤間紫苑［原作監修・文］『ゆりにん――レズビアンカップル妊活奮闘記』（ぶんか社，2015 年）

▶レズビアン・カップルの妊活を記録したエッセイコミック。「自分で産んで，一緒に育てる」という異性カップルにとってあたりまえのことがらが，出会って 23 年目にようやくチャレンジされる，という事実が重たい。

浅野素女『同性婚，あなたは賛成？反対？――フランスのメディアから考える』（パド・ウィメン・オフィス，2014 年）

▶ 2013 年に同性婚が認められたフランスでは，同性愛者が子どもをつくること，親になることをめぐって国を二分するほどの激しい議論が巻き起こった。議論の対立点がわかりやすく整理されている。

杉山麻里子『ルポ同性カップルの子どもたち――アメリカ「ゲイビーブーム」を追う』（岩波書店，2016 年）

▶アメリカ合衆国では今，養子縁組や生殖技術を利用して子育てをする同性カップルが増えているという。この本で取材を受けた同性カップルの子どもたちは皆，みずからの家族に肯定的である。かれらの声から垣間見えるのは，多様な家族を受け入れる社会のありようだ。

伏見憲明『欲望問題――人は差別をなくすためだけに生きるのではない』（ポット出版，2007 年）

▶反差別運動のあり方をマイノリティの側から考察し，多くの議論を呼んだ話題作。Kindle 版の巻末には書評リストがついている。それらの多くがネットで読める。どの書評も一読の価値あり。

くまさんの映画コラム⑧

自分の生に誠実に，そして軽やかに生きることとは

『わたしはロランス』（グザヴィエ・ドラン監督，2012年）。モントリオールの国語教師ロランス。彼は情熱的な女性フレッドと激しい恋におちていた。ハイスクールでも女子生徒たちからセクシーだと高い評価を受けているロランス。30歳の誕生日。彼はフレッドに打ち明ける。「僕は女になりたいんだ。この身体は間違えて生まれてきてしまったんだ」と。激しく動揺し，2人のこれまでの愛とは何だったのかと葛藤するフレッド。これから女性として生きようと決めるロランス。フレッドは最大の理解者として生きようと決め，ロランスが女性として暮らせるようサポートする。女装し化粧し，高校で教えるロランス。廊下を平然と歩く姿を驚きや軽蔑，嫌悪のまなざしで見ていく生徒たち。彼に共感する教員は喜び支持するが，大半の教員は距離を置こうとする。短髪のままで女装を続けるロランスに，フレッドはウィッグをプレゼントする。女性として生きるなら，髪の毛も「女性」にしなさいという気持ちからか。それを受け取るロランスのあいまいな感じがおもしろい。性同一性障害で苦しみ，心と身体の性別を一致させ，自信をもって生きたいと考えるロランス。しかしロランスの「生き方の革命」は，世間が認める「普通の外見」をもつ女性に自分を紛れ込ませてしまうことではない。早口のフランス語のリズム。印象的なBGM。現代絵画か洗練されたイラストの如きスタイリッシュな映像。ロランスがとにかく魅力的でかっこいい。フレッドと別れ小説家として生きようとするロランスは，宝塚歌劇の男役から過剰で典型的な“男らしさ”をすべて除去したあとに残る素敵な女性の姿なのだ。「地上におりないで」いかに軽やかに自分の性に誠実に生きるのか。“スペシャル”な生き方に他者はいかに関われるのだろうか。“スペシャル”な愛の形を思わず考えてしまう優れた映像美に満ちた作品である。

『チョコレートドーナツ』（トラヴィス・ファイン監督，2012年）。

ナイトクラブで女装し歌うゲイのルディ。ゲイを隠し弁護士として生きているポール。男性同性愛の物語かと思えば，まったくそうではない。ルディの隣室の住人はダウン症の少年マルコの母親だ。彼女は麻薬依存で逮捕され，マルコは施設へ入れられてしまう。施設を抜け出し夜道を一人歩くマルコをみつけ自分の部屋に連れてくるルディ。彼らは2人でマルコを育てる。同性愛の2人がお互いの愛を確かめ合い，育みあふれた愛をさらにマルコに注いでいく。そんな印象を受ける。ただ幸せな日々は長く続かない。いとこ同士だという偽りが露見し教育局がマルコを奪い施設へ送ろうとする。ポールも弁護士事務所をクビになる。ここからこの映画の本質が急展開していく。同性愛男性だとしてもマルコに最適な生活環境を与えてきたとして育てる権利を主張し裁判を起こす。法廷場面では相手弁護士が彼らにホモフォビアの言葉をこれでもかとあびせていく。一審は敗訴し控訴する2人。マルコの母親が仮釈放され親権を主張し控訴審は一気に幕を閉じる。当局側が彼女と取引した結果だ。元のアパートに戻り愛人と麻薬に浸る母から部屋を追い出されるマルコ。その後，彼は「おうち」に帰ろうと夜の街へ出て行く。橋の下で人知れず息を引き取ったマルコのことを伝える新聞記事。DVD の説明にあるように「血がつながらなくても，法が許さなくても，奇跡的に出会い深い愛情で結ばれる3人。見返りを求めず，ただ愛する人を守るために奮闘する彼らの姿」を美しい「本物の愛」だとして感動できるだろう。しかし見終わった印象はもっと醒めたものだ。マルコを「障害児」としてしか扱わず，血縁だけを理由に子育ての意志のない母親に戻すことが社会善だと考え，同性愛男性を異常で例外で社会秩序の攪乱としてしか考えない裁判官や周囲の人びとの姿。こうした厳しく冷たい世の中で「おうち」に戻れずマルコは死んでしまう。これほど悲しいことがあるだろうか。

第9章

モザイクとしての「障害者問題」

障害者差別解消法の施行を記念したパレード（共同通信社提供）

2016年4月，障害を理由とする差別を「禁止」する画期的な法律が施行された。2006年に国連で採択された「障害者の権利に関する条約」の批准を見据え，上記の法律の制定も含めた国内法の整備を行うことを目的として2009年に設置された会議においては，多くの，さまざまな障害をもつ当事者が，それぞれに必要な支援を得ながら，この議論に参加した。また，施設や公共交通機関のバリアフリー化が進められ，障害のある人が街に出ていくのはあたりまえのこととなりつつある。多くの人が「障害者への偏見をなくす必要がある」「誰もがともに暮らしやすい社会を」というスローガンを受け入れる一方で，なお障害者との関わりを注意深く回避したり，あるいはあからさまに攻撃の対象とすることもある。社会における障害者「差別」は，濃淡のあるモザイクの様相を呈しているかのようだ。本章ではその内実を，丁寧に読み解いていきたい。

1　障害者差別解消法をめぐって

◆「『障がい』という言葉を使ったほうがよいのではないでしょうか」

授業で「障害」をテーマにとりあげると，上記のような反応に出会うことが増えてきたのはここ2～3年ほどのことだろうか。そのたびに私は「『障害』と表記することは，差別にあたるのではないですか」と暗に非難されているようで，居心地が悪くなる（ここでは詳しく言及しないが，私自身は表記は本質的な問題ではないと考える立場をとる。以後は基本的に「障害」を，文脈に応じて「障がい」を用いる）。

急いでつけ加えれば，「障害／障がい」という用語については，すでにいくつかの議論がある。「害」の字の使用に反対する論者は，「害」という字から否定的な印象を受けると主張しており，一方で，漢字かひらがなかという議論自体を無意味，あるいは不快であるとする意見もある（栗田 2015：45）。

ちなみに，すでに一部ひらがな表記を採用している地方自治体もある。内閣府の調査によれば，2003年に公用文等における表記を「障がいのあるひと」「障がい者」などに変更した札幌市を皮切りとして，2014年には16の都道府県と7の市が，組織名や計画における「障害」を「障がい」という表記に変更している。この表記の変更による社会への影響はともかく，こうした動きを背景として日常的に「障がい」という表記を目にする機会が増えており，それにともなって「障害者」という表記に違和感を抱く人びとも，学生を含めて一定程度現れてきているのだろう。

このことは単に用語（の選択）の問題ではなく，より複雑でやっかいな様相を呈しているように思われる。「障害」の表記を避け，時には他者に対してひらがな表記を勧めることは，それにより，障害のある人に否定的なまなざしを向けること，結果として障害のある人を差別する（可能性をもつ）側になることを，注意深く避けようとする行為なのではないだろうか。

本章では，これらとも無関係ではない，近年の大きな動きである法制度改革の状況をおさえたうえで，一枚岩ではない障害者「差別」の内実について考えていきたい。

◆「障害者の権利に関する条約」の採択から差別解消法の制定まで

ところで，まさに，障害を理由とする差別等を禁止する，「障害を理由とする差別の解消の推進に関する法律（障害者差別解消法）」が制定されたという意味で，2013年は障害者施策にとっては画期的な年だった（施行は2016年4月）。この法律が制定された背景を知るために，少し遠回りをするようだが「障害者の権利に関する条約」（以下，「権利条約」と記す）の採択以降の動きを追ってみたい。

権利条約が国連総会において採択されたのは2006年12月であり，日本がこれを批准したのは2014年1月のことだった。日本は2002年の第1回権利条約特別委員会開催時から権利条約の制定過程にコミットしてきたが，批准のための動きが本格化したのは，2009年に民主党が与党となったことが大きい（松波 2013：452）。これにより，法制度改革を議論するための「内閣府障がい者制度改革推進会議」（以下，「会議」と記す）の設置が決定された。この制度改革の目的は，権利条約の締結に必要な国内法の整備であり，具体的には障害や差別の定義，施策にかんする規定の見直しを含む，障害者基本法の改正，障害を理由とする差別の禁止にかんする法律の制定，障害者自立支援法に代わる，「障害者総合福祉法」（仮称）の制定がめざされることになった（「障害者制度改革の推進のための基本的な方向について」2010年6月閣議決定）。

24名の構成員のうち14名が障害のある当事者または家族であったことは，この会議の大きな特徴であった。また，合理的配慮の一環として情報提供と構成員のコミュニケーション手段を保障しつつ，インターネットを通じて会議が公開されたことは，従来の審議会等にはみられない先駆的な取り組みとなった。

会議は月2回（多い時には4回）のペースで開催され，2011年7月に障害者基本法の改正案が参議院本会議で可決，成立した。従来の基本法にはなかった，地域で生活する権利，分け隔てられずともに学ぶ権利，実質的な平等を確保するためになされる「必要かつ適当な変更および調整」を意味する「合理的配慮」，そして「障害」の定義に障害の「社会モデル」の考え方が取り入れられたことは重要である（障害の「社会モデル」「合理的配慮」については後述する）。2012年6月には障害者総合支援法が制定され，2013年4月から一部施行されたが，こちらについてはこれまでの問題が持ち越された。

◆「禁止」ではなく「解消」の背景にあるもの

この改革の集大成として成立した障害者差別解消法は，障害を理由とする差別的取り扱い，権利侵害を禁止したのみならず，合理的配慮を行わないことは差別であるとし，行政機関には合理的配慮を行うことを義務化し，民間事業者には努力義務を課した。法の目的は，障害者基本法の基本的な理念にのっとり「障害を理由とする差別の解消を推進し，もって全ての国民が，障害の有無によって分け隔てられることなく，相互に人格と個性を尊重し合いながら共生する社会の実現に資すること」とされている。

ただし，ここに至るまでには人びとの「差別」への考え方についても多くの議論が交わされた。障害者政策委員会差別禁止部会が2012年に提出した意見は，多くの人は「差別はよくないことだ」という考えを共有していることを，次のように指摘している。

> 「(……) 差別的取扱いと思われる事例が多数存在するという現実がある一方で，多くの国民が『差別は良くないし，してはならない』『障害者には理解を持って接したい』と考えているのも事実であり，好んで差別をしているわけではない(……)」(障害者政策委員会差別禁止部会，2012，「『障害を理由とする差別の禁止に関する法制』についての差別禁止部会の意見」：5)

すでに述べたように，差別という行為にかんして多くの人びとは強い忌避感情を有しているようだ。一方で，差別はしてはならないと思っているが，障害者のことがよくわからないから，差別行為をしてしまっているかもしれないという不安もある。だからこそ「差別禁止」という文言に対しては，どのような行為が差別とされるのかわからない，知らないうちにしたことでも差別として罰せられるのでは，という不安をもつ。そして「差別禁止」をうたう法律／条例名称に対する抵抗感がもたらされるのだろう。

障害者差別解消法制定以前に，日本各地において成立した障害者差別に関わる条例も，通称では「差別禁止条例」と呼ばれることがあるものの，実際には軒並み「障害のある人もない人もともに～～する○○条例」のような名称が採用されている（松波 2013：450）。こうした背景を鑑みると，国の法律として（「禁止」は避けられたが）「差別」という文言が入った「障害者差別解消法」が成立したこと自体が，奇跡のように思えてしまう。

社会モデルとは

権利条約および障害者差別解消法の基礎を支える「社会モデル」の枠組みについても触れておこう。星加良司のまとめによると，社会モデルとは，障害の問題を障害者が経験する社会的不利としてとらえ，その原因を社会にあるとする，障害者解放の理論的枠組みである。従来の「個人モデル」が，障害の身体的・知的・精神的機能不全の位相がことさらに取り出され，その克服が障害者個人に帰責されてきたことに対する，当事者からの問い直しの主張を反映したものである（星加 2007：37）。このモデルは，障害をインペアメントという個人的次元とディスアビリティという社会的次元に切り離すことによって，社会的責任の範囲を明示した点にその真価があるとされる（杉野 2007：116）。

しかし，社会（たとえば施設の整備等）を問題にしていればすなわち社会モデル的な視点を有していると一概にいうこともできない。近年「○○駅周辺はバリアフリー化が進んでいる」などのようにいわれることがあるが，これを聞いて「ああ，階段が使えないお年寄りや障害者が暮らしやすいように整えられているのだな」と考えたとしたら，それは障害を，個人モデルと同様，個人の問題としてとらえていることになる。社会モデルでは障害をつくり出す社会の側を問題にする。なぜ，階段のみの設置が標準とされ，他の昇降手段が用意されてこなかったのか，そうした発想こそが問われるのである（倉本 2002：282)。バリアフリー化は「障害者のための」配慮ではなく，そもそも階段しか存在せず，障害者にいまだ配慮していなかった構造自体を問題化し，変えていく作業にほかならない。

「障害者のための」バリアフリーという見方は，結局のところ問題を個人のインペアメントに還元する可能性がある。バリアフリー施策を支持する時，逆に障害者との線引きを意識的／無意識的に行っている可能性があることに注意する必要があるだろう。このことは障害に関わる問題の社会的責任を曖昧にするのみならず，移動に代表される物理的バリアの問題として矮小化させてしまう危険もあるのである。

2　モザイク状の「障害者問題」

◇ 差別「する」ことへの非難と恐れ

ここからは大学生たちによって書かれたことから考えてみたい。2015年度，筆者が所属する大学で担当した講義のうちの一つにおいて，障害者に関わるテーマを3回ほど取り上げた。学生たちにコメントカードの提出を課したところ，これまでの体験や知識をまじえて雄弁に記した紙片が返ってきた（このなかに「障がい者」と表記するものも混在している)。これらはある地方の一大学における文系学生（おおむね1～3年生）によるものであるという意味で，限定的であることには注意が必要だが，「障害」や

「障害者」に対する，若年層の意識あるいは感覚を知る一端となるだろう。コメントは部分的に省略した箇所がある。また，明らかな誤字については訂正した。

まず「障害者」の「差別問題」を扱うと，初回のカードの最終部分には，落としどころとして，「知識をもち偏見をなくし差別をなくしていく必要がある」「誰でも住みやすい世の中に変えていくことが必要だと思った」などの常套句が並ぶ（ここをいかにずらしていくかが筆者の課題なのだが，ここでは言及しない）。また，物理的なバリアフリー関係の施策に言及し，「多くの駅にエレベーターが設置されるようになったのは，障害者のための配慮としてよいと思う」など，肯定的な意見が述べられることも多い。ただし「障害者のための」バリアフリーという見方は，すでに触れたように「社会モデル」によるものではなく，障害者との線引きを意識的あるいは無意識的に行っている可能性があることに注意が必要である。

さらに時折体験する，あからさまな「差別行為」に対しては批判的な目が向けられる。たとえばアルバイト先で一緒に働く「耳の不自由な方」は「一生懸命に働いて」いるにもかかわらず，「あいつ，つんぼやで」などという同僚がいる。そうした人に対しては「なぜその障がいを理解し，助けてあげようと思わないのか，不思議でした」と冷ややかに見ている。また，「知的障害者の真似をしだした友人」に対して，「注意しようと思いましたがその場の雰囲気を壊したくなかったのでできませんでした」と自省的に書く。

これらから，ごくわかりやすい偏見に基づく差別はよくないものである，と考えていることがわかる。しかしその批判は，みずからを差別する側でもされる側でもなく関わりのない立場に置いたうえで行われる。つまり差別行為への批判は，障害者に対する明らかな線引きがその前提となっていることが推測される。

◈ 固定的な見方

その一方で日常生活で出会う「障害者」には，典型的には「障がいをもっている人を見かけると，どうしても『かわいそうだな』という感情が出てきてしまう」といった，ステレオタイプ的な見方が示される。あるいは，（ステレオタイプという意味では同じなのだが）「毎日挨拶をしてくれる」障害者に対し「とても純粋で私たちよりも心がきれいだと思った」というような。

かれらは，障害者は「かわいそう」な状況に置かれているが，「がんばっている」「心がきれい」な人たちであると想像する。しかし，かれらは障害者に「共感」を示すことは少ない。たとえば「障害者の苦労」は「何不自由なく育ってきた自分」と対比されて語られる。つまり，障害者は，自分とは異なるものとして差異化／カテゴリー化され，五体満足で生まれた幸運，あるいは生んでくれた両親への感謝という隠れみののもとに，同情（あるいは控えめな優越感）が示されるのだ。「かわいそう」などの一見「やさしさ」を携えた言葉は，自分を相手の立場に置き換えたり，相手の置かれた状況に自分を寄り添わせて理解するという意味での共感のうえにではなく，「わたし（たち）」と「かれ（ら）」を区分する，差異化の前提のうえに成り立っている。

その区分は，とりわけ「何を考えているかわからない」精神障害や知的障害のある人（用語の使い方も曖昧だろう）に対して厳格なものとなる。うつ病や統合失調症など「心の病」に対する理解は遅れており，深刻な偏見と差別があることは指摘されている（山崎監修 2012）。みずからの偏った視線を自覚しつつも，「わたし（たち）」と「かれ（ら）」の差異化にかんしてより厳しい適用がなされることがある。

「街中にいる精神（知的）障害者は正直何を考えているかわからない。平然と異常な仕草・行動をしているので近寄りがたいです。差別をなくすべきではあるし，私たちはきちんとした知識をもつべきであるというのはわかるのですが，まだ偏見があるので難しい話だなと思います」

かれらは，差別はもちろんなくすべきであるし，そのための知識を得るべきであると考えている。しかしある種の「障害者」については，自分たちの日常を侵食するような関わりをもつことを努めて回避しようとするかれらの本音が見え隠れしている。

「分けること」の肯定

障害のある人を他者として位置づけ，みずからとは異なるものとして表象する上記のようなコメントは，いきおい自分たちの身近な学校という場についての記述につながっていく。

しかし日本の「特殊教育」が「別な場所」で行われる制度下にあるため，かれらの多くは障害をもつ人と一緒に学んできてはいない。すでに見た権利条約では，分け隔てられずともに学ぶ権利がその条項に組み入れられており，世界的には「インクルーシブ教育」がめざすべき方向とされている（長瀬 2012）。こうした歴史的流れについて触れると，戸惑いが示されることも少なくない。「障害のある方と一緒に勉強することに，少し違和感を覚えてしまう。なぜなら長いあいだ，それ（引用者注：別々に学ぶこと）があたりまえの世界で育ってきたからだ」というように。

明確に分離教育を肯定する意見もある。子どもの「特別なニーズ」に応じた教育を根拠とし，「それぞれのレベルに合った学習の仕方がやはりあると思う」と述べられる。分けることにより，当然のことながら「壁」ができる可能性がある。そこで，それに対しては「交流」という場が提案される。

> 「障害をもつ人が普通学級の人たちと一緒に学習するのは難しいだろうから，特別支援学級は必要だと思う。しかし，それでは障害をもつ人が一般の人たちから分断されてしまい，壁ができてしまう可能性がある。そうならないためにも，障害をもつ人と一般の人たちが交流する機会をつくるべきだと思う（たとえば，普通学級と特別支援学級で合同授業を行うなど）」

しかしその内実は「私たちがその人たちに合わせてあげる」ものだという。みずからの体験から「私たちがその人たちに合わせてあげれば，一緒にいることはできるし，楽しく遊ぶことができる」と書く者もいる。ここで「交流」とは，「わたしたち」と「かれら」の非対称な関係のうえに成り立っているものが想定されていることを指摘しておきたい。

◆「いじめられるから分けたほうがよい」

さらに「分離」を肯定する根拠として，「いじめ」があげられる。「障害者ということだけでいじめ等がひんぱんに起こっている」「障害をもって生まれた子は，小学生くらいの年齢ではほぼ間違いなく同級生に差別やいじめをされてしまう」「いじめの対象になるので，普通学校に通っても辛いだけのように思う」，したがって分離したほうがよいという結論が導きだされる。

かれらの多くがいじめに言及するのは，これが根拠となるほど身近で重い問題であるということなのだろう。現在のいじめ問題はかつての差別感情に根ざしたものとは根本的に性質が異なっているという。またいじめ，いじめられの関係は流動的であり，遊びや悪ふざけといじめの境界線もはっきりしない（土井 2004：19）。つまり，いつ自分がいじめの対象になるかわからない，という恐怖のなかで過ごしてきているのだ。これほどまでにいじめはかれらの世界においてはあたりまえのものとなっている。

ただし「障害者だといじめられる」ことについて疑問は呈されず，「なぜ」そのような状況が発生するのかは不問にされている。このことは，誰もがいじめの対象となる現状に加え，障害者が異質な存在としてとらえられている環境においては，従来の「差別感情に根ざした」いじめが行われるのは当然のこととして解釈されているのかもしれない。

◆ カミングアウト

一方で，障害のある人を完全に「他者」としてイメージする上記のようなコメントの対極には，「自分のこと」として記されたそれがあり，「発達障害をもっているといわれている」「うつ病で苦しんでいて学校に行けない時がある」「５級の手帳をもつ身体障害者です」などと書かれている。以前よりも「発達障害」の診断が多くなされるようになり（立岩 2014），ここでは詳しく触れないが，大学においては障害者差別解消法の施行にともない発達障害のある学生の支援が課題とされている。

また自分自身ではなく，身近な人について書く者もある。きょうだいが「自閉症」であったり，友人のきょうだいが，「集会や行事などの静かな場面で突然大声を出したり，泣いてしまったりする」人であったり，母の知人が「うつ病という診断」を得ていたりする。「障害」や「障害者」は決して遠いものではなく，かれらの「日常に埋め込まれている」といえそうだ。

しかし，にもかかわらず，「障害者」はあくまで「他者」として，障害者問題についてはみずからとは直接的に関わりのない，遠い出来事として言及される。それはなぜなのか。

まず「障害」の問題が多様であり，イメージする「障害者」と講義で語られる「障害者問題」との齟齬があることはもちろんである。より身近な誰か（たとえば親やきょうだい）であれば，障害者とはまなざさず，単に「生活上の困難を有する身近な人」ととらえられることもあるだろう。また，「かれら」として他者化される人が遠い存在であるのは不思議なことではないかもしれない。普段は分離されており，特別な日にだけ文字どおり「交流」する他者とは，「友人」にはなりえない。さらに自己責任が強調される現代社会において，当事者や当事者に近い立場であってもそれを社会的な問題として考えることが難しい，ということもあるだろう。

同じ大学の同級生というカテゴリーに入る人の問題は，より複雑である。大学に進学できる学力を有し，多くは高校まで通常の学校教育を受けてきた人たちは，みずから「障害学生」と名乗ることを好まないこともある（後藤 2011：85）。こうした境界線上にいる同級生とどのようにつきあっていくのか，これまで経験のないかれらは大いに戸惑っているだろう。「わたしたち」のなかにおける「他者」として，さらに巧妙な線引きがなされているのかもしれない。

3　簡単に解決されない問いとして向き合うこと

◇「社会は障害者に対して，そんなにひどいことはしていない」

大文字の「差別」は依然として存在するが，身近にも差別される可能性をもつ「障害者」はいる。「障害」や「障害者」はすでにわたしたちの日常生活に入り込んでいる。この意味で，障害のある当事者ではない（当事者になるつもりもない）「わたしたち」の世界は，幻想にすぎない。この世界は濃淡がありモザイクの様相をなしている。

またさらに，交通機関等の整備がなされたり，「特別支援」教育の名のもとで，障害者に対する配慮や支援が行われているという認識が広がったりするなかで，差別はより見えづらいものになっている。なかには「差別をしているわけではない人がほとんどだと思います。僕は社会が障害者に対してそんなにひどいことをしているとは思えません」と書く学生もいる。しかしながら，日常的には障害者を「他者」としておき，非対称な関係のなかでの交流という行為のみを，注意深く肯定していることを見た。

こうした状況をどのように考えればよいのか。以下では，ラディカルな運動を展開したことで知られる「日本脳性マヒ者協会全国青い芝の会」（以下，青い芝の会と記す）が，非障害者との関係をどのように構築しようとしていたかを見ていく。これにより，見えづらい問題について，どのように向き合っていけるのか，考えてみたい。

◆「障害者も同じ人間」？

青い芝の会は，「われらは，自らがCP者（引用者注：脳性マヒ者）であることを自覚する」「われらは，健全者文明を否定する」などをスローガンに掲げた。そして障害者を「本来あってはならない存在」と位置づけ，差別する社会や非障害者を厳しく糾弾するとともに，みずからのうちにある「健全者幻想」も問題化していった。

青い芝の会が提起する障害者と非障害者の関係は「立場のぶつかり合いを通して築かれる関係」である（山下 2008：180）。また「健全者が自ら差別者であることを認める」という認識があって初めて「本来の対等な関係が生まれる」とした（土屋 2007：229）。

青い芝の会はしばしば，糾弾型の呼びかけを行っている。たとえば「何気なく」生活をしている「あなた」自身が差別者であり，障害者を差別的に扱っている社会を構成している一員でもある，とつきつける。つまり，すべての人に対して，差別者でも被差別者でもない第三者的な立場でいることを否定するのである。このような主張はもちろんその性格からして一般市民に簡単に受け入れられるものではない。しかし，かれらがこうした形式をとるのは，何よりも「同じ人間」として短絡的にくくられることが，障害者に差別的な社会の存在を曖昧にする危うさを知っていたからであった（土屋 2007：247）。

青い芝の会は，「みんな一緒」であるとは（戦略的に共感を求めることはあるにせよ）いわない。すでに見たように，障害者と非障害者のあいだに，明確な線引きを行っているが，注目すべきなのは，それぞれが暮らす社会についての線引きは行っていないことである。むしろその壁を除去し，時間や場所を共有することを求めていく。教育の場面についても「障害児の存在をぬきにした所の普通教育や，障害児ばかりが小さくかたまった所で行われる養護学校教育」をはっきりと否定する。そして「『その子にあった教育』という時，多くの場合，『障害児が入ってくると，普通児の教育の邪魔になる』『障害児とは関わりたくない』という教師や学校当局者の本音が隠されている」と断じている（横田 2015：168）。これにより，非障害者への「差別者」としての自覚を促したうえで，問題を社会全体のものとして敷衍（ふえん）して考えさせる方向へと向かわせようとしているように思われる。

翻って青い芝の会の主張から 40 年あまり経過した現在の日本の状況について考えると，「障害のあるなしにかかわらずともに生きていく」などの耳あたりのよい言葉が多く聞かれ，「障害者」と「非障害者」の線引きを曖昧にしていくベクトルが働いているようだ。一方で，この章で見てきたのは，「わたし（たち）非障害者」の世界と「かれ（ら）障害者」の世界という明確な線が引かれていることであった。当時の青い芝の会が危惧していたように，建前的な「同じ人間」というくくりのなかで，実質的な生活世界の線引きが行われ，さらに差別的な社会構造そのものの問題化の困難が起こっているのではないか。若年層は，ごく身近な障害者の存在を感じつつも，明らかな差別行為は非難し，そしてみずからが差別する側に立たないよう，注意深く生活している。青い芝の会の主張は現代から見ると，この埋め込まれたモザイクのなかから，あえて問題を掘り起こす試みのように見えてくる。

◈「壁」を越えて

1節でふれたように，障害を社会モデルでとらえ，社会を変えていこうとする障害者権利条約は，「かれら」のための恩恵的な福祉から，「他の者との平等」を基礎とした権利に基づく福祉へと理念上の大きな転換を求めるものであった。つまり「わたしたちもかれらも存在する」一つの社会としてとらえる枠組みへの，ラディカルな転換を迫るものでもある。したがって，建前上の「平等」に基づく世界の区分けの正当性が崩されるしんどさをともなうことにもなる。個々人がこうしたしんどさと向き合うことは必要な作業だろう。

ただし，個人的な乗り越えだけにとどまってはならない。障害者差別解消法などの法律を，本当の意味で生かしていくための説得力のある規範も必要であろう。そうでなければ，相変わらずさまざまな施策は障害者を特別扱いするものとみなされ，障害者がスティグマ化されたり，囲い込まれるなどの逆効果をもたらす危険もあるからだ。

ひらがなであれ漢字であれ「障害／障がい者」という枠組み自体，いつか古びたものになるだろう。「障害者」を，身体や精神に由来するさまざまな理由により生きづらさを感じる人びととしてとらえる大きな枠のなかでは，「わたし（たち）非障害者／かれ（ら）障害者」，あるいは「わたし（たち）障害者／あなた（たち）非障害者」という線引き自体も，最終的には意味をなさなくなる世界へと変わっていくことを願う。

参考文献

土井隆義，2004，『「個性」を煽られる子どもたち——親密圏の変容を考える』岩波ブックレット。
後藤吉彦，2011，「『障害者支援』と『障害学生支援』——障害学は２つの世界をつなぐことができるか」『障害学研究』7，81-86。
星加良司，2007，『障害とは何か——ディスアビリティの社会理論に向けて』生活書院。
倉本智明，2002，「あとがき」石川准・倉本智明『障害学の主張』明石書店。
栗田季佳，2015，『見えない偏見の科学——心に潜む障害者への偏見を可視化する』京都大学学術出版会。
松波めぐみ，2013，「『障害者差別禁止法』以降の人権教育に向けて」『世界人権問題センター』18，429-452。
長瀬修，2012，「教育」長瀬修・東俊裕・川島聡編『障害者の権利条約と日本——概要と展望〔増補改訂版〕』生活書院。
杉野昭博，2007，『障害学——理論形成と射程』東京大学出版会
立岩真也，2014，『自閉症連続体の時代』みすず書房。
土屋葉，2007，「支援／介助はどのように問題化されてきたか——『福島県青い芝の会』の運動を中心として」三井さよ・鈴木智之編『ケアとサポートの社会学』法政大学出版局。
山下幸子，2008，『「健常」であることを見つめる——1970 年代障害当事者／健全者運動から』生活書院。
山崎喜比古監修／的場智子・菊澤佐江子・坂野純子編，2012，『心の病へのまなざしとスティグマ——全国意識調査』明石書店。
横田弘，2015，『障害者殺しの思想〔増補新装版〕』現代書館。
横塚晃一，2007，『母よ！ 殺すな』生活書院。

ブックガイド

倉本智明『だれか，ふつうを教えてくれ！』（理論社，2006年）

▶「ふつう」や「健常者」というくくりは絶対的なものではない。今の社会における「ふつう」とはまったく異なる「ふつう」もありうる……。やさしい言葉で綴られる，障害について考える入門書。

横田弘『障害者殺しの思想〔増補新装版〕』（現代書館，2015年）

▶青い芝の会の「行動綱領」を起草した著者による，1979年に刊行された同名書の復刊。当時の運動における行政との交渉記録や新聞記事などが掲載されており，記録としても貴重である。

長瀬修・東俊裕・川島聡編『障害者の権利条約と日本——概要と展望〔増補改訂版〕』（生活書院，2012年）

▶障害者の権利条約の解説本。条約の目的，考え方などが嚙み砕いて示されている。さらにわかりやすいものとして『えほん障害者権利条約』（ふじいかつのり，汐文社，2015年）も薦めたい。

安積純子ほか『生の技法——家と施設を出て暮らす障害者の社会学〔第3版〕』（生活書院，2013年）

▶「家」や「施設」を出て暮らす重度障害者の「生」を制度，介助などの面から描き出した先駆的な研究。1995年の刊行だが文庫版として第3版が刊行され，手にとりやすくなった。

小川喜道・杉野昭博編『よくわかる障害学』（ミネルヴァ書房，2014年）

▶障害のある執筆者や，障害支援の現場にいる執筆者が寄稿した，工学・医療・福祉の学生のための障害学の入門書。障害をめぐる思想や概念を語り合う素材として最適。

くまさんの映画コラム⑨

もう一人の「他者」として障害あるひとを考える

『精神』（想田和弘監督，2008 年）。この作品は多くの人にとって「向こう側」にある精神病の世界をのぞこうとする。「観察映画」と名づけられた作品。ナレーションは一切なく，人物や場所にかけられるモザイクも一切ない。登場人物の顔にモザイクをかけることで精神病者に対する偏見や決めつけが一気に作動することになり，映画の意図は完璧に崩れてしまうからだ（想田和弘『精神病とモザイク――タブーの世界にカメラを向ける』中央法規出版，2009 年）。映画には複数の患者さんが登場する。診察でのやりとりがあり，彼らはカメラに向かって病歴や生きてきた歴史，今のしんどさなどをまっすぐに語っていく。さらに自宅での訪問ヘルパーさんとのやりとりが描かれ，自宅での語りが続いていく。鬱に落ちたときの辛さや表現できないしんどさ。自殺願望があること。統合失調症になってから今までどう生きてきたのかなど。当事者が語る映像が続く。映画には山も谷もない。しかし飽きることなく，見る側は彼らの語りに囚われてしまう。精神病の世界を生きる人間への思いこみや決めつけが先にあって映像を見るのではない。まず彼らの映像や語りに向き合い，そこから彼らの世界を想像しようとする。この映画は，そんな見方を強いていく。だからこそ映画を見終わった後は，しっかりと疲れている。ただ見終えて確認できたことがある。それは精神病の世界をめぐる理解ではない。その世界に入ってしまう事情やわけはさまざまであり，目の前で語ってくれた人びとと私は，生きていくうえでさまざまな違いがあることがわかる。でも彼らの存在自体は，まさに見ている私が今生きている世界と同じところにいるもう一人の「他者」なのだという実感である。

『もっこす元気な愛』（寺田靖範監督，2005 年）。倉田哲也という主人公。生まれつきの障害で両腕が自由に動かず，言語にも障害がある。普段の生活は足を使っており，自らつくった共生ホーム「元気」で仲間とともに暮らしている。彼には4年越しで交際している小学校教員の美穂という女性がいる。2人は結婚したいと願っているが，美穂の母親が頑なに哲也を受け入れようとしない。ドキュメンタリーは2人の日常を静かに見つめていく。前半は，哲也が自動車免許をとろうと奮闘する物語が中心だ。「奮闘」と書いたが，映像からはことさらがんばりが伝わってくるようなシーンはない。ただ障害者が免許などとれないと決めつける免許センター職員の姿など，彼の前に多様な壁が立ちはだかっていることが映像からは理解できる。二度目の学科試験で合格した後，地元マスコミが彼に取材をしているシーンがある。女性アナウンサーが「よかったですね，ピース，いぇい！」とVサインを出し，まるで彼を子ども扱いするかのような仕草が見る側の印象にくっきりと残る。彼女は哲也に対して普通に取材できないのだろうか。それは一人の「他者」として哲也を淡々と描こうとするドキュメンタリーの視線とは対照的なのである。一人車でフェリーに乗り，大阪の友人に会い，東名高速をひた走り，東京へ行く哲也。夜に首都高に入り車線変更をしようとする。しかし後ろから走ってきたトラックに接触し右のミラーが折れ曲がってしまう。車を止め，被害を確認しながら「恐るべし，首都高」とつぶやく哲也。私は思わず噴き出してしまった。哲也という人間が素直に現れたシーン。大好きなシーンだ。この作品には“啓発”する説明は一切ないし“啓発”しようとする意志も感じることはない。ただ見ていると自然に，周囲の哲也への忌避，排除が伝わってくる。障害者をめぐる「日常の政治」が，結果として淡々と見る側に伝わってくる。

『さようならCP』（原一男監督，1972年），**『しがらきから吹いてくる風』**（西山正啓監督，1991年），**『エイブル』『ホストタウン　エイブル2』**（小栗謙一監督，2001年，2004年）など，ほかにも必見の作品がある。

第 10 章

「ユニークフェイス」から「見た目問題」へ

左：ユニークフェイス代表・石井政之（2001 年，高橋聖人提供），右：マイフェイス・マイスタイルが配信しているユーストリーム番組『ヒロコヴィッチの穴』の撮影風景。手前右が代表の外川浩子（2016 年，MFMS 提供）

疾患や外傷によって顔や身体の一部が「ふつう」とは異なる外見をもつ人びとがいる。彼／彼女たちが直面する問題は長らく社会的に不可視化されてきたが，1999 年以降，2 つのセルフヘルプグループが運動を展開してきた。日本において初めてこの問題の可視化を試みたユニークフェイスは，非当事者に対して加害性を自覚するよう求めた。ユニークフェイスにとっての社会とは差別をしてくる「敵」であり，代表の石井政之は，鋭い眼光で見る者を睨み返した（写真左）。一方で現在この運動を引き継いでいるマイフェイス・マイスタイル（MFMS）が提供するコンテンツでは，多彩な当事者がみずからを語る。MFMS は，苦しんでいない「ふつうの」当事者像も発信し，非当事者からの歩み寄りを促してくるのである。

1　はじめに――「戦い」は終焉を迎えたのか？

生まれつきのあざや変形，事故の後遺症による傷やケロイドや手術跡，麻痺や脱毛や色素欠乏など，疾患や外傷によって顔や身体の一部が「ふつう」とは異なる外見をもつ人びとがいる。彼／彼女たちの苦しみは，医学的な問題に回収され，長らくのあいだ，社会的には不可視化されてきた。

日本においてこの問題が初めて注目を集めたのは1999年である。同年，顔に単純性血管腫という赤あざをもつジャーナリストの石井政之が，自伝的ルポルタージュ『顔面漂流記』（1999）を出版した。同時に，リンパ管腫の当事者である松本学と海綿状血管腫の当事者である藤井輝明と石井の3人が発起人となり，セルフヘルプグループ「ユニークフェイス」が誕生した。ユニークフェイスという名称は，「おもしろい顔」「こっけいな顔」ではなく「固有の顔」という意味が込められており，誰もが違和感なく語れる言葉として提案された（松本 2001a：98-99）。

ユニークフェイスは2002年にNPO法人化し，精力的に運動を展開していったが，2000年代中頃から勢いを失っていく。2009年，本書『排除と差別の社会学』初版に寄せた文章のなかで，石井は，それまでの約10年間の運動を反省的に振り返りながら，ユニークフェイス失速の要因を次のように述べている。

> 「当事者たちは，社会運動への関心よりも，『自分は生きる価値のある人間なのか？』という人間としての根本的なアイ

デンティティの危機にある。そんな当事者たちがアグレッシブな活動についていくことはできない。（略）それなのに，私はNPO法人という組織建設の過程を社会との戦いと位置づけていた。戦うどころではない人の気持ちがわかっていなかったと，いまになって思う」（石井 2009：196）

好井裕明は，上記の石井の回顧を引きながら「ユニークフェイスの運動は，石井の構想どおりには展開せず，いったん終焉を迎え」たと評価した（好井 2014：721）。そして2015年，ユニークフェイスはNPO法人として正式に解散を届け出ることになった。現在は，ユニークフェイスの事務局長だった外川浩子が2006年に独立して起ち上げた「マイフェイス・マイスタイル（2011年NPO法人化，以下，MFMSと略記）」が，新たに「見た目問題」という言葉をつくり出し運動を引き継いでいる。

本章では，まず第2節で，ユニークフェイス／見た目問題当事者とは誰で，彼／彼女たちが具体的にどのような問題に直面しているのかを概観する。続いて，社会あるいは非当事者に対するスタンスの違いに注目しながら，第3節ではユニークフェイス，第4節ではMFMSそれぞれの運動の特徴を整理する。

2　ユニークフェイス問題／見た目問題とは

◆ 当事者の多様性

まず，日本国内に80万～100万人いるといわれるユニークフェイス当事者／見た目問題当事者とはどのような人びとなのだろうか。

ユニークフェイスは「機能的な問題の有無にかかわらず」と補足を加えたうえで，「『見た目の違い』のある病気・状態の人をすべて受け入れて」活動を展開した（松本ほか編 2001：8-9）。MFMSも同様に「『見た目』に症状のあるみなさん」が当事者であり，彼／彼女たちが日々直面している問題が見た目問題であると定義している（外川 2010：3）。それ以前にも個別疾患の患者会・家族会はあったが，ユニークフェイスは，疾患ごとに区切らずに見た目の違いという大きな枠組みを設定した点が画期的だった（西倉 2008：159）。

当事者かどうかは，外見に特徴があらわれる症状で医学的な診断名があるということが唯一の条件であり（ただし，自分を醜いと感じてしまう醜形恐怖や入れ墨などの身体加工は含まない），潜在的にその射程は限りなく広い。こうして見た目の違いという大きな枠組みを設定したユニークフェイスと，それを継承したMFMSには，実にさまざまな人びとが集まってきた。

そうなると当然，その経験も多様にならざるをえない。年齢や性別はもちろん，当事者なのか当事者の家族なのかという立場の違いによっても考え方は異なってくる。症状も多種多様で，あざや傷の大きさや場所，機能障害があるのか／ないのか，手術で治せるのか／治せないのか，カムフラージュメイクやウィッグで隠せるのか／隠せないのか，さらには治療したり隠したりできるとしてもそれを選択するか／しないかは，一人ひとり違う。

会員たちのスタンスがバラバラであることは，運動体としては足並みを乱す要因にもなりかねないが，ユニークフェイスはむしろこうした多様性こそがユニークフェイスの特徴であると積極的に肯定した（松本 2001a：106-08）。また後述もするが，「自分らしい顔で自分らしい生き方を楽しむ」をスローガンに掲げるMFMSは，ユニークフェイスがなしえなかった多様な当事者像を示すことに成功している。

◇ 具体的な問題経験

それでは，当事者たちはどのような困難に直面しているのだろうか。以下は，ユニークフェイスが問題提起し，MFMSが運動を引き継いだ現在でも共通してあげられる例である（藤井・石井編 2001；石井ほか編 2001；松本ほか編 2001；西倉 2009；外川 2010）。

まず，当事者たちを悩ませるのは他者からの視線であり，一歩外に出ればストレスフルな日常が待ち受けている。外見的な特徴が一目でわかるために，街中や電車内でジロジロ見られたり，すれ違いざまに顔をのぞき込まれたりする。赤の他人から「その顔どうしたの」とぶしつけな質問をされ，「変な顔」と子どもに指さされ，時には「気持ち悪い」「化け物」とあからさまに罵倒される人もいる。あるいは逆に，店員からまったく無視されて，客として扱われないという例もある。

学校生活では顔をからかうようなあだ名でいじめられ，職場でもハラスメントを受ける。面接試験で「君のような顔の人間は雇えない」と露骨に就職差別を受けることもあれば，「今回は受付の募集なので」と遠回しに辞退するよう求められることもある。こうした経験もあって，コミュニケーションが苦手になり，対人関係がうまく築けなくなる。

上記のような問題を避けるために，カムフラージュメイクやウィッグで隠すという選択もあるが，それですべてが解決するわけではなく，今度は症状が露呈しないように行動が制限されてしまう。海水浴や温泉旅行の誘いを断ったり，仕事を探す時も汗でメイクが落ちないかを気にしてみずから選択肢を狭めてしまう。職場に症状について告げていなければ，治療で休みがちになる理由が説明できないため正規雇用に就きにくい。恋愛においても相手にバレる前に別れるなど，親密な人間関係を築くことに消極的になってしまう。

また，多くの症状は機能障害がなく，命にも関わらないために福祉の対象にはならず，心理的・社会的な支援はまったく整備されてこなかった。仮に機能障害があったとしても，公的な支援が受けられるのは機能障害の側面だけであり，外見については考慮されない。治療にかかる費用や，症状を隠すためのカムフラージュメイクやウィッグの費用は保険が適用されない場合も多く，そうなると経済的な負担も大きくなる。

行政の相談窓口がないだけでなく，医療・教育の現場においても，機能障害がなく命にも関わらないからと外見の問題は軽んじられてきた。さらには，家族や身近な友人でさえも，当事者たちの苦しみに理解を示してくれるとは限らない。とりわけ親は両義的な存在であり，症状を治そう隠そうと奔走してくれるわけだが，そのことで逆に，当事者自身は自分の顔が「ふつうではない」ことを自覚させられ，自己否定感を抱いてしまう。

そして，誰にも相談できずに孤立を深め，自宅にひきこもったり，極端な場合はみずから命を絶つこともあるという。1999 年にユニークフェイスが登場するまで，多くの当事者は同じ境遇の仲間に出会うことができず，それ以降でさえ情報不足のために孤立し沈黙したままの人びとが取り残されているのである。

3 ユニークフェイスの戦い

◇「比較の文脈」への警戒

当事者が孤立し，沈黙せざるをえなかったのは，彼／彼女たちの苦しみに耳を傾けようとしない周囲の無理解のためである。その背景には社会的な「常識」としての比較の文脈が横たわっており，ユニークフェイスは，自分たちを沈黙させてきた比較の文脈を退けなくては語り始めることができなかった。

まず，当事者たちの苦しみを過小評価する典型例が，身体障害者との比較である。医療や教育に従事する専門家や，家族や友人からも「五体満足だから」「身体障害者と比べたらたいしたことはない」といわれ，見た目の問題は個人的な悩みにすぎないと軽視されてきた（藤井・石井編 2001：79-80）。

また，ユニークフェイスの会員は大半が女性だったが，だからといって顔の問題は男性よりも女性のほうが深刻だという「常識」にも懐疑的である。「男は顔じゃない，ハートだ」といわれ続けてきた男性たちは，見た目について悩むことを否定されてきたために，ユニークフェイスに問い合わせできないのかもしれない。「男は顔について語るな」という規範が根強いのだとすれば，どちらがより深刻なのか簡単に判断することはできない（松本 2000：76）。

さらにユニークフェイスは，会員である当事者たちがお互いのあざや傷を比べて，軽いと思われる人に対して「あなたは軽い，そんな些細なことで悩んでいるの？」と重さ比べになることも危惧した（松本 2001a：104-05）。だから発足当初から「心の傷は，顔の傷の大きさには比例しない。外見的には小さな傷でも本人の痛みは大きい」のだと強調した（田村 1999）。

もう一つ，比較の文脈との関連で，「受容」や「克服」といった言説に対して示した態度にも触れておきたい。ユニークフェイスは，「自分を好きになる」ことや「自分を受け入れる」こと，あるいは少数の成功者を引き合いに出して，「〈顔に病気があっても，がんばれば幸福になれる〉……そんなシンプルでハッピーなストーリー」を押しつけてくることも明確に拒絶した（石井 2004：107）。なぜならそれは，受け入れている人もいる，克服している人もいる，だからあなたももっとがんばれという成功者との比較を招き寄せるからである。

当事者たちが語り始めるには，外部にある他の差別問題との比較だけでなく，ユニークフェイス内部での性別や症状の比較，さらには受容や克服といった個々人の生き方の比較も自制・禁欲しなくてはならなかった。なぜなら，比較の文脈は，「たいしたことはない」「気にするな」「もっとがんばれ」といって，苦しんでいる人びとの訴えを無効化するものだからである。そして，お互いの違いを比べるのではなく認め合うことが多様性の肯定へとつながったのである。

◘ 社会の加害性の告発

具体的にどのような経験をしているかだけでなく，その経験を語ることすら許されなかったのがこの問題の大きな特徴といえるだろう。だからユニークフェイスは，差別的な社会を睨み返し，彼／彼女たちを沈黙させてきた「常識」に挑戦した。先に見た比較の文脈に対しても，比較してヒエラルキーをつくることがさらなる差別を生み出していると意義申し立てをした（石井 2002：72）。

また「受容」の言説に対する拒絶も端的な例だろう。たとえば，副会長（当時）の松本は「当事者よ，簡単に『受容』するな」と呼びかける。

> 「（引用者注：「受容」の言説は）何よりも非当事者であり，当事者に対しては抑圧者の立場にある一般の人々に対して大変甘い言葉であろう。当事者が『受容』していると語るとき，周りを取り囲む非当事者は，大変安心する。当事者の困難に配慮する必要を減じられたように感じてしまう」（松本 2001b：77）

石井もまた，「つい注目してしまうのは仕方がない」という一般論をマナー違反だと突き放し，「不愉快で，ストレス」を感じている当事者たちの苦しみを理解するよう求める。

> 「石井さんは『顔にあざがある人を，つい注目してしまうのは仕方がないという意見も聞くが，見られる側は不愉快で，ストレスになる。初対面の人をじろじろ見ない，身体に関する質問はしない，でもあからさまな無視もしない，というのがマナーではないか』と指摘。その上で，『私たちが大変な精神的苦痛を受け，日常生活を送っていることを，もっと人々に知ってもらい，理解してほしい』と訴えている」（『神奈川新聞』2002 年 4 月 2 日）

多くの当事者が，非当事者にとって耳触りのよい「常識」に絡め取られ，「つい見てしまうのはふつうの反応で仕方ないんだ」「もっと大変な人もいるんだ」「自分の苦しみなんてたいしたことはないんだ」とあきらめ，「がんばって克服しなくては」「自分を好きになって受け入れなくては」と個人的な適応努力に駆り立てられる。そうやって沈黙を強いられてきたからこそ，ユニークフェイスは「常識」に戦いを挑んだ。飼い慣らされたマイノリティになるのではなく，自分たちを苦しめているマジョリティにその加害性を自覚させるような告発を続けていった。そうしなくては，語り始めることができなかったからである。

◇「強い」当事者の落とし穴

こうして語り始めたユニークフェイスは，「顔が人と違うだけで感じている生きにくさを共有しあい，社会に訴えて」いくための活動を展開していく（松本ほか編 2001：9）。1999 年から 2000 年代初頭はとくにメディアの注目を集め，会員数も増えていった（2003 年時点で 200 人程度）。

ユニークフェイスの活動は，当事者・家族会員向けのピアサポート（同じ境遇にある仲間同士の支え合い）と社会に向けた理解啓発の 2 つに大別できる（NPO 法人ユニークフェイス 2003：6-7）。まず活動の柱に位置づけていたのが当事者・家族会員限定のクローズドなピアカウンセリング定例会であり，毎月各支部で開催した。また，会報『ユニークフェイス・ニュース』を発行し（2005 年度からメールマガジン「フェイスメイカー」に移行），お花見や親睦旅行などのレクリエーションも企画した。2004 年からは，会員へのサービスであると同時にカムフラージュメイクの専門家養成も兼ねたメイク塾・メイク講習会を開始した。

社会への啓発は，ユニークフェイスの活動や会員の体験談をまとめた書籍の出版や，マスコミ取材への協力がある。また，NPO法人化した2002年前後には各種助成金を獲得して全国各地でオープン説明会やシンポジウムを開催した。2006年には，自主制作のドキュメンタリー映画『ユニークフェイス・ライフ』が完成し，各地で上映会を行った。

だが，2004年頃から，活動の原点である毎月の定例会幹事のなり手が不足するようになり，開催頻度が減っていった。また，『ユニークフェイス・ライフ』以降はメディアが取り上げるような表だった活動もなく，2008年度から新規会員の募集と既存会員からの年会費徴収を停止し，2015年に正式に解散することとなった。

ユニークフェイスが低迷した要因はいくつかある。組織運営のノウハウがないなかで手探りで活動したものの，財政難・人手不足に陥り，世代交代に失敗したといえる。だがそれだけでなく，ユニークフェイス特有のジレンマもあったように思う。ここまで議論してきたように，ユニークフェイスは，自分たちが何に苦しめられてきたのか，そしていかにしてその訴えを阻まれてきたのかを告発し，社会を「敵」に回すことでしか運動をスタートできなかった。

沈黙を破った数名が実名・顔出しでメディアからの取材に応じて問題提起したが，それができる会員はごく一握りにすぎない。ユニークフェイスに問い合わせるのさえハードルが高く，それすらできない無数の当事者が取り残されている。蔑視と侮辱によって叩きのめされた人びとが社会に向けて語り始めるには相当の勇気と時間が必要であり，ユニークフェイスは待つことしかできない（石井ほか編 2001：202-03）。語り始めることができたわずかな「強い」当事者は，自分たちの背後にいまだ沈黙している潜在的な当事者がいることを忘れなかった。

しかし，社会と戦うリーダーたちの姿が，新たな沈黙を生み出してしまった。たとえば，ユニークフェイスを経由して顔にあざのある女性へのインタビューを申し込んだ西倉実季は次のように報告している。彼女がインタビューした女性たちのなかには，「石井さんは強い」，それに比べて自分は「情けない」「ふがいない」と話し，なかには調査協力を断られることもあった。社会と戦う石井の姿が皮肉にも「克服」という規範的な意味を帯び，そこに到達できない自分の人生は語るに値しないと感じ，彼女たちは沈黙したのである（西倉 2009：274-78）。

4 マイフェイス・マイスタイルは戦わない

◘ 見た目問題ネットワークの構築

現在，MFMS 代表を務める外川は当事者ではない。以前，交際していた男性の顔にやけどの痕があったのがきっかけでユニークフェイスに入会し，2003 年に事務局長に就任した。メイク塾・メイク講習会では中心的な役割を担ったが，2006 年，『ユニークフェイス・ライフ』の完成後に独立した。彼女は，ユニークフェイスの事務局長だった当時から「当事者と非当事者の橋渡し役になりたい」と語っており（外川 2006：101），MFMS も「非当事者としてのフラットな視点」を活かそうと考えて起ち上げた

(『ビッグイシュー』2012年8月1日)。発足当初は目立った動きはなかったが，2008年10月に開催した東京オープン説明会から新しく「見た目問題」という言葉をつくり出し，本格的に活動を開始した。

社会への理解啓発という点では同じだが，ユニークフェイスが当事者・家族へのピアサポートをもう一方の柱にしたのに対して，MFMSは見た目問題ネットワークの構築に力を入れている。したがってMFMSはピアカウンセリングのような当事者への直接的なサービスは提供しておらず（お花見や飲み会などの親睦的な企画はある），その代わり，医療情報も含めて当事者からの問い合わせには，すでに活動している個別疾患患者会を紹介する（外川・粕谷 2013：212-13)。当事者や家族の孤立を防ぐため，ピアグループだけでなく，行政・医療・教育・メディア関係者も含めた横のつながりを重視している。

また，社会への理解啓発についても新しい試みを行っている。まず，2010年から見た目問題総合情報誌『マイ・フェイス』（2009年に創刊準備号，2011年の6号以降は休刊）を発行している。2011年からは，ユーストリーム番組『ヒロコヴィッチの穴』の配信を開始し（2016年3月配信の第200回を最後に休止中），ゲストに招いた当事者がライフヒストリーを語る内容になっている。さらに2012年から精力的に取り組んでいる写真展「ただ，自分らしく」では，さまざまな症状の当事者たちの写真を公共スペースに展示し，期間中にシンポジウムやトークライブを行っている。

非当事者の反応への理解

MFMSとユニークフェイスが大きく異なっているのが社会に

対するスタンスであり，おそらくこれが外川のいう「非当事者としてのフラットな視点」だろう。前述のとおりユニークフェイスは，ジロジロ見られたり逆に無視されるのは当事者にとって「不愉快で，ストレス」であり，非当事者はみずからの加害性を自覚し，当事者の苦しみを理解すべきだと社会に訴えかけた。

それに対してMFMSは，当事者に注がれる視線，あるいは避けてしまう態度に対して一定の理解を示す。たとえば次のような出来事があった。ある当事者と外川が2人で飲食店に入った際，店員は外川にばかり話しかけ，同席している当事者の顔を見ようとしなかったという。

> 「おそらく，ご本人（引用者注：店員）は強く意識はしていないんだと思います。でも，その人の顔を見て話をするよりは，普通の顔をしている私の顔を見て話をするほうが楽なんだと思うんですね」（外川・粕谷 2013：208）
>
> 「私は一般人なので，そういう人（引用者注：当事者）を目の前にしたら，何となく躊躇してしまう気持ちは，すごくわかります」（外川・粕谷 2013：211）

もちろん，そうした経験がストレスであることは重々承知のうえである。しかし，つい避けてしまう，つい躊躇してしまうのも「一般人」にとっては素直な反応だともいう。

ユニークフェイスであれば，注目したり無視したりするのも「仕方ない」と居直る態度こそが差別的な現状を温存するのだと非当事者に自省を迫るだろう。だがMFMSは，初めて当事者を目の前にした非当事者が，どう接していいのかわからずにコミュニケーションを避けてしまう気持ちも「すごくわかる」と理解を示す。問題はその後であり，「見た目の違いに驚いたり，ちゅうちょしたりするのは本能。その感情を素直に認めて，どう接していくか」が重要だという（藤田 2012）。

> 「なので，実際に一回そういう態度をとってしまったとしても，すぐに腰砕けにならないで，もう一歩だけ当事者さんに自分たちから近づくというか。一般の人のほうが勝手に一歩引いたんです，当事者さんの前から。一歩，自分たちが下がったんですから，その下がった一歩をもう一回，自分たちで前に進んでほしいと思っています」（外川・粕谷 2013：211）

MFMSは，非当事者の反応を差別だと告発しようとはしない。その反応をいったんは認めたうえで，当事者のことを「特殊な存在」とみなさずにもう一度近づいて「ふつうに接したらいい」と呼びかけてくるのである。

◇「ふつうの」当事者が語る

ある意味で，MFMSが取り組んできたのは，ユニークフェイスがつくり上げた当事者像の相対化ともいえる作業ではないだろうか。アルビノ当事者の理事（当時）である粕谷幸司が，メディアの性質上「当事者の厳しい現状だけが伝わっている。当事者像は一つじゃない。楽しく生きている人のことも知って」と述べているように（藤田 2012），MFMSは，ユニークフェイスが示しえなかった強くも弱くもない「ふつうの」当事者像を発信しようとしている。

もちろん，第2節で概観したような過酷な現実はいまだ残っており，その解決のために行政や教育機関に働きかけたり，メディアと協力して理解を広めたりするのを軽視しているわけではない(2015年からは，政策提言のための基礎資料となる白書の作成にとりかかっている)。だが，情報発信するにしても，「厳しい現状」だけを伝えるのではなく，「楽しく，おもしろく」を重視する（外川・粕谷 2013：213)。

したがってたとえば，情報誌『マイ・フェイス』やユーストリーム番組『ヒロコヴィッチの穴』，写真展「ただ，自分らしく」に登場する当事者たちは実に多彩である。苦しみ孤立している「弱い」当事者や，社会と戦う「強い」当事者ばかりでなく，自分らしい顔で自分らしい生き方を楽しんでいる「ふつうの」当事者なのである。ここでいう「ふつうの」当事者とは，セルフヘルプグループに助けを求める必要もなければ，理不尽な現実を変えるために社会運動を展開する必要も感じていない，「ふつうに」生活できている人びとのことである。

これは，リーダーである外川が非当事者であり，当事者のモデルになりえなかったことが幸いした結果でもある。だがそれだけでなく，横のつながりを重視し，見た目問題ネットワークを広げたことで，写真や映像で顔を出し，みずからの言葉で人生を語ることのできる多くの当事者を発掘したから可能になったともいえるだろう。

5 おわりに――マイノリティから「ふつう」へ

ユニークフェイスの運動は「私たちは差別されているんだ。私たちの存在を無視するな。マイノリティとして認めろ」という告発として出発した。耳触りのよい言葉で安心させるような生ぬるさはなく，非当事者には，当事者を苦しめている加害性を自覚するよう求めた。ユニークフェイスにとっての社会とは，まず何よりも差別をしてくる「敵」だった。

それに対してMFMSは，ユニークフェイスがつくり上げた土台を引き継ぎつつも，かといって過剰に社会を敵視しない。「当事者さんは特殊な存在ではなく，ふつうの人たちですよ。だから，ふつうに接すれば友人になれますよ」と非当事者に呼びかけてくる。いまだ孤立している当事者の存在を軽視するわけではないが，苦しんでいない「ふつうの」当事者もたくさんいるのだと教えてくれた。

仮にユニークフェイスが，初めからMFMSのような主張をしていたらどうなっただろうか。おそらくは，「ふつうに」生活できる「ふつうの」人たちなら社会問題として告発する必要はないと反論されただろう。だからまずは，差別され苦しんでいるというマイノリティ性を強調せざるをえなかった。そして，ユニークフェイスの運動によってマイノリティとしての「厳しい現状」が一定程度認知されたから，MFMSはそれを相対化し「ふつうの」当事者像を示すことができる。

しかし，松本が警鐘を鳴らしたように，「ふつうの」当事者は，非当事者を安心させ，社会にとって受け入れやすい存在であることも忘れてはならない。明るく社交的で屈折もしていない当事者の姿は，差別を温存している社会や差別に加担しているかもしれない非当事者の加害性を問い返してこないのである（須長 2001）。

本章で見てきたように，この問題をめぐっては，社会／非当事者に対するスタンスにおいて運動のアプローチが大きく変化した。それではたして社会は変わったのかというと，第2節で概観したような問題はいまだ残っている。ユニークフェイスが戦いを挑み，MFMSが歩み寄りを求める社会／非当事者が，実はそれほど変わっていないということを再確認する必要があるだろう。

参考文献

藤井輝明・石井政之編，2001，『顔とトラウマ——医療・看護・教育における実践活動』かもがわ出版。

藤田恵子，2012，「『見た目』の違いで人生は決まらない——大分で講演会 受け入れる社会に」『大分合同新聞』2012年11月22日。

石井政之，1999，『顔面漂流記——アザをもつジャーナリスト』かもがわ出版。

————，2002，「顔にアザがある人の辛さを障害者と比較して軽く見る発想こそ差別です。」『クロワッサン』2002年4月10日。

————，2004，『顔がたり——ユニークフェイスな人びとに流れる時間』まどか出版。

————，2009，「ユニークフェイス・レボリューション——見えない当事者を可視化する挑戦の軌跡」好井裕明編『排除と差別の社会学』有斐閣。

————・藤井輝明・松本学編，2001，『見つめられる顔——ユニークフェイスの体験』高文研。

松本学，2000，「さらされる顔と私(1)『容貌』から『顔』へ向かって」『アジャパーWEST』1。

————，2001a，「ユニークフェイスとは何か」『部落解放』479。

————，2001b，「さらされる顔と私(3)当事者よ簡単に『受容』

するな」『アジャパー WEST』 3。
————・石井政之・藤井輝明編，2001，『知っていますか？ ユニークフェイス一問一答』解放出版社。
西倉実季，2008，「日常生活を導くナラティブ・コミュニティのルール——顔にあざのある娘を持つ母親のストーリー」桜井厚・山田富秋・藤井泰編『過去を忘れない——語り継ぐ経験の社会学』せりか書房。
————，2009，『顔にあざのある女性たち——「問題経験の語り」の社会学』生活書院。
NPO 法人ユニークフェイス，2003，『いろんな顔で話そう』NPO 法人ユニークフェイス。
須長史生，2001，「『毒抜き』された『異形』——外見の社会学へ向けて」『化粧文化』41。
田村良彦，1999，「顔あざと心 血管腫とともに 5 積極的に発言，語り合う」『読売新聞』1999 年 7 月 10 日朝刊。
外川浩子，2006，「ジロジロ見ないでふつうに接して——NPO 法人ユニークフェイスのとりくみ」『女性のひろば』323。
————，2010，「『見た目問題』とは」『マイ・フェイス』 1。
————・粕谷幸司，2013，「『見た目問題』ってどんな問題？——顔の差別と向き合う人びと」『部落解放』672。
好井裕明，2014，「分野別研究動向（差別）」『社会学評論』64(4)。
署名なし，2002，「見た目の違い認め合う社会を——顔にあざや傷 自助団体が NPO 法人に」『神奈川新聞』2002 年 4 月 2 日。
————，2012，「あざ，やけど，傷などの『見た目問題』ネットワークを築き，“自分らしい顔で自分らしい生き方”が楽しめる社会を目指す」『ビッグイシュー』2012 年 8 月 1 日。

ブックガイド

石井政之・藤井輝明・松本学編『見つめられる顔――ユニークフェイスの体験』(高文研，2001年)

藤井輝明・石井政之編『顔とトラウマ――医療・看護・教育における実践活動』(かもがわ出版，2001年)

松本学・石井政之・藤井輝明編『知っていますか？ ユニークフェイス一問一答』(解放出版社，2001年)

▶ 2001年にユニークフェイスが立て続けに出版した，この問題にかんする基礎文献。『見つめられる顔』は当事者と家族による手記，『顔とトラウマ』はやや専門的な研究書，『知っていますか？ ユニークフェイス一問一答』は平易な文体で書かれた一問一答形式の概説書。

マイフェイス・マイスタイル『マイ・フェイス』1～6号(2010～11年)

マイフェイス・マイスタイル『ヒロコヴィッチの穴』(2011～16年)

▶本章でも紹介したように，情報誌『マイ・フェイス』とユーストリーム番組『ヒロコヴィッチの穴』には，多様で多彩な「ふつうの」当事者が数多く登場する。『マイ・フェイス』は電子書籍としても購入が可能で，『ヒロコヴィッチの穴』はアーカイブ（http://mfms.jp/category/ustream）から無料で視聴できる。

西倉実季『顔にあざのある女性たち――「問題経験の語り」の社会学』(生活書院，2009年)

▶顔にあざのある女性たちへのインタビューをもとに，彼女たちの問題経験を丹念に描き出しており，この問題を社会学的に考えるうえでの必読書。

くまさんの映画コラム⑩

ピカッときたら！　さっと隠れろ！

『アトミック・カフェ』(K.ラファティ，J.ローダー，P.ラファティ監督，1982年)。これは世界初の原爆実験から1950年代東西冷戦状況下のニュース映像や米陸軍空軍製作プロパガンダ映画を編集したドキュメンタリーだ。「今日は映画をもってきたんだよ。原子爆弾についてのね，電気消してくれる」。アニメが始まる。用心者の亀のバート。危険があればさっと甲羅のなかへ隠れてしまう。「ポールとパティはいつでもどこでも心構えを忘れません。原子爆弾が爆発したら，爆弾だ！　さっと隠れる！」仲良く歩く男女。閃光！　彼らは瞬時にビル陰に身を隠し伏せる。机の下，物陰，ベッドの下へと隠れる子どもたちの映像が重なっていく。亀のバートが再び登場。「みんなわかったかな。さぁ一緒に言ってみよう。ピカッときたらどうするのかな？」「さっと隠れる！」。核防衛機関製作映画のワンシーンだ。閃光が走った瞬間，隠れる。そんなことで原水爆から逃れることなんかできはしない。軽快な音楽とともに伝えられるメッセージ。ここに象徴されるあほらしさがドキュメンタリー全体からにじみだしてくる。ただ「あほらしい」と笑っていられない。なぜなら映画やニュース映像は，当時は「真剣に」流されていたからだ。東西冷戦が始まり原水爆実験を繰り返す米ソ。共産主義の脅威に対抗し資本主義の自由を守る手段として原水爆を積極的に支持していく人びと。「スモーキー実験」の映像が印象深い。アメリカ本土に敵が侵入しミサイル基地に迫るという設定。原爆使用直後兵士たちが敵を征圧するという作戦だ。作戦を説明する将校。「諸君は原爆作戦でここに来た。注意してほしいのは3つだけだ。爆発，熱，放射能。放射能，これだけが目新しいもので核兵器の使用で生じる。だが実は3つのなかでは一番どうでもいいものだ。最後に一言，放射能で不能や重病になることはない。そうなる前に爆発や熱で死んでしまっているからだ。以上だ。心配は無用。本作戦はまったく問題ない」。兵士たちは塹壕に入り，原爆の炸裂を待つ。炸裂した瞬間，爆風が彼らを襲う。その後兵士たちは塹壕から出て，立ち上るきのこ雲に向かって銃をかまえ歩んでいく。なんともすごい映像だ。兵士の多くは被爆したはずだ。まったく問題ないはずの作戦で。

本作品がもつ明快なメッセージだ。確かにニュースや映画は東西冷戦時代状況を反映した特別なものかもしれない。しかし原水爆を恐怖しつつも圧倒的な破壊力を信奉し，使用すれば世界が破滅することをわかっていながらも国家間勢力均衡の具として利用する現在に対する批判はまったく意味を失ってはいない。しかし見終わって，なんともいえない後味の悪さが残る。冒頭，原爆投下直後に広島長崎に調査団が入り，被爆した人びとをあたかも実験動物を扱うかのように眺める映像が使われている。『にんげんをかえせ』でも使われていた映像だ。この映像は原爆の破壊の凄まじさを端的に伝えるものだ。しかしこの作品では凄まじさがどこかへ消え去っていく。原水爆をありがたがる意志や動きを批判し笑うことはいいだろう。しかしその笑いから被爆の凄まじさ，悲惨さがかき消されていくとしたら，それはとても危うことかもしれない。

『にんげんをかえせ』（橘祐典監督，1982 年）。アメリカに眠っていた原爆記録フィルムを取り戻そうとした 10 フィート運動からうまれた作品だ。そこには当時撮影された焼け爛れたみずからの身体の映像を見直し，「あのとき」と「いま」を語る被爆者の姿がある。私たちは瞬間，思わず言葉を失い，彼らの映像とまっすぐ向き合う。「原爆の真実の姿」からあふれでる圧倒的な迫力がそこには今も息づいている。

被爆をめぐるドキュメンタリーも多い。**『HIBAKUSHA　世界の終わりに』**（鎌仲ひとみ監督，2003 年），**『ヒロシマ・ナガサキ』**（S.オカザキ監督，2007 年）など必見だ。

第11章

「民族」との向き合い方

――在日コリアンの歴史と日本社会の対応

ヘイトスピーチデモに抗議する人びと（時事通信フォト提供）

現在の日本社会では「民族」という言葉はなじみが薄いかもしれない。しかしながら日本が明治期に新たな国家体制をつくろうとした時から，「民族」という言葉は人の地位や身分を分ける役割を担ってきた。またその分け方が「差別」を生み出してきた。たとえば，帝国主義時代の日本は朝鮮半島を植民地化し，そこに住んでいる人びとを文化的に劣った人として扱った。また戦後も在日コリアンに対して，制度的な差別や就職差別など日常的な差別があった。もちろんそういった「差別」は時代とともに否定されてきたし，かなりの程度改善された。

ではその経緯はどういったものであったのだろうか。ここでは日本社会がどのように「他民族」と向き合ってきたかを，在日コリアンを例に振り返ってみたい。そしてその「民族」というものへの向き合い方の変化を学ぶことで，21 世紀を迎えた社会でいかに日常的に「民族」の枠組みにとらわれずに生きていくかを考えていくことにする。

1 はじめに

「在日コリアン」の差別問題を振り返ることで，日本社会の「民族」への向き合い方を考えていく。つまり「他民族」に対する，日本社会の変化をとらえることが目的であり，それは「在日コリアンと差別」というテーマでこそ見えてくるものと考える。なぜなら少なくとも戦後50年近くは，「外国人」もしくは「民族」差別の中心は在日コリアンであり，彼らの日本社会における地位の変化は，同時に「外国人」「他民族」の地位の変化に対応しているからである。

ところでここで示している，「外国人」もしくは「他民族（=日本民族でない)」とは何か。もちろんそれは，恣意的にもしくは政治的につくられたものである。すなわち近代の国民国家としての日本の成立と深い関係がある。在日コリアンの差別問題を対象とする場合，1945年以降の「日本」社会を分析の対象とすることが多いが，それだけでは近代日本の「民族」概念や差別問題を理解することは難しいだろう。むしろその基礎は帝国主義時代，植民地主義と関係がある。そこで本章では植民地期，戦後直後から1985年，1985年から2000年，2000年以降の区分で考えていく。これらの時代によって「民族」というイメージや，「民族差別」の中身がどのように変化したかをまとめていく。

本文に入る前に用語について確認しておく。ここでは「エスニック」という言葉は基本的に使用していない。というのも時代背景を考えると，日本社会で使用されてきたのは「民族」という言葉が中心であり，その言葉がさす対象，内容の変化が重要だからである。専門的には「民族」という言葉は，本質主義的な香りがして，むしろ「エスニック・グループ」としたほうがいいだろう。しかし，ここでは植民地期からの背景も考慮にいれて「民族」という用語を使用している。同様の文脈で「人種」という用語もあまり使用していない。日本は「人種」というくくりで他のアジア諸国の人びとと自分たちとを区別しようとするとその根拠が薄弱なため，文化的な色彩が強い「民族」という言葉で区別しようとしてきた（佐々木 2013）。そのため，「人種」「人種差別」という用語はあまり日本の文脈になじまない。このことを前提に，日本における「民族」「民族差別」といったものの実態を見ていく。

さて「在日コリアン」とはそもそも 1945 年以前から日本に住んでいた人びととその子孫である。そのため戦後の「（日本国籍をもっていない）外国人」としての在日コリアンではなく，「（帝国臣民であった）日本人」の在日コリアンに対する日常的な差別こそが，戦後の「民族差別」につながっているといえる。そこで植民地期から話を始めていく。

2　民族と差別の始まり——なぜ民族差別はあったのか？

◆ 植民地主義のスタートと日本への移動

植民地主義，すなわち日本が朝鮮半島を併合し，統治を始めたのは 1910 年からである。そこからおおよそ 35 年の支配が続く。植民地期の支配はよく指摘されるように，1910 年代が土地よこせ，1920 年代が米よこせ，1930 年代が人よこせ，1940 年代が命よこせという政策に変化していった。まず1910年代には「土地調査事業」を通じて，土地を没収し，国有地を増やしていった。次に「産米増殖計画」によって，朝鮮半島でつくった米を日本に送るようになった。また1930年代は「皇民化政策」を通じて，時期的に戦時体制に入っていったため兵士をつくるための思想的，制度的基盤をつくった。そして1940年代にはまさしく戦争に動員するための「徴用，徴兵」が始まった。

植民地を管理，監督する側の論理でいけば，「帝国臣民」とはすべて「天皇の赤子」であり，平等の地位と立場であったし，それを求める気運もあった。しかしながら領土の拡張と諸外国との緊張が進むほど，抑圧的な支配に頼らざるをえなかった。とくにアメリカとの開戦からは戦時体制に入り，軍事関係に従事する労働力として本国でも日本本土でも，多くの人が過酷な状況に置かれたことは知られている。

植民地期に日本に移動してきた人の数を確認しておく。1910年当初は2527人であったが，1920年には約3万人，1930年には約30万人，1940年には120万人と上昇し，最終的に1945年の終戦時には約200万人が日本に来ていた（森田 1996：33）。彼らは同じ「帝国臣民」でありながら，一般的に「外地人」と呼ばれ「内地人（＝日本人）」と戸籍上区別されており，誰が「朝鮮人」かわかるようにしていた。すなわち表向きは平等な臣民として，裏では二級市民の民族として二重統治されていたのである。

これらの人びとが移動してきた背景には，朝鮮半島での土地の没収によって働く場を失ったこと，そして労働や生活機会を求めていたことが指摘できる。ちなみに「強制連行」とは1942年から始まる「官斡旋」や「徴用」のこと，広くは1939年から始まる「統制募集」を含めた国策をさす。まず1939年，本土の労働力が足りなくなり朝鮮半島から労働力を募集したのである。しかし先に行った人からの情報（劣悪な労働環境，賃金の低さ，民族差別など）によって応募する人が減ると，徐々に「強制」的な労働力移動の意味合いが強くなった。これが「官斡旋」である。そして最終的には強制力のもっともある「徴用」になっていったといえる。「統制募集」「官斡旋」は，基本は自由意志であるが，広く政府の「動員計画」による集団的な連行，移住であったことなどから「強制渡航」の意味合いが強いとの指摘がある（金 2003）。いずれにせよ渡航してきた人びとの待遇は，戦時下においてただでさえ厳しい社会情勢のなか，過酷であったことは想像に難くない。多くの人は戦後すぐに帰国したが，その労働状況にかんしてはいまだ解明されていない部分も多い。

◇ 日本での生活

さて，最初に移動してきた多くの人は，主に生活機会の向上，職を求めての移動であったことを指摘したが，その生活環境はどうであったのだろうか。当然「外国人差別・民族差別」といった概念自体は成立していない時代である。そのため差別的な状態は恒常的であり，日常的に「二級市民」として扱われていた。移動の方法としては朝鮮半島の南部からの移動が多く，船に乗って移動してきたといわれている。定期観光船が釜山－下関，済州島－大阪と出ており，そこを拠点として全国に移動していった。当然すぐに住居を探すこともできず，知り合いのつてで集住地域に住んでいた人が多数であったといえる。

「日本人」が住まない，朝鮮人の集住地域は当然のことながらもともと住宅環境としては悪い場所である。たとえばすぐに川が氾濫してしまうような場所などである。また働ける職種も限られており，ほとんどは低賃金労働者であった。つまり社会の底辺に追いやられていく構造に最初から組み込まれていたといえる。貧困による負の連鎖で教育機会にも恵まれず，ますます生活が困窮していく。そういった人びとが集住している地域に対し，一般日本人＝内地人が怖れを抱き，そして結果として朝鮮人に嫌悪感をもっていたのも構造的な産物といえるだろう。主な集住場所は，最初に朝鮮半島から舟が到着する下関，ゴム工場があった大阪の鶴橋，京都の染め物の下請け地域であった東九条，東京ではオリンピック誘致をきっかけに移住させられた，朝鮮人集住地域としての江東区枝川などが有名であった。

◘ 関東大震災で明らかになる民族差別の本質

朝鮮人に対する差別意識がもっとも凶悪なかたちで現れた事例の一つが，関東大震災を契機とした「朝鮮人虐殺」である。関東大震災は1923年9月1日，午前11時58分に起こった。昼時ということもあり火災が多発した。その結果火災で亡くなった人は約9万人（全体で10万5000人あまり）と指摘されている。そしてその時に朝鮮人が「井戸に毒をまいた」「火をはなった」「暴動を起こした」などのデマが広がり，後述するように諸説あるが関東一円で最大約6000人が虐殺されたとされている。

関東大震災の時にはさまざまな流言飛語が生まれたが，とくに「朝鮮人暴動説」が突出して広まり，日本人の「自警団」によって多くの朝鮮人が虐殺された。問題だったのは，警察のトップである内務省警保局長が海軍東京電信所船搬送信所から全国の地方長官宛に流した電報だったといえる。そこでは震災を利用した「朝鮮人」が「各地に放火」しているので,「充分に視察」を行い厳重に取り締まるようにと書かれている。これがきっかけとなって,全国に流言飛語が広まったという。

この関東大震災の記憶は在日コリアンのなかでは決して風化しない,いまわしい記憶として残り続けている。なお虐殺された人数にかんしては200人説から6000人説まで幅広い。たとえば当時の司法省の調査では275人,新聞報道では1464人,吉野作造の調査では2613人,当時上海にあった独立運動の機関誌『独立新聞』では6661人となっている。このように「朝鮮人」を対象として起こった事件という点で明確な「民族差別」だといえるし,そして「民族差別」とは本質的に「虐殺」に結びつく可能性があったことを示している(佐々木 2012)。

こういった朝鮮半島を植民地化していた時期にやってきた朝鮮人に対する差別問題は,「戦後処理」として公には解決したことになっている。しかし問題は,人びとの心のなかの「処理」であろう。戦後日本の教育は「差別」を否定するものであった。しかし具体的に日本社会が「少数民族」に対しどのような「差別的な行為」を行ってきたかは,学んでこなかった。そのため何が「差別」なのかが理解できていないことが多い。また戦後日本は敗戦からの復興のもと,前を向いて立ち上がることが第一の目標であったといえる。そのような背景のなか植民という社会状況への自省,自民族以外の人への配慮,民族という概念に対する根本的な思想のとらえ直しは課題にのぼらないまま,戦後はスタートしたのである。

3　創られた外国人としての在日コリアン
——社会的・制度的差別との闘い

◆ 帝国臣民から「外国人」へ

さて，戦後，在日コリアンは「日本人（帝国臣民）」から「外国人」になった。これは1947年の「外国人登録令」によってまず決められ，最終的に1952年の「外国人登録法」により，選択の余地なく日本国籍を喪失することとなった。1947年の時点で旧植民地出身者は「当分の間，外国人」とみなされることになり，1952年以降，「外国人」となったのである。ちなみに1947年時点では59万8507人の登録があり，1945年の終戦時の8月が約200万人だったので，おおよそ140万人もの人が1～2年で朝鮮半島に帰っていったことになる。もちろん残った60万人全員が日本に永住を決めていたのではなく，むしろ本国の状況やタイミングを見計らって帰ろうと思っていた人も多かったと思われる。また逆に本国の政情不安などの理由で，日本に戻った人も存在した。

日本に残った人びとの立場は，日本の敗戦とともに「解放された」人びととなったが，それは社会的な地位の向上を意味しなかった。むしろ今度は「外国人」として管理を受ける存在になったのである。1952年の日本国籍喪失は，政府の一方的な判断によって決められたため，「剥奪」と指摘する人も多い。結果論ではあるが，その時に「国籍選択」を認めていれば，現在まで続く在日コリアンの権利問題の多くは解消されていたかもしれない。ちなみに日本は「血統主義」(父母どちらかが日本人の場合は，子どもも日本人としての国籍がとれる）を採用しているため，日本で生まれ育ち，日本語しか話せない人でも両親の国籍が「日本」でなければ「外国人」のままである。そのため日本国籍を取得する（＝日本人になる）ためには「帰化」をしなくてはならない。これは精神的にも，金銭的にも非常に負担のかかるものであった。

なぜこうした政策をとったのか。それは戦後の日本政府側が「外国人」という名の在日コリアンをいかに本国に送還するか，もしくはいかに日本に同化させるかを考えていたためである。そもそも彼らが日本にいることに対して「単に“厄介”な存在」と考えていた（福岡 1993：42)。その理由として日本は「侵略戦争の反省」から，自国だけの領土でできるだけ均質な平和な国すなわち“単一民族”国家を建設したかったことが指摘できる。日本が「単一民族国家」だというのは戦後の言説にすぎない（小熊 1998)。民族が違い，差異が際立って大きい在日コリアンは戦後の国家建設においては不安の種だったといえる。

しかしながら他の国家を植民地化し，多くの日本人を国策として入植させ，多民族国家（帝国）をつくったことさえも記憶から抹消させ，あたかも日本は昔からずっと単一民族で成り立ってきた国として戦後の国家建設を行おうとした点は大いに問題を含んでいたといえる。この結果，植民地期の政策や社会状況に対して内省することもなく，ただ忘却だけが進んだ。このことは現在の国内のエスニック問題のみならず，国際関係にも影響しているといえる。多くの日本人は，在日コリアンの多くがなぜ日本にいるのか，そして彼らが「日本国民（帝国臣民)」であったことの意味について注意を払ってこなかったのである。

◈「外国人」としての在日コリアン

戦後の在日コリアンの生活の記憶は，戦後の多くの日本人と同じく，なんとか生き延びてきたというものであった。しかし日本人ではないことによって，さまざまな制度的，日常的差別を受けてきた。では制度的差別とは何か。たいていの人は，外国人なのだから日本人と同じ制度が適応され，同じ権利が付与されるはずがないと考えるだろう。国民国家の機能と成立を考えればそれはある意味正しい。しかしながら，どの程度まで制度や権利が内外人で平等になるのかは国によって異なる。そのため現時点で振り返れば，（とくに）在日コリアンに対する制度は明らかに差別的であったことは間違いない。

まず戦後日本は1952年の国籍法によって，「外国人（＝日本国籍をもっていない人）」をつくり出し，「登録」させたことは先に指摘した。そしてやはり，“厄介”な存在であったためにできるだけ本国に帰ってもらうか，日本にとどまるなら厳しく取り締まろうという制度であったといえる。第一に在留活動や在留期間が法的に制限されるようになったのはいうまでもない。さらに一度本国に帰ってしまうと，日本に戻ることは困難であり，また何か問題を起こすと強制送還になった。これは社会的な背景を反映して，東西冷戦構造の下において「東側諸国のスパイ」として警戒されていたという理由もある。たとえば，終戦直後に民族学校が強制的に閉鎖に追いやられた事件があったが，その背景にはGHQの指示があったといわれている。そのため民族教育の機会を保障してほしい人びとが反対し，「阪神教育闘争」と呼ばれる大きな社会問題になった。自分たちの子どもが将来本国に戻って苦労のないように，言葉を教えることから民族教育は始まっている。それにもかかわらず，教育を強制的に中止させることは大きな問題だったといえる。

そのほか差別的だと評判が悪かった制度としては指紋押捺制度がある。これは10本の指全部の指紋を強制的に記録させていたもので，まるで犯罪者のような扱いだったという。登録更新ごとに強制され，2000年に完全撤廃されるまで続けられた。年金，生活保護，国民健康保険，扶養手当なども，当初制度の対象外であったことはすでに研究で明らかになっている（田中・江橋編 1997：32-37)。「外国人」に対する扱いが制度的に変化していくきっかけとなったのは，1979年に国際人権規約，そして1982年に難民条約に批准した頃からであろう。この頃より在日コリアンもしくは「外国人」全般に対する法律が見直され始めたといえる。先に述べた年金等の制度が「外国人（＝在日コリアン)」に広げられたのもこの時期である。

こうした制度的差別，すなわち「外国人」としての権利の不確かさは，在日コリアンの社会運動につながっていった。すなわち在日コリアンの社会運動は，戦後の「外国人」の法的地位の明確化や安定化につながる闘いであったといえる。

社会的差別

さて制度的差別と同時に，日常生活における差別，すなわち社会的差別とはどんなものであったのだろうか。近年において「差別はいけない」と多くの人が考えているが，その「差別」とはどのようなものをさしていたのか。

非常にわかりやすい例としては，就職差別がある。「朝鮮人」というだけで，一般就職が断られるということが長く続いた。就職差別が大きな問題となったのは，1970年の「日立就職差別裁判」である。朝鮮人であることを隠して就職した朴鐘碩（パクチョンソク）さんが，就職した後に日本国籍でないことを理由に解雇になったため，裁判を起こした。判決は日本社会には明らかに民族の違いによる就職差別があることが認められ，朴さんが勝訴した。朴さんは2011年に定年退職するまで，37年間日立で働き続けた。この頃から，少なくとも公には民族による就職差別は禁止になっている。しかし，実際には在日コリアンの一般就職はその後も難しかったといえるだろう。そのため実力勝負の世界に多くの人材を輩出したといえる。たとえばスポーツ，芸能，知識人，さらに資格取得をめざすなどである。公務員，パチンコ業界，焼き肉業界，タクシー業界などでも多くの人が働いている。最近では必死に働き，起業して中小企業の社長になっている人も多いという。マイノリティという立場，一般就職が難しいという現状が起業する精神に向かったという分析もある（河 2012）。

こういった社会的差別に対しては，「民族差別と闘う連絡協議会」をはじめとして多くの団体が活動し，徐々に是正されていったといえるだろう。先に指摘した指紋押捺にかんしても1980年代から始まった指紋押捺拒否運動によって，五指から一指のみの押捺を経て，2000年に完全撤廃された。多くの運動の成果が結実した結果，1991年の「出入国管理及び難民認定法」の改正によって，在日コリアンには一律に「特別永住者」の地位が付与されることとなった。これによって在日コリアンの法的地位がようやくある程度安定する。制度的・社会的差別は1990年に入る頃にはかなり解消されてきたように思われる。

4　差別から共生へ

◆ 残された権利としての政治的権利

1990年代に入って，共生の理念は格段に進んだが，必ずしも権利問題が解決したとはいえない。政治的な権利の保障など，いまだ残された問題があることも忘れてはならない。たとえば，永住者であっても日本では国政への参政権はおろか，地方選挙権すら保障されていない。すでに最高裁判決では「地方選挙権を与えることは違憲ではない」という結果が出ている。しかも多くの地方自治体はそれに反対していない。しかしその時その時の政権の風向きや，景気の動向によって法案が通ってこなかったという経緯がある。もちろん，地方選挙権の問題は「外国人の選挙権」という大きなくくりのなかでは，すべての先進国が認めているわけではない。グローバリゼーションの影響を受けつつ，どの国も自国民とそうでない人びととの線引きに苦心しているといえる。

似たような例で「国籍条項」というものもある。これは「公権力の行使または公の意思形成に参画する公務員になるには，日本国籍が必要だ」という法解釈である。鄭香均（チョンヒャンギュン）さんは1994年9月に東京都の管理職試験の受験を志したが，東京都は「国籍条項」を理由に受験の資格がないとして，受験を拒否した。これに対し鄭さんは違憲だとして訴えを起こしたものである。最高裁で争われたが，2005年に東京都の判断は合憲とされ敗訴した事件である。これによって外国籍職員の管理職への道は遠のいたといえる。

ただしこれらの問題がそれまでと違うのは，在日コリアンに対する差別や敵視というより，グローバル化された世界のさまざまな国で，「外国人」「移民」を扱ううえで，必ず直面している問題という点である。つまり日本独自の問題というより，21 世紀の移民問題としての課題が大部分を占めているのである。

◆ 日本国籍取得と共生社会

在日コリアン社会は 1990 年代に入りどのように変化したのか。それまでは「在日コリアン」vs「日本人（日本社会）」という図式は成り立ちやすかった。しかし，世代が進むにつれ，その中間の人びとも増えてくる。在日コリアンはすでに四世，五世が誕生し，ますます日本人と変わらぬ存在になりつつある。もちろん民族的な誇りを大切にする人びとも多いが，それは現在の韓国や北朝鮮の文化を誇りに思うこととも違っている。すなわち日本社会において，どのようなアイデンティティを確立していくかが問題になっている。そのため，あくまで生活・心情の拠点は日本であり，日本社会の一員としての視点が強い。在日コリアン社会自体も多様化しているといえるだろう。

たとえば階層の問題にしても，終戦直後は社会的な差別があり就職も困難であった。しかし先に指摘した日立就職差別裁判などを経て，少なくとも社会的には在日コリアンの就職差別はタブーとなっている。そのため在日コリアンの多くは日本人と変わらぬ職種が選択でき，経済的な側面での不平等が，以前に比べかなり是正されているのも事実である。すなわち在日コリアンの存在自体が日本社会に埋め込まれつつあるといえる。

こうした状況を背景に，在日コリアンの日本国籍取得者は増加し，日本籍在日コリアンという生き方も一つの選択肢になってきている（佐々木 2006）。とくに1990年代は在日コリアンの国籍取得の傾向が進み，毎年約1万人近くが「日本人」となった。その背景には先の参政権の問題のほかに，次世代の子どもたちへの配慮がある。自分たちの子どもたちが，今後もずっと日本に住んでいくと考えるならば，今のうちに国籍を取得しておこうという理由である（駒井・佐々木編 2001）。

◆ 新人種主義の台頭とヘイトスピーチ

1990年代後半から2000年代前半に進んだ多文化共生の動きも，2008年のリーマン・ショックの影響による景気の後退によって，逆風が吹き始める。一時期は地方選挙権や，在日コリアンが届け出によって日本国籍を取得できる法案なども検討されたが，それらは2015年現在まったく聞かなくなった。それどころか，2009年頃から「在日特権を許さない市民の会」（通称「在特会」）の動きが活発化し，多くの人を動員するようになった。2009年12月4日，京都の朝鮮学校に「在特会」のメンバーが集まり，「北朝鮮のスパイ機関！」「密入国の子！」「不法占拠！」と叫ぶなどの街宣が行われた。その後「在特会」の動きはさらに活発化し，全国の街頭で差別的，恫喝的な発言を繰り返す，いわゆるヘイトスピーチを繰り返し始める。

こういった新人種主義ともいえる動きに対抗して，反ヘイトスピーチの運動や人種差別撤廃基本法案の提出などが行われ，2016年にヘイトスピーチ規制法が成立した。現在はこの法がどの程度まで有効かが問われている。新人種主義の特徴は，これまでの差別は在日コリアンを「上から見下ろすような差別」だったのに対して，「下から見上げるような差別」が増えていることである（安田・莫 2013）。つまり，「自分たちの生活が苦しいのは在日コリアンがいるから」「経済が彼らに牛耳られているから」といった，被害者意識が強い。根本原因は経済不況からくる，相対的剝奪感やルサンチマンといったものが絡み合って，不満や攻撃のはけ口が在日コリアンに向かっていると考えていいだろう。しかし，なぜ攻撃対象の中心が彼らなのかを考えるならば，戦前から戦後にかけての在日コリアンに対する継続した差別意識が根底にあると考えられる（佐々木 2013）。そのため日本，韓国・北朝鮮，在日コリアンの三者関係を構造的にとらえ直す作業も必要であろう（樋口 2014）。構造的な差別は簡単には消えるものではない。その解消には日々の差別と向き合うセンスが求められるし，そうでなければ差別は何かをきっかけにすぐに行動をともなって現れてくる。共生社会とは実は，そういった差別意識と不断に闘い続けることによってのみ実現可能な社会といえるだろう。

5　まとめ——マルチ・エスニック社会に向けて

在日コリアンの戦前から戦後の社会的立場の変化を，日本社会の「民族」への向き合い方の変化としてまとめるならば，以下のようにいえるだろう。

日本社会の対応

・第１期　植民地期：1910〜45 年
差別的な関係性が主体。そのため差別意識そのものが欠如。「二級市民」として扱う。

・第 2 期　権利回復期：1945 年～現在
差別的な関係性は担保したままの，外国人としての扱い。
・第 3 期　共生期：1985 年～現在
民族性を前提とした承認，共生の対象としての相手。
・第 4 期　多様性承認期：2000 年～現在
脱カテゴリー化を前提とした，個人的な対応とカテゴリー化の再編の動き。

第 2 期以降の対応，もしくは課題は現在すべてが解消されたわけではないので，「～現在」としている。とくに構造的な差別はあまり意識されないところで温存されている。そのためつねに「差別に対する感覚」を養うことが必要なのは前節の最後に指摘した。第 3 期は，わかりやすく「日本人（日本社会）」vs「在日コリアン（社会）」といった図式があった。問題はこのあいだに立たされているマージナルな存在が不可視な状態になっていたことである。第 4 期の特徴は，多様性の承認といえるだろう。人種差別的な発言や行動が目立ってはいるものの，それに対するカウンターも存在する。またどちらの運動に参加している人びとも，内実はかなり多様化している。自分が被害を受けているとか，個人的な知り合いが攻撃されている，といった感覚はこれまでの「民族」カテゴリーを前提とした差別とは明らかに違う。抽象的にいえば，人と人とを区別する「民族」という概念の使われ方は近年「決定論」から「確率論」へ大きく変更している。すなわち「民族」という概念は，多くの差異の一つにすぎず，民族の違いを判断する境界はますます曖昧になっている（佐々木 2016）。もっとも，民族的な違いというものも，国家の誕生とともにつくられた「架空の差異」にすぎず，そのあたりまえの現実に人びとが引き戻されているだけなのかもしれない。

いずれにせよグローバル化の進行とともに，多くの人が国境を越えて来日し，日本社会自体が多様化している現状では，民族的カテゴリーはこれまで以上に脱構築されている。そしてさまざまな出自をもつ○○系日本人が増え，彼らの活躍が目立つほどマルチ・エスニックな社会に向かっていくのは間違いない（佐々木 2016）。明らかに国民国家の成員資格はこれまでの「民族」ではない，別の「つながり」によって担保される時代になりつつあるといえるだろう。その「つながり」の内容を決めるのが私たちの日々の課題といえる。

参考文献

福岡安則，1993，『在日韓国・朝鮮人』中央公論社。

樋口直人，2014，『日本型排外主義――在特会・外国人参政権・東アジア地政学』名古屋大学出版会。

河明生，2012，「在日一世韓国人の錦衣還郷の起業家精神」李洙任編『在日コリアンの経済活動――移住労働者，起業家の過去・現代・未来』不二出版。

金英達，2003，『朝鮮人強制連行の研究』明石書店。

駒井洋・佐々木てる編，2001，『日本国籍取得者の研究』筑波大学社会学研究室。

森田芳夫，1996，『数字が語る在日韓国・朝鮮人の歴史』明石書店。

小熊英二，1998，『「日本人」の境界――沖縄・アイヌ・台湾・朝鮮 植民地支配から復帰運動まで』新曜社。

佐々木てる，2006，『日本の国籍制度とコリア系日本人』明石書店。
――――，2012，「東日本大震災と在日コリアン――エスニック・マイノリティの視点を通じてみる震災と日本社会」駒井洋監修／鈴木江理子編『東日本大震災と外国人移住者たち』明石書店。
――――，2013，「近代日本の人種差別と植民地政策」駒井洋監修／小林真生編『移民・ディアスポラ研究3　レイシズムと外国人嫌悪』明石書店。
――――，2016a，「○○系というアポリア――マルチ・エスニック・ジャパンへの課題」駒井洋監修／佐々木てる編『マルチ・エスニック・ジャパニーズ――○○系日本人の変革力』明石書店。
――――，2016b，「『民俗的差異』は恋愛・結婚を阻むのか――在日若者世代の恋愛・結婚を考える」『家族研究年報』41，21-33。
田中宏・江橋崇編，1997，『来日外国人人権白書』明石書店。
安田浩一・莫邦富，2013，「ネット右翼と反日暴動，その底流にあるもの」駒井洋監修／小林真生編『移民・ディアスポラ研究3　レイシズムと外国人嫌悪』明石書店。

ブックガイド

在日本大韓民国民団　中央民族教育委員会企画／『歴史教科書 在日コリアンの歴史』作成委員会編『在日コリアンの歴史〔第2版〕』（明石書店，2013年）

▶在日コリアンの歴史にかんして基礎的な知識を含め体系的にまとめてある。戦前から戦後にかけて，日本がどのような政策をとってきたのか，また戦後の在日コリアンの社会生活の変化などを知るうえで，まさしく教科書となる一冊。

姜徳相『関東大震災・虐殺の記憶〔新版〕』（青丘文化社，2003年）

▶いまだ解明が進んでいない関東大震災時の朝鮮人虐殺の歴史について，新聞，目撃証言などさまざまな史料を使い，まとめたもの。当時の震災が人災になった過程を，政府や社会の動きを見つつ，背景にある社会構造を含め分析している。震災と差別の関係を読み解くうえでも押さえておきたい一冊である。

江東・在日朝鮮人の歴史を記録する会編『東京のコリアン・タウン 枝川物語〔増補新版〕』（樹花舎，2004年）

▶大阪の生野区，山口県の下関など，在日コリアンの集住する地域には主に関西を中心として有名な箇所がある。同時に東京でも「創られた集住地区」が存在する。コリアン・タウンのなかでも特異な枝川の物語は，理不尽な行政施策との闘いでもある。東京の知られざる歴史を知ってほしい。

駒井洋監修／小林真生編『移民・ディアスポラ研究3　レイシズムと外国人嫌悪』（明石書店，2013年）

▶ヘイトスピーチとは何か，レイシズムとは何か，そしてそれが醸成する背景とは。日本における新人種主義の動きを海外の事例との比較も含め，さまざまな角度から分析している一冊。レイシズムに抗する社会を構築するうえでさまざまなヒントが載っている本である。

くまさんの映画コラム⑪

『月はどっちに出ている』をみよう

『月はどっちに出ている』（崔洋一監督，1993年）。文句なしの傑作快作である。主人公姜忠男は在日コリアンのタクシードライバー。「運転手さん，姜（ガ）さんて言うの？」「在日韓国朝鮮人っていうのが正式なんでしょ。俺の友達にも在日韓国朝鮮人いっぱいいてさぁ，朝鮮ぶら…，あの，在日韓国朝鮮人がいっぱい住んでるとこにいるんだよ。名前，何て言ったかなぁ，あいつなぁ」「金さん，じゃないですぁ」「遠山の，か？ ハハハ」「一度遊びに行ったんだよ。そしたらリンゴ出されたんだけど，キムチの味がしてさぁ，もう何でもかんでもキムチ臭くて～」「今もお嫌いですか？」……。酔いにまかせてしつこく語る客。その語りは偏見のオンパレードだ。客である以上，丁寧に応対しなければならず，主人公は冗談を言いはぐらかしていく。ただ応対の言葉の端にはしっかりと「いいかげんにしろ」という脅しが響く。日常，差別や偏見はどこに息づいているのかが実感できる秀逸なシーンだ。「本編中に一部，人種・民族・職業に関する差別的表現や，心身障害者に対する不適切な表現などが見られますが，差別のない社会の実現や人間相互の共感を希求する監督の制作意図と優れた作品性を尊重し，オリジナルのまま収録しております」。通常のDVDの「おことわり」よりずっと丁寧だ。映画のなかで頻繁にしかも自然に偏見が語られ人が馬鹿にされていく。とってつけたような反差別の言葉もないし道徳や倫理感を語る言葉やシーンもない。ただ一人の平凡な在日コリアンの男が仲間と仕事しオモニに文句を言われながらもフィリピン人女性を愛し日常を生きていく。当然そこには差別や排除がたっぷり息づいており，これが在日コリアンの生きている差別的日常の一端なのだと。「伝説の傑作」だといわれるゆえんは映画を見れば納得できる。

『パッチギ！』（井筒和幸監督，2004年）。これも傑作だ。1968年の京都が舞台。差別に対抗し生きるエネルギーを確かめるかのように日本人高校生とケンカに明け暮れる在日コリアンの若者たちを描き，在日コリアンの美しい女性キョンジャに恋する主人公の日本人高校生の想いを描く。ただこれは単なる青春映画ではない。そこには朝鮮戦争で分断された朝鮮の悲劇を憂い祖国統一の願いがこめられた「イムジン河」という歌が大きな役割を果たしている。当時，日常の暮らしに“政治”が息づいていた。人びとは本気で革命を語り，反戦を願い，性の解放を思い描いたのだろう。当時の国際情勢下，フォーク・クルセダーズの「イムジン河」は発売放送禁止となり，それを肴に立ち飲みの酒屋で中年男性たちが朝鮮戦争，38度線の不条理さをまじめ顔で語っている。

在日コリアンが受けてきた差別や抑圧と自分の思いとの落差を主人公の康介が思い知る場面は秀逸だ。事故で死んだ友人の葬式の場面。川土手のバラック。棺桶を入れようとするが入り口が狭く入らない。彼女の兄アンソンが涙ながらに入り口の横の板戸を叩き壊す。人びとの号泣。康介は場の雰囲気に緊張したのか，お棺の前でつまずき焼香台を倒してしまう。「おまえ出て行け」と在日一世の年配男性に一喝される。男性は自分たちが日本に連れて来られ，どのような暮らしを強いられたのか，在日コリアンの苦闘の歴史をかみ締めるようにしぼり出すように語る。そんな歴史も知らない康介にこの場にいてほしくない，帰れと。男性の語りを聞き涙する在日コリアンの人たち。いたたまれず康介はその場を去っていく。彼らと理解しあえたと思いこんでいた康介。「イムジン河」を歌えその意味を理解できたと思い込んでいた康介。在日コリアンが生きてきた歴史や彼らの思いの深さや分厚さを想像すらできなかった康介。自分の無知，おめでたさ，情けなさにどうしようもできず，フォークギターを叩き壊し，橋から川へ投げ捨てる。

続編『パッチギ！ Love&Peace』（井筒和幸監督，2007年）も必見だ。

第12章 「復興災害」の空間と多文化的現実
——21年目の被災地を歩きなおす/見つめなおす

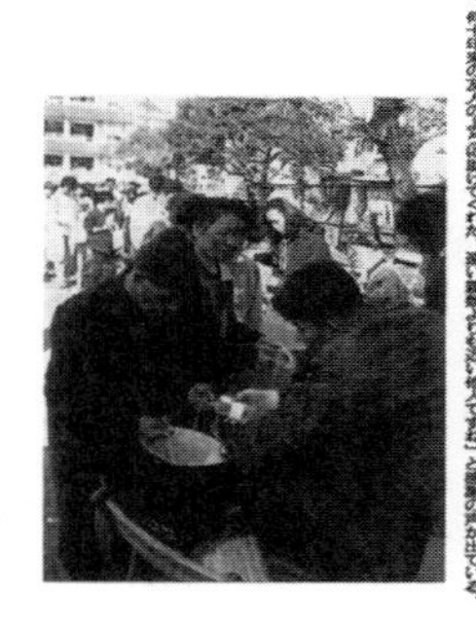

被災した在日朝鮮人と日本人
朝鮮学校で共に寝泊まり

阪神大震災の被災地にある朝鮮学校で、在日朝鮮人と近所の日本人住民とが共同生活を送っている。家を失って行き場をなくした人に、学校が「校舎を自由に使って」と呼びかけた。日本人からは、「付き合いがなかったのに、何十年来の友人のように助けてくれた。遠い親類よりも近い隣人ですね」と感謝の声が出ている。

阪神・淡路大震災時の朝鮮学校での避難生活を報じる記事
（朝日新聞1995年1月27日，34頁より見出しと写真を転載）

災害が提起する言葉がある。たとえば「震災」といわれた際に，2011年3月の東北での震災を思い出す人は多いかもしれない。その時は「絆」という言葉が「今年の漢字」に選ばれた。一方，今から21年前に阪神地域を襲った震災から提起された言葉は多文化との「共生」であった。震災や復興にともなう複合被害は，多くの人の生と死を社会的に分かつものだ。なおかつ災害は社会がさまざまな移動の背景を有する人びととともに構成されてきたことも示し出す。とくに多文化をめぐる事実の集積は，「在日外国人」のような，私たち（いわゆる国民）とは異なる「他者」とみなされる人びととのあいだで築かれてきた非対称な歴史や物語を思い起こさせずにはいられない。震災から20年が経過した神戸。復興の空間が現出するなかで様変わりした被災地を歩きなおすことを通じて，他者とともに生きてきた関係性をまなざす人びとの方法とその今日的意味を考える。

1　忘却され／否定される多文化的現実

2011 年 3 月 11 日午後 2 時 46 分。地震発生後のソーシャル・ネットワーキング・サービス Twitter において「『震災』とのつぶやきは 11 年 3 月 11 日が約 40 万件」あり，意外なことに「『震災』とともにつぶやかれた最多の語は『阪神』で 5 万 7630 件」（『朝日新聞』2013 年 3 月 13 日東京版）だったとされる。同時に阪神・淡路大震災時において外国人犯罪が多発したというデマ・流言飛語も広がったことが報告されている（荻上 2011）。

こうした阪神・淡路大震災をめぐるつぶやきの風景のなかで忘れ去られていることがある。それは 1923 年 9 月の関東大震災時の自警団らによる「朝鮮人・中国人虐殺」に対し，市民やボランティアらによる「多文化共生」の実践が展開されたという対比でもって阪神・淡路大震災が語られていたことにほかならない（外国人地震情報センター編 1996）。

一方で，在日外国人，とくに在日コリアンを対象にしたヘイトスピーチ／ゼノフォビア（外国人嫌悪）の動きがある。「排外主義者」たちとカウンター活動に関わる人びとの叫びが路上で交差するのみならず，彼らを上回る数の警察官が（「排外主義者」を守るかのように）取り囲んでいる風景も，決して珍しいものではなくなった（『東京新聞』2016 年 3 月 26 日）。

こうした動きは，今や震災の被害をうかがい知ることが難しくなった三宮駅や元町駅といった神戸の主要駅前でも確認できる。他者との関係性を通じて生きられている多文化的な現実（Hage

1998＝2003）が，私たちの生きる日常においても「あたりまえ」にあるということ。それこそが神戸の震災から提起された社会的事実である。その事実を封じ込め／否定しようとする排外的人種主義やナショナリズムの動向と，ここ（＝神戸）も無関係ではない。

在日外国人と呼ばれる人びととの関係性を歴史的に忘却し，なおかつ空間的にも否定しようとする排外的な動き。これらは別のことを論じているように思えるかもしれないが，他者とともに生きる過程で築かれた関係性を認めない意味での暴力であることは共通している。こう述べるのには，「(何となく）悪いことのようだから」という印象論的道徳論にとどまらない，社会的背景に基づく理由がある。繰り返すと，それは私たちの身近な生活世界に多文化的現実から構成されてきた事実の集積があるからにほかならない。

多文化的現実はわかりやすく可視化されている場合もあれば，不可視化され，見えにくくなっているものもある。神戸にも異人館通りや元町中華街に代表される観光化された「国際的」イメージがある一方で，日常に生きられながらも見えにくいかたちで存在する現実もある。後者のような観光化されにくい次元における多文化的現実とその集積を，私たちは人びとの実践からどのように見出すことを教えられ，そして学んでいくことができるのだろうか。

本章では，この問いについて，「多文化共生」という言葉と実践が提起されたかつての被災地を歩きなおしながら，他者とともに生きてきた関係性をまなざす方法から具体的に考える。その前提として，震災復興の 20 年間で変化した街とその問題化の仕方が，多文化的現実から構成されてきた都市の文脈を不可視化する側面から検討してみよう。

2 「復興災害」論が隠すもの
――「震度7」をめぐる偶然と必然

1995年1月17日午前5時46分。淡路島北部の震源から阪神地域を東西に走る断層に沿って「震度7」の激震をもたらした震災は，6434名を数える死者と4万人を超える負傷者を出した。死亡原因は，家屋の倒壊が半数以上を占め，住宅被害は63万棟，うち全壊被害が10万棟超に上った。とくにゴムを扱う中小零細工場が多く，大規模火災が発生した神戸市長田区には，市内最多の1万5000棟以上の全壊と8000棟以上の半壊被害がもたらされたといわれる（神戸新聞社 2015）。

しかし今，神戸長田を歩いても，この事実を即座に理解することは難しいかもしれない。たとえば大規模な火災被害に見舞われたJR新長田駅周辺には，国の法整備を受けるかたちで市が策定した計画によって出現した再開発ビル群が立ち並ぶ（写真1）。

地震発生から2か月後，再開発計画が諮られた審議会は市民に非公開で開催された。家屋や店舗の再建もままならぬなか，「区画整理」や「再開発」という「上から」の言葉に，該当する被災者は否応なしに巻き込まれた。市への意見書は2000件を超え，抗議のために庁舎へ向かった150人以上の市民が職員らと揉め合う事態に至ったといわれる（『神戸新聞』2012年8月22日）。

再開発ビルの現状を扱ったドキュメンタリーを見ると，被災者

▶写真1　再開発ビル群が林立するJR新長田駅周辺の航空写真

（出所）神戸市「新長田駅南地区震災復興第二種市街地再開発事業」サイト
（http://www.city.kobe.lg.jp/information/project/urban/redevelop/nagata.html）

が被災地にできる限り戻り，かつ災害に強い街にするという意味での復興はできたと語る市の担当者がいる。一方で復興の空間に生きることを「地獄ですわ……」と証言する初老の商店主が登場する。ここには，莫大な借金をしてまで現地に居続ける選択をしたものの，再開発ビルに空き店舗が目立つなかで資産価値が下落し続け，やがて店舗の貸し出しも売り抜けもままならず，裁判闘争を始めざるをえなくなった商店主らの窮状がある（朝日放送2012年1月放送『テレメンタリー～復興という名の地獄～震災から17年，神戸で今……』）。

近年，こうした人びとの窮状が，自然災害ではない「復興災害」という枠組みで論じられるようになった。災害時のみならず，災害後の復興過程で引き起こされる社会問題として，再開発ビル以外にもたとえば，仮設住宅で続いてきた「孤独死」（額田2013）や災害復興住宅からの立ち退き問題も議論されている。この枠組みは，被災から20年以上が過ぎた今も震災当時の被害が終わっていないことを提起するのみならず，阪神の事例から東北地方の復興政策への示唆がなされる際に振り返られる重要なものだ（塩崎 2014）。

だが，こうした枠組みから後景化している論点もある。それは震災による被害が阪神地域の都市形成における階層性／貧困の問題と決して無関係ではなかったことだ（滝沢 1995；いのうえ 2008）。ジャーナリストの外岡秀俊は，谷崎潤一郎の『細雪』と賀川豊彦の『死線を越えて』という２つの文学作品を対比させ，当時の植民地開発にもつながる神戸・阪神地域の「都市の履歴」を振り返る。そのうえで長田のようなインナーシティ形成，ひいてはケミカルシューズ産業と在日コリアンの存在にも言及しながら，「震度７」の認定について，次のように述べている。

> 「もともと，震度７の基準は，現地調査によって『木造家屋の倒壊率が 30％以上』とされた場所であり，被害の大きさがその震度に直接反映される形になっている。これは一種の同義反復命題であり，ここから論理的に『被災の階層性』を導くことは困難だろう。……しかし，問題を解く鍵は実はここにある。被害の大きかったインナーシティの住人の多くが犠牲になったのは，必然ではなく，震災の発生が，たまたま連休明けの午前５時 46 分という，起床前の時刻に重なったことによる偶然である。もし発生時刻が日中にずれ込んでいれば，『被災の階層性』という問題は，これほど鮮明にはならなかったろう。たまたま，居所が被災の場所と重なったために，『震度 7』のトートロジーは『被災の階層性』という問題に結びついた。蓋し発生時刻は偶然であっても，イン

ナーシティに，高齢者や比較的低所得の人々が多く集まり住んでいたことは，決して偶然ではなく，そこには必然の力が働いていたと見られるからである」（外岡 1997：355，強調引用者）

たしかに再開発ビルに代表される災害後の窮状は「復興災害」の枠組みで問題化されうる。だが，その枠組みのなかでは，災害以前の歴史的・空間的文脈が後景化せざるをえない。よって「復興災害」というかたちで今も被害をもたらしている都市の「必然の力」の内実を，震災前にも遡って考察する発想や方法が求められる。

これに関連して思い出されるのは，夜間高校の教師として在日コリアンをはじめさまざまな移動の背景をもつ人びとと 30 年以上にわたって関わってきたある男性への聞き取りである。彼は勤務する高校の校舎前を流れるある河川の流れについて，長年，川沿いを歩きながら深めてきた思索を，私も含めた共同研究者たちとの聞き取りの折に話してくれた。いわく，明治時代に行われたその河川の付替工事が，朝鮮半島や中国大陸をはじめとする植民地への軍事進攻と結びついた港湾都市＝工業地帯としての神戸の開発史と深く関係すること。ひいては開発を通じた神戸の近代化＝都市化は，朝鮮半島をはじめとした帝国時代の植民地出身者も含めた，沖縄・奄美・九州・四国地方等からの労働力移動，そして被差別部落の形成を抜きに行われることなどありえなかったこと……等々。

つまり，校舎のすぐ側を走る河川の流れと，彼の目の前で学んできたさまざまな生徒たちがたどってきた軌跡は，教師であり詩人でもある彼にとって分かちがたいものとしてとらえられていたのだった。早朝の「震度7」の揺れという「偶然」は，こうした神戸の都市開発を加速させてきた近代化による「必然」の力の帰結を明らかにした。次にも述べるように，それは植民地主義の歴史を背景に被災地に階層的に埋め込まれてきた異種混淆性が可視化した状況としてとらえうるだろう。それゆえに，震災は私たちにとっての「『ここ』がどこかほかの場所を含んでいる」と同時に，「『今』もまた過去の遺産を孕んでいる」ことを確認させ，想像させる契機でもあったと考えられる（Back 2007 = 2014：55）。

3　多文化的現実を構成する死者
――あの日の空と，写真家のレンズ

こうした歴史的かつ空間的条件が背景にあることで，震災は，長田のようなインナーシティで構成されてきた多文化的現実を明るみに出した。それが「多文化共生」と呼ばれる市民社会の実践と結びついた言葉となって伝えられたことは上述のとおりだ。だがここでは多文化的現実が「共生」という枠組みで可視化されただけにとどまらない，もう一つの側面を考えることが不可欠である。それは地震によって人の生と死が左右されたという（大規模災害ではある意味「当然」の）ことにほかならない。冒頭の記事も阪神・淡路大震災での韓国・朝鮮籍の死者を「146人」と伝えており，人口比率で見た際に日本国籍保有者よりも在日コリアンの死者の割合が高かったことも指摘される（滝沢 1995）。つまり，この時に明るみになった多文化的現実と「被災の階層性」は，生

▶図１　「나가타의 아침〈長田の朝〉」

者のみならず，死者のあいだをめぐっても問われていたのだった。

この事実に改めて気づかせてくれた風景として，震災の日の空を覆い尽くすように拡がった火災の黒煙の記憶がある。これを思い出したのは2015年１月17日前後に神戸長田を歩きながら，朝鮮学校の卒業生で画家としても活動する，ある青年が描いた絵を見せてもらったことがきっかけだった。「나가타의 아침〈長田の朝〉」と題された８歳当時の彼の作品には，報道等で幾度も取り上げられた火災の様子が，筆者自身も見上げていたものとほぼ同じ構図で描かれていたのだった（図１）。

震災や火災の風景は，それにともなう死者をひとくくりにとらえる見方をもたらすかもしれない。だが，同じ風景を見上げながらも，公立学校に通い日本国籍を有する私と民族学校に通い韓国籍を有する彼が見つめていた人びとの死がそこにはあった。ここで重要なのは，どのような関係性に裏打ちされたまなざしでもって被災地の生と死が見つめられたかということである。

その一例として，当時，神戸長田の在日コリアンたちを取材していた牧田清の写真集『街が消えた』を開いてみよう。彼は大阪の自宅から自転車で5時間半かけて被災地に駆けつけた。そして，彼はあの日の私たちが複雑な気持ちで見上げていた黒煙の下にいた人びとをとらえようとしてカメラのレンズと「泣いて」いたという。震災翌月に緊急出版された写真集の冒頭で，彼は次のように記している。

> 「災害は，いつもセンセーショナルな話題だけを残して消えてしまいます。……今回の阪神大震災も，高速道路の横倒しや高層ビルの倒壊，地割れなど崩壊したものばかりに目がいって，やがては風化し，忘れ去られてしまうのではないかと心配しています。……阪神大震災をニュースではなく，記録として読んでもらうのでもなく，**この災害の中で立ち上がる人たちの姿を記憶として残して欲しい**。そういう思いを持って作りました。……1月17日，私は泣きました。私のレンズも大泣きです。焼け跡の街を歩いていると，さんまを焼く匂いや，お母さんが子どもを叱りつける声，下手なお父ちゃんの歌が聞こえてきそうです。……**見つめてやってください。この街を。この街に生きた人々を**。」（牧田・早川 1995：6-7，強調引用者）

「ニュース」や「記録」としてではなく，「記憶」として震災を残そうとする彼の写真集には，公園，避難所，病院，そして学校に集う人たちの姿はもちろん，「焼け跡の街」の風景も同じくらいの枚数をかけて写しだされている。区画一面が丸々倒壊した木造長屋群。ケミカルシューズ工場に残された靴型。1階部分が崩れた理髪店のガレキ。階段が崩れ足の踏み場もない公営団地。曲がりくねったバス停や信号機のために歪んで見える公道。商売を再開する中華料理屋の店主や在日コリアンの靴工場の様子。ほかにも，ベトナム戦争と難民条約批准を背景に渡日した，ベトナム系をはじめとするアジア系の人びとが避難生活を送っていた公園の様子。さらには今の「たかとりコミュニティセンター」の活動（吉富 2008）へと続く多言語FM局の開設の様子などが紹介される。

このように災害時に「立ち上がる」多文化的現実を，牧田はまさに写す者と写される者のあいだで肉薄した「記憶」として1枚1枚示していく。この写真集に文章を寄せている早川三郎は，牧田の仕事に対するコメントを通じて「街は消えたのか？」と読者に問いかける。これを踏まえつつ，あらためてこの写真集を読み返してみれば，そこに「立ち上がる」のは，何よりも生き残った者たちの姿であることが確認される。そのうえでなおも写真集を開いていくと，被災地の風景写真にも，生者たちと同様に「消えていない」対象がいることに読者は気づかされていく。たとえば牧田は次のように，黒煙の下で焼けただれたジュース缶やペットボトルの列に「地蔵」を見出し，「思わず手を合わせた」とキャプションに書き残している。そう述べる彼のレンズが「見つめて」いたもの。それは生者だけでない，亡くなった者たちも含めた「この街に生きた人々」のさまざまな軌跡だったのではなかろうか（写真2）。

震災が明らかにした多文化的現実としての社会は，本章冒頭の避難生活の記事に象徴されるように生者のあいだの階層的／民族

▶写真2　キャプションには「缶ジュースが焼けただれてお地蔵様のようになっている……思わず手を合わせた」と書き残されている

（出所）牧田・早川 1995：56-57。

的差異を越えた関係性が築かれることで可視化されたものとなった。一方で牧田たちの仕事は，その現実が死者となり，不可視化された他者からも構成されていたことの意味はもとより，それをどのように「見つめ」ることができるのかという課題を今も問いかけ続けている。

4　まとめにかえて

◇「復興災害」の空間を歩きなおす――鉄人28号像の両義性

ここまで21年目の被災地を歩きなおしつつ，そこでの多文化的現実をどのような方法で人びとが見つめていたのかという課題について考えてきた。その一例を，①開発された都市環境（河川）のなかに他者の軌跡を重ね合わせる発想法，②黒煙の広がった空を見上げる行為，③生者のみならず死者を見つめることといった，教師・詩人，画家，写真家の方法に学んできた。

これらを踏まえ，もう一度写真1のJR新長田駅周辺エリア（＝火災の跡地にできた再開発ビル群）を訪れてみよう。そこには2009年末に復興の象徴として建てられた鉄人28号像が大きく腕を振り上げている。イベント舞台としても活用される「鉄人広場」は，像を背景に写真撮影しようとする観光客や修学旅行生，さらには報道関係者が訪れる場所となっている。

筆者が最初に鉄人像を見たのは，勤務先の看護学校に向かっていた時，像の真後ろを東西に通るJR線の車窓からだった。「震災の暗いイメージを払いたい」と語っていた商店主やまちづくりコンサルタントの意見を見聞きしながらも，後ろから眺めた建設中の像に対して，当時の筆者は言葉にできない違和感を覚えずにはいられなかった。

すでに述べたように，「復興災害」を生み出した空間自体の問題も大いにある。だがその問題にのみ焦点を当てて考えていると，鉄人像に抱いた違和感の理由をつかむことができなかった。その後，本章で述べたような出会いや聞き取りに基づくフィールドでの関係性ができたこと，ひいては街歩きや資料収集を重ねたことで，今は次のように考えられるようになった。

つまり，震災以前の街並みからすれば「異常」とも思える高さのビル群が再開発によって出現した時と同様に，像の後ろから「空を見上げること」がますます困難になったことが，あの時の違和感の正体だったのではないか，と。それは鉄人像の足もとまで歩いた時により確信に近づいた感がある。実際に鉄人像の足もとに近づけば近づくほど，私たちの視線が空を見上げることのないように，空間的に「管理」されるかのごとく思わされてしまうからにほかならない（阿部・成実編 2006）。

だが，そこからでも鉄人像自体を見上げることはできる。すると，当の鉄人像は（見上げる生者のほうではなく）しっかりと空を見つめていることに私たちは気づかされるのだ（Feel KOBE 神戸公式観光サイト 2016）。その意味で，「復興災害」の街に空間的かつ象徴的に埋め込まれた鉄人 28 号像を，21 年目を迎えた被災地を死者との関わりで見つめなおすまなざしそれ自体にもなりうる，いわば両義性を孕んだ「モノ」としてとらえることもできなくはないだろう。

◆ 多文化的現実から見つめなおす――「多文化共生」論と死者

しかしながら，鉄人像が見上げた空に示唆される死者の存在は限りなくフラットなものになりうる。よって牧田たちが見つめていたような関係性に基づいた見方がもちこまれない以上は，そこにいるのが，どのような死者であるのかを見出すことは難しい。よって，まなざしの先にいる死者のことを想像する契機や観点こそが重要となる。それを本章では，被災地の日常を死者も含めた多文化的現実から構成された社会として見つめなおす人びとの方法から探求してきた。以上の内容は，この震災から提起された「多文化共生」という言葉＝概念に何を示唆としてもたらすだろうか。

かつて別のところで述べたように，この「多文化共生」という概念は市民運動・反差別運動の流れを経由しつつ一部地方自治体の行政レベルでも展開されたが，2006 年以降は総務省を中心とした国家の制度としても動きはじめた。その過程で「日本社会のルール」をめぐって，「日本人（国民）」と「在日外国人」とのあいだで非対称かつ不平等に作用する規範言説として構築された経緯がある（稲津 2010）。

このように「多文化共生」概念が言説／制度として構築される際に，阪神・淡路大震災の被災地で見られていた死者たちと結びついたもう一つの多文化的現実の側面は，はたして十分に踏まえられてきたといえるのだろうか。たとえば 2016 年 2 月にも，2020 年の東京オリンピック・パラリンピック開催を控えて設けられた審議会の議論を踏まえ，「東京都多文化共生推進方針」が発表された。その冒頭で「日本には，外国から様々な文化を受け入れ，そして多様な価値観を持つ人達を尊重し，お互いに助け合ってきた歴史」があると述べられ，「世界をリードするグローバル都市」に向けて「全ての外国人が，日本人と共に参加・活躍できる……多文化共生社会」の「構築」が宣言されている（東京都 2016）。

本章の記述に照らせば，このように「構築」される「多文化共生社会」には——歴史への言及があるにもかかわらず——ほかならぬ東京の多文化的現実を構成しているはずの死者が不在であることに気づかされるだろう。冒頭で言及した史実——関東大震災時の虐殺——の忘却は，ネットに可視化された範囲の人びとの意識のみならず，制度上にも確実に反復されている。2020 年に向かう日本社会にあって，私たちは東京をはじめ関東の街中で，虐殺という結果に帰結した過去の多文化的現実をどのようにまなざし，想像する方法を見出せるのだろうか（加藤 2014）。

ひるがえって，この史実を念頭に置いた阪神・淡路大震災時の議論を振り返ってみる。すると神戸で「多文化共生」が主張された出来事の只中にあっても，学校や避難所といった空間で在日外国人のみならず，野宿者という他者をも追い出し，否定する行為から私たちが自由ではなかった現実もまた思い出されるに違いない（文 1998；三浦 1999）。

このように多文化的現実を構成する死者という契機／観点が「多文化共生」をめぐる議論にもたらす問いかけに，私たちはどのような社会学的想像力でもって応答することができるのだろうか。東日本大震災の被災地のような災害現場をはじめ，今後も「多文化共生」のありようが論じられる際に不可避的にともなう差別や排除の問題と向き合ううえでの課題であると考える。

参考文献

阿部潔・成実弘至編，2006，『空間管理社会――監視と自由のパラドックス』新曜社。

Back, L., 2007, *The Art of Listening*, Berg.（＝2014，有元健訳『耳を傾ける技術』せりか書房）

Feel KOBE 神戸公式観光サイト，2016，「鉄人 28 号モニュメント」（http://www.feel-kobe.jp/sightseeing/spot/?sid = 348〔2016 年 8 月 29 日閲覧〕）

外国人地震情報センター編，1996，『阪神大震災と外国人――「多文化共生社会」の現状と可能性』明石書店。

Hage, G., 1998, *White Nation: Fantasies of White Supremacy in a Multicultural Society*, Pluto Press.（＝2003，保苅実・塩原良和訳『ホワイト・ネイション――ネオ・ナショナリズム批判』平凡社）

稲津秀樹，2010，「『多文化共生』政策現場における意図せざる結果としての〈ナショナルな規範の言説〉の構築」『関西学院大学先端社会研究所紀要』４。
いのうえせつこ，2008,『地震は貧困に襲いかかる――「阪神・淡路大震災」死者6437人の叫び』花伝社。
岩崎信彦ほか編，1999,『阪神・淡路大震災の社会学』（１・２・３）昭和堂。
加藤直樹，2014,『九月，東京の路上で――1923年関東大震災ジェノサイドの残響』ころから。
神戸新聞社，2015,「データでみる阪神・淡路大震災」（http://www.kobe-np.co.jp/rentoku/sinsai/graph/〔2016年８月29日閲覧〕）
牧田清・早川三郎，1995,『街が消えた――阪神大震災フォトドキュメント』遊タイム出版。
三浦耕吉郎，1999,「自警団とボランティア――震災の比較社会史のために」黒田展之・津金澤聰廣編『震災の社会学――阪神・淡路大震災と民衆意識』世界思想社。
文貞實，1998,「記憶される故郷，あるいは反復される誰かの記憶について」『ほるもん文化』８。
登尾明彦，2001,『湊川を，歩く』みずのわ出版。
額田勲，2013,『孤独死――被災地で考える人間の復興』岩波書店。
荻上チキ，2011,『検証東日本大震災の流言・デマ』光文社新書。
塩崎賢明，2014,『復興〈災害〉――阪神・淡路大震災と東日本大震災』岩波書店。
外岡秀俊，1997,『地震と社会（上）――「阪神大震災」記』みすず書房。
滝沢秀樹，1995,「被災の階層性」『世界』614。
東京都，2016「東京都多文化共生推進指針――世界をリードするグローバル都市へ」（http://www.seikatubunka.metro.tokyo.jp/chiiki_tabunka/tabunka/tabunkasuishin/files/0000000755/

shishinzenbun.pdf〔2016年8月29日閲覧〕)
吉富志津代，2008，『多文化共生社会と外国人コミュニティの力——ゲットー化しない自助組織は存在するか？』現代人文社。

ブックガイド

加藤直樹『九月，東京の路上で——1923年関東大震災ジェノサイドの残響』（ころから，2014年）

▶関東大震災時の朝鮮人・中国人虐殺の「残響」を地図と路上写真などでたどる。在日外国人への排外主義が台頭する現在にあって，災害を契機にした「流言飛語」から「ジェノサイド」が立ち上がった史実を，街のなかでどのように想えるか。

高祐二『大災害と在日コリアン——兵庫における惨禍のなかの共助と共生』（明石書店，2014年）

▶それでも「人を救うのは，人である」。災害や惨禍は「虐殺」だけでない関係性も生み出す。著者自身の身近な世界の過去から人びとの「共助と共生」の歴史をすくい出す試み。

額田勲『孤独死——被災地で考える人間の復興』（岩波現代文庫，2013年）

▶仮設住宅に診療所を構え，現場で頻発する「わけのわからない死」と向き合い続けた医師の記録。死者の生前をたどりつつ神戸，ひいては社会における貧困と孤独，そして「人間の復興」を問う。

塩原良和『共に生きる——多民族・多文化社会における対話』（弘文堂，2012年）

▶グローバル化が広がるなかで蔓延する不安と被害妄想。それらの他者への一方的投影ではなく，居場所からの再想像を通じた他者との対話の実践による「変わり合い」に可能性を見出す社会学的思考。

吉富志津代『多文化共生社会と外国人コミュニティの力――ゲットー化しない自助組織は存在するか？』（現代人文社，2008年）

▶震災後の神戸において展開した「多文化共生」の活動実践＝「人間臭」とさまざまな感情が背中合わせになる現場からの「より成熟した多文化で民主的な社会に近づくための」問題提起。

くまさんの映画コラム⑫

私たちはどう老いていけばいいのだろうか

『毎日がアルツハイマー』（関口祐香監督，2012年）。「ネバー，ネバー，ギブアップ！」見終わった後，娘であり監督である関口祐香さんの元気で軽妙な叫びが私の耳の奥でしっかりと響いている。とてもいいドキュメンタリーだ。母親がアルツハイマー型認知症になり，それまで海外で好きな人生を送り，親不幸をしていた娘が母親を最後まで見守ろうと母親のもとに戻ってくる。そして母親の日常にカメラを向け，淡々とアルツハイマーを生きる姿を映しとっていく。画面に現れる娘のホンネの言葉やナレーションがおもしろい。アルツハイマーとは記憶の部分が損傷されることであって，それは人間の脳の5％にすぎない。残りの95％は普段どおりに機能しているのだ。だから物忘れで苦しんだり悩んだりするのは，病気の症状ではなく，普通の人間としての姿なのだという医師の説明と，実際に映しとられていく母の姿や娘とおしゃべりし愚痴をいい，自分の姿を批判していく母の語りが見事に響き合う。東日本大震災の当日，横浜にある自宅も震度5強の揺れに見舞われる。母親の驚く姿も映像に収められている。翌日，娘が地震のことを母に尋ねると「そんなことがあったの」という感じで，忘れている母の姿がある。でも印象深かったのは，地震があった夜，母が大震災で甚大な被害が出て多くの人が亡くなったことを嘆き，自分が生き残っていることの意味を問うメモを書いていたという事実だ。「いま，ここ」で自分を見つめ生きている人間の現在が凝縮されているように思えるのだ。たしかにこの作品は娘が撮ったアルツハイマーの母のドキュメントだ。しかしそれ以上に映像には何ともいえないセンスが満ち溢れ何か優れた芸術的作品を見ているような気になる。

『折り梅』（松井久子監督，2002年）。アルツハイマー型認知症が進んでいく義母政子。物忘れに戸惑い，変わりゆく自分の姿への悩みを誰にも語れず，苛立ち苦しむ姿が印象的だ。一方，嫁の巴は苛立ち悩んでいる義母の姿が見えず，政子にどう対処すればいいかだけ悩んでいる。その後，義母が家を出てさまよい歩き，雨のなか，義母を探し続け，寝込んでしまう巴。夫は巴が倒れた家庭が成り立っていかないことを思い知り，母親を施設に入れることを決める。でもそのころには，巴は政子の背後に時折ゆらめく「ひと」としての“いのち”の輝きを感じ始めている。施設へ向かう途中，車のなかで懸命にしかも楽しく生きてきた歴史を政子自身が懐かしそうに語る。それを聞き巴は「ひと」としての政子の“厚み”を感じとる。彼女は家で義母とともに暮らそうと決める。物忘れで面倒ばかり起こす義母の世話をどうしたらできるのかを悩むのではない。物忘れするが分厚い歴史を生きてきた「ひと」と「いま，ここ」でどのように向き合い，ともに時間をすごしていけるのだろうか，と巴は考えはじめる。認知症を生きる義母と嫁との葛藤を描き，それを乗り越えていく「感動の実話」だ。この映画の凄さは，政子と巴という２人の女性の“生きざま”を描いたところであり，とくに巴の政子に向かう意識の変化を，普段の暮らしの場から決して離れることなく描いてみせたところだ。自分の家に帰りたいと語る政子。名前と住所を聞く巴。正確に子どもの頃の住所を告げる政子。そんなに遠くてはこれから帰るのも大変だ，今日はここで泊まっていってくださいと優しく語りかける巴。その言葉に甘え，泊まらしてもらおうとする政子。お茶を飲みながら語り合う２人の姿。ひとはどんな関係があろうと，もともとは別のひとである。でもお互いが相手の「ひと」らしさに「いま，ここ」で向き合うことから生きていけるのだと。そんなことを象徴する静かなラストシーンだ。

ほかにも**『アカシアの道』**（松岡錠司監督，2001年），**『金髪の草原』**（犬童一心監督，1999年），かつての名作**『恍惚の人』**（豊田四郎監督，1973年）なども必見だろう。

第 13 章

原爆問題について自由に思考をめぐらすことの困難

（左上・右上・右下：時事提供，左下：朝日新聞社提供）

世の中には，関心をもつべきと思いながらも，きっかけや手がかりなしには考えにくい問題がいくつもある。そのうちの一つとして，原爆（核兵器）がある。ただ，私たちは，原爆についての知識をまったくもっていないわけではない。Web 検索すれば膨大な数の情報が出てくることから，Web にアクセス可能であれば，私たちは，原爆について，むしろ「知っている」。

しかし，その知識を活かして，自由に発想することは難しい。試しに，自分にとって「原爆」とはどのようなものだろうかと問うてみよう。あなたは，この問いに応えることはできるだろうか。

ここでは，原爆問題について，自分の頭で考えることができるようにするためのきっかけを提供したい。

1　はじめに

毎年夏が近づくと，原爆や被爆者に関わるさまざまな報道や報告が，マスメディアを通じて多くなる。とりわけ現代の若者はインターネットやSNSに通じているため，それらに意識せずとも多く触れることで，原爆問題については十分な知識をもち，理解しているように考えられるが，はたしてどうであろうか。

筆者は，大学で原爆問題と被爆者の戦後の歩みをテーマとした講義を行っている。学生には毎回コメントペーパーを渡し，その日の授業について思ったことや考えたこと，疑問に思ったことなどを自由に書いてもらう。ある日の授業で，こちらから次のような質問を投げかけた。日本は「唯一の被爆国」であると認識しているか。この解答として，多くの学生がそのようには認識していないと答えた。加えて，多くの学生がその理由も書いてくれた。

学生が日本は「唯一の被爆国」としては認識していない理由には，2通りの答え方があった。一つは，原爆問題や被爆者にそもそも関心がない，または多少関心があったとしても，家族や親族などの身近な人たちのなかに被爆者がいないために，原爆は遠い過去の問題だという認識である。この学生たちは，原爆は自分たちの日常生活には直接関わってこない，またはそれを「リアル」に感じることが難しいために，結果としてそれへの関心が薄くなっていると考えられる。

もう一つは，被爆したのは日本国ではなく，日本国民であること，そして日本人だけでなく，朝鮮人やアジアからの留学生，敵国のアメリカの捕虜たちも被爆したのだということである。つまり学生たちは，「唯一の被爆国」という言い回しを批判し，アジア・太平洋戦争での日本の「加害」責任について言及していた。原爆被害は先の戦争のなかでもっとも顕著な被害の歴史としてとらえられることが多い。そのなかで学生たちのこの加害に関する指摘には，被害と加害の両側面を，歴史的な事実として適切に踏まえようという意識が見受けられる。

このような2通りの答え方について，前者の学生たちには，原爆問題への関心を喚起させるような啓発行動を行うことは一つの手段としてあるだろう。しかし，ここで行いたいのはそれではない。また後者の学生たちは，一見すると，アジア・太平洋戦争にかんして適切な認識をしていると受け取れるかもしれないが，はたしてそう言い切れるだろうか。なぜならば，被害と加害のどちらか一方に偏ることなく，戦争の歴史の両側面を踏まえておくことはもちろん大切なことであるが，先の戦争にかんして平等に認識しておけば，それで事足りるのだろうかと疑問に思うからである。

両者に共通して見受けられるのは，学生たちは，原爆問題について思考停止に陥っているということである。関心が薄い学生たちにかんしては，いうまでもないことであるが，戦争の両側面を指摘する学生にとっても，いずれかに偏らず認識することがもつ意味を考えること，ひいては戦争とは何かと問い考えるということはできておらず，結局は原爆問題は過去の出来事の一つとしてしか映っていない。このように，思考停止に陥ることによって，引き起こされる問題がある。それは，学生たちが，現代社会は歴史的な積み重ねのうえに築かれているということを認識し，かつ批判的にとらえることを困難にする，という問題である。つまり，原爆問題を単なる過去の問題としてのみとらえるのであれば，学生は自分自身がこの現代社会を歴史的な主体として生きているという視点をもつことが難しくなる。そしてこのようなとらえ方は，結果的に，今の社会が抱えるさまざまな暴力や危機的状況を等閑視することにもつながっていく。

学生たちが陥っていると考えられるこの思考停止の状態を，ここでは社会的な問題としてとらえ，考えていきたい。思考停止の状態を，単に学生の個人的な能力の欠落や努力不足などとして考えるのではなく，現代社会を生きる多くの人びとに見受けられる思考パターンとみなし考察していく，ということである。この観点から問題を言い換えると次のようになる。原爆問題や被爆者の人生について，思考のパターンとして，多くの人びとは自由に思考するということが難しくなっている。それでは，少しでも自由な思考を可能にするためにはどうしたらよいだろうか。

私たちの多くが原爆問題に触れるのは，一般的にマスメディアを介してである。その際，どのような内容に触れることが多いかが問題である。原爆問題は，典型的に，被爆前後の出来事に集中して語られることが多く，その一方で戦後の原爆に関連した出来事や被爆者の動向については断片的な語られ方で，比較的数も少ない。原爆の被害を生き延びた被爆者による証言でも，焦点を当てられることが多いのは被爆前後である。ただ，被爆者の証言のなかでも必ずといっていいほど語られる“核兵器廃絶の思い”や“原爆犠牲者への追悼の気持ち”は，被爆者が被爆したという事実からだけでは生まれない。管見する限り，それは，被爆者が原爆の被害のなかを生き延び，戦後各々の方法でそれに向き合い，意味を見出すことによって，生み出されてきた。私たちが被爆者の思いや原爆問題について適切に知り，みずから考えることができるようにするためには，被爆者の戦後の歩みに目を向けることが必要となる。

当然のことだが，核兵器廃絶の思いは，被爆者のみが抱いているわけではない。私たちの多くもその実現を強く望んでいる（と思う）。しかし，私たちは，一方で「核兵器廃絶」や「平和」は日常生活からかけ離れた言葉で，実感を得られないと感じてはいないだろうか。世界から核兵器を一切なくし，平和な世の中を築いていくという理念はそれ自体とても重要ではある。しかしこれらの言葉をいったん口にするやいなや，空々しく感じる。あるいは，実感はほとんどないけれども，発言することで何かを理解したように思えてしまう。

このような馴染みの薄い言葉に対して，人びとの生活経験や人生経験に基づいた解釈の仕方がある。その解釈によって，人びとは等身大の高さから核兵器廃絶をとらえることが可能となる。それはどのようなものだろうか。以下では，原爆問題や被爆者の人生に関する自由な思考への呼び水として，被爆者の観点からとらえられた核兵器廃絶について見ていきたい。

2　被爆者たちにとっての核兵器廃絶

被爆者の戦後とはどのようなものだろうか。多くの被爆者は，原爆の被害を心身に抱えながらも，それに向き合って被害の内実や意味をみずから明らかにし，国内外の人びとに訴えてきた。そのうちの一つとして，国家補償に基づいた原爆被害者援護法を求める運動（以下，被爆者運動）がある。この被爆者運動は戦後70年以上が経過した現在においても続けられているが，そのなかで重要なのが，「原爆被害者の基本要求」（以下，「基本要求」）である。これは，原爆被害を生き延びた被爆者たちの思いや願いが明確かつ論理的に示された文書である。ここには，被爆者たちにとっての核兵器廃絶の意味が明記されている。

「基本要求」のなかで，とくに重要となるのが先述した国家補償である。これは特定の活動によって国民に生じた被害を国が補塡するという意味である。具体的にいうと，国家主導で開始・展開された戦争によって国民に生じた被害を国に補償させることで，戦争責任を問うということである。原爆を投下したのはアメリカであるため，アメリカに対して補償を求めるべきだと思うかもしれない。しかし原爆投下に至った背景には，日本国が戦争を開始したことが大きく関係している。被爆者運動では，つまり日本政府が原爆被害を補償するということを求めている。後述するように，ここには重要な意味が含まれている。

被爆者はすでに1950年代から日本政府に対して国家補償に基づいた援護を求めてきた。1956年に被爆者の全国組織である日本原水爆被害者団体協議会（以下，日本被団協）が結成され，この要求はその時のスローガンに盛り込まれていた（日本原水爆被害者団体協議会 2009）。ただその要求内容が被爆者たちの思いとして明確に結実したのは，1980年代以降である。ここではまずその経緯を簡単に見ていこう。

◘「原爆被害者の基本要求」作成の歴史的過程

日本政府は，1978年，被爆者に対する援護政策を検討するために，原爆被爆者対策基本問題懇談会（以下，基本懇）を設置した。これ以前にも，政府は被爆者対策を講じてきた。「原子爆弾被爆者の医療等に関する法律」（以下，原爆医療法）と「原子爆弾被爆者に対する特別措置に関する法律」（以下，原爆特別措置法）の2法の制定や，原爆被害の実態把握を目的とした全国調査（1965〔昭和40〕年，1975〔昭和50〕年）に取り組んできた。しかし，国の被爆者に対する政策の方針がより明確に示されたのはこの基本懇の答申によってであった。

政府がこの基本懇を発足した要因とみなされているのが，在韓被爆者孫振斗の裁判である。大阪生まれの孫は1945年8月6日広島で被爆した後，韓国に強制退去させられていた。「在韓」被爆者の彼は，1970年，原爆被害の治療を求めて「密航」し，被爆者健康手帳の交付を目的に福岡地裁に訴えた。彼の裁判で焦点となったのが，国家補償である。当時施行されていた原爆医療法は社会保障立法であると考えられていた。そのため，この法律が適用されるには，日本に住んでいることが条件となっていた。密入国の孫は当然のことながら，この条件を満たしていなかった。しかし福岡地裁，そして後の高裁では，原爆医療法は社会保障に基づくものではなく，国家補償的性格を有するとの判決が下された。

この司法での争いは，最高裁まで持ち越された。判決では「実質的に国家補償的配慮が制度の根底にある」と判断され，1978年に彼は勝訴した。判決文には明確に，原爆による健康被害は「さかのぼれば戦争という国の行為によってもたらされた」と記され，結果彼には手帳が交付された（中島 1998）。

この判決は，それまで被爆者援護政策は社会保障法に基づくと主張してきた日本政府に大きな衝撃を与えることとなった。政府は，専門家による検討会議として基本懇を設立させた。そして，２年後の 1980 年，基本懇は意見書「原爆被爆者対策の基本理念及び基本的在り方について」を発表した。被爆者や関係者らは，期待と不安の入り混じった複雑な感情を抱きながら発表を待っていたが，その内容は期待を大きく裏切るものであった。意見書の文面のはじめのほうでは，戦争による国民の犠牲のなかでも被爆者の犠牲は特殊性の強いものであり，晩発性障害で悩む人もいるという見解が盛り込まれてはいた。しかし，その文書の後半部分では，「戦争という国の存亡をかけての非常事態」においては「国をあげての戦争による『一般の犠牲』として，すべての国民がひとしく受忍しなければならない」と結び，被爆者に対する国家補償を事実上否定した。

被爆者や関係者，支援者などは，この基本懇の意見書に対して当然のことながら反発し「戦争被害は『受忍』できない」と抗議した。それとともに，日本各地で「原爆の非人間性と国の戦争責任を裁く国民法廷」を開催したり，自分たちの要求に合致した被爆者援護を盛り込んだ法の制定をめざすために，1000 万人署名運動を多くの支援者とともに推進したりするなど，反発の機運を高めていった。そして，日本被団協は，1984 年，現在に続く被爆者運動のバイブルとも称される文書「原爆被害者の基本要求」を策定した。

◈ 被爆者と私たちの「基本要求」の含意

「基本要求」は，全国の被爆者を対象に行った要求調査と全国的な討議を重ねて作成された。この調査は自由記述式の回答であったにもかかわらず，回答者3700人のうち，4分の3もの人たちがみずからの言葉で，「ふたたび被爆者をつくらない」「子や孫には同じ苦しみを味わわせたくない」と記入した。ここには，被爆者たちが，身をもって体験した「地獄」の苦しみを二度と誰にも経験させたくないという切なる思いが表れている。

この「基本要求」は，2つの柱から構成されている。一つ目が，調査回答にあった「ふたたび被爆者をつくらない」である。これは，「被爆者のいのちをかけた訴え」であり，また「日本国民と世界の人々のねがい」でもあると規定する。続けて「広島・長崎の犠牲がやむをえないものとされるなら，それは核戦争を許すことにつなが」ると明記されている。

この柱には，2つのポイントがある。ポイントの一つ目は，「ふたたび被爆者をつくらない」，つまり核兵器廃絶は，被爆者だけではなく，私たちの「ねがい」でもあるということである。原爆の被害にかんして，被爆者ではない私たちの多くは直接的に関係はないかもしれない。しかし現在および未来における核兵器の存否については，私たち自身の生き方そのものが関わっているため，私たちは核兵器と無関係ではいられない。

そしてその姿勢を打ち出すためには，原爆による犠牲とその被害に対する政府の方針に目を向ける必要がある。これが二つ目のポイントである。基本懇答申の「受忍」とは，国民が核の被害を受け入れることができるということであり，そうであるならば，核戦争は可能であるという意味を暗に含むことになる。「受忍」

は原爆による犠牲者つまり死者を冒瀆する行為であり，被爆者たちはそれをはっきりと拒絶する。

「基本要求」の二つ目の柱は，「原爆被害者援護法の制定」である。先述した国家補償はここに関わってくる。国家補償に基づいた援護政策を可能とするこの法律を政府が制定することは，「受忍」政策を否定かつ放棄し，「核戦争被害を拒否する」ことを権利として打ち出すこととなる。核戦争被害を「受忍」できないということは，核戦争の拒否である。つまり，この法律の制定は，「ふたたび被爆者をつくらない」という誓いを宣言することになるのである。

「基本要求」は，繰り返しになるが，被爆者にとってのみ意味ある文書ではなく，私たちのための文書でもある。また，この文書からは，原爆被害をどうするかということは今とこれからの核兵器に対する姿勢と密接に関係しており，まさに過去の蓄積のうえに現在と未来があることを理解することができる。被爆者たちにとっての核兵器廃絶は，私たち，そしてこれから生まれてくるであろう人びとにとっての反核にもなりうるということである。

3　一人の被爆者にとっての核兵器廃絶

前節で見てきた，被爆者たちにとっての核兵器廃絶は，被爆者運動に関わる多くの被爆者が理念として共有していることである。そのため，個々の被爆者が抱く思いや願いそれ自体には焦点を当てていない。本節では，個別性に徹底的にこだわることで，一人の被爆者の視点からとらえられる核兵器廃絶について見ていきたい。

ここで対象とするのが，被爆者のＡさん（女性）である。23歳の時に広島で被爆したＡさんは，残念ながら2008年に亡くなっている。なぜＡさんについて見ていくのか。Ａさんは，生前被爆者運動に関わり，何百回と数えきれないほどの証言活動を行って，多くの人びとに影響を与えてきた。彼女は，筆者にとっても忘れることのできない被爆者の一人である。このように表現すると，Ａさんはただ心に強く印象が残る思い出の故人であるかのように思われるだろうが，そうではない。Ａさんはインタビュー調査をきっかけに出会った被爆者の一人ではあるが，現在においても筆者に大きな影響を与える（正確にいうと，筆者に大きな課題を与える）。なぜならば，Ａさんの被爆者としての人生について，筆者は完全に理解しきれたとはいえないからである。被爆者の人生と思いを「理解する」ということがいかに難しい問題であるか，彼女の語りから，現在においてもつねに考えさせられ続けている。

Ａさんの人生について，被爆体験を語るという行為に焦点を当てて，見ていきたい。この証言活動に目を向けるのは，みずからの体験や経験を語るという行為であるためか，Ａさんの他者との関係性や，彼女のその時々の内面をとらえやすいからである。これから取り上げていく彼女の語りは，筆者がＡさんに行った３回のインタビュー調査（2003年３月～10月，2005年４月）のデータに基づいている。

◆ 証言活動のきっかけ

Ａさんにとって，被爆体験を語ることはざんげすることである。彼女は，被爆体験の証言として，８月６日の原爆投下前の朝の状況から始まり，息子とともに自宅で被爆し，その後必死になって逃げ延び，三滝の河原（広島市西区）で次の日の朝を迎えるまでの経験について語る。特徴として，彼女が逃げる最中に助けを求められながらも，まったくそれに応じることができなかった人びとの死に様やその他見聞した出来事が，その当時の彼女の認識や感情も交えて表現される。他の被爆者の証言においても，似たような語り方ではあるが，Ａさんの場合は，それらの認識や感情が彼女の語りの重要な構成要素となっている。原爆の日のＡさん自身の行いがざんげの対象であるからである。彼女は，証言のなかで，あの日原爆で亡くなっていった人びとについて語りながら，自己中心的で利己的な自分を戒めそして悔やむ。

Ａさんは証言活動を始めるよりも前に，体験に基づいたエッセイを書いている。それを始めたのは，被爆後に広島を離れ埼玉県内のある団地に住んでいた時である。団地には「綴り方」の「サークル」があり，彼女は友人の誘いでそれに参加した。「戦争とわたしたち」というテーマが設定された時，東京大空襲の体験を書く人が多いなか，原爆被害については書く人はもちろんのこと，それを知る人もほとんどいなかった。迷ったものの講師の勧めもあり，Ａさんは被爆体験を書いた。それ以来機会がある時に執筆し，作品は十数編に及ぶ。

もう一方の被爆体験を語るということのきっかけに関しては，孫の誕生と関係がある。彼女は誕生の連絡を受けて病院に行き孫の顔を見た時に，ふと「一つ目の子ども」を思い出したという。「一つ目の子ども」とは，被爆直後Ａさんが河原に逃げる途中，助けを求めて彼女の足をつかんできた子どもである。彼女はその子の顔を見て怖くなり，とっさに足蹴りにし手を振りほどいて，逃げた。この話は，証言のなかで被爆直後の重要な出来事の一つとして取り上げられる。Aさんは，女の子の孫を見て，「一つ目の子ども」は「女の子だったかもしれない」ということ，そしてその子どもが私の孫になって生まれてきたのかな，と「変なこと」を思ったという。

被爆して以後，孫が生まれるまでのあいだ，Aさんはこの「一つ目の子ども」を思い出すことはなかった。しかし，女の子の孫が生まれたことに「縁」を感じ，「一つ目の子ども」との連想という「偶然」について深く思いをめぐらすようになったという。この出来事とタイミングが重なるようにしてタウン誌記者からの取材や，その当時住んでいた埼玉県内の学校からの語り部の依頼があり，それらに応じることで，被爆体験を語るようになっていった。

◇ ざんげとしての証言活動

①証言の一時的な中断

このようにしてAさんは被爆体験を語り始め，30年以上にわたりこの語る活動を実践してきた。しかしざんげになっていないのではないかと思い知らされる出来事が起こった。さらにその出来事は，証言活動の継続を断念させることを迫るものでもあった。

Aさんはある時，家のなかで「不注意」により足首を骨折し，入院を余儀なくされた。骨折の瞬間はあまり痛みを感じていなかったものの，入院してからの2日間はうなされていた。家族や医師，看護師は，足を金属で固定する必要があるほどの骨折であったため，彼女の呻き声は痛みからくるものだと思っていたが，Aさんはそれを否定する。彼女は，うなされていた時「本当に責められていたんですよ」と語る。

被爆直後，事前に避難場所に決めていた河原やそこにたどり着くまでのあいだに，Ａさんは先述の「一つ目の子ども」に足をつかまれたり，死に際の母親に小さな手で何度も水をすくっては運ぶ傷を負った少女や，学校の先生に引率されながら家族の名前を叫ぶ重傷の子どもたちに遭遇したりした。彼女は入院中，そのような人たちに，あの日の状況の「河原」の地面に縛りつけられ，取り囲まれる「夢」を見ていたというのである。この「夢」に悩まされていた時間は，後に息子が伝えた，Ａさんが呻き声やうわ言を発している時間と重なり合うために，彼女は彼／彼女らに責められていたと強く思うようになった。

そして次のような考えに至る。「だからいつも頭のなかに，忘れたような，何か苦痛な時に，私はその，平凡な言い方でいえば，罰があたったんだな」。Ａさんは，入院する前まで，あの日自分が手を差し伸べることもしなかった人たちのために，当時の自分の言動を率直に振り返り語ることがざんげになると思い実践してきた。しかしそのようなとらえ方が，「あまりにも一方的に自分の考えだったなあ」と思い返した。そのため，いったんは証言活動はもはやしないと決意した。ただ，退院後数か月のリハビリを経て歩行可能となり，また，入院する前より証言をしにいくと約束を交わしていた人たちがいたことから，彼女は再び語り始めた。

Ａさんの身に降りかかったこの「夢」＝災難は，彼女の心にたしかなしこりとして残った。次項以降で明らかとなるが，彼女の語りを丹念に見ていくと，Ａさんの心のなかには葛藤があることがわかる。

②聞き手との再会

Aさんの証言のなかに登場する他者の多くは，死者である。正確にいうと，被爆体験を語っている時点ではすでに亡くなっている原爆死没者である。彼女は，彼／彼女らの死に様を語っている。その際，当然のことだが，生きている他者に向かってざんげを行う。語り手であるAさんと聞き手である人びとの関係は，たいてい証言が行われるその時にのみ成立する一過性のものである。しかし，かつて聞き手となった人たちとの再会によってその関係はその後も続いていたことが明らかとなり，彼女はそれを象徴的に「縁」「糸」と表現する。

Aさんは，学校や講演会，その他多くの場面で証言を行ってきたため，日常生活のなかでかつて聞き手であった人びとと再会することがある。たとえば，彼女はある時大学生の女性に電車のなかで声をかけられた。その女性は，かつて自分が小学生か中学生の頃に学校でAさんの証言を聞き，なかでも「一つ目の子ども」の話が印象に残っていると話してくれた。彼女は，こういった再会から「お話が生きてた」ことを喜び，「何か，核廃絶の，小さ〔い〕，なかの一コマでつながってるんだなぁ」と関係性が続いていることを実感する。

かつての聞き手との再会と「縁」「糸」の実感は，Aさんが入院後に証言活動を再開させる時の原動力にもなった。また，次に示すように，それらによって，彼女は証言に対する聞き手の解釈についてある程度寛容にもなっている。彼女は，時に証言をすることで，ざんげは済んだと思うかどうか聞いてくる人がいるという。その質問に戸惑いつつも，彼女は，自分は「罪深い人間」であるが，証言を通してさらされる「裸の姿，私の本当に自分でも怖いような私」に対して，何か感じとってくれればと語っている。

③被爆者としてのＡさん／Ａさんのなかの被爆者

Ａさんは，「夢」を経験してから，ざんげになっているかどうかについて２通りの語り方をしている。彼女は証言をすることで，「許してもらえるんじゃないか」という「甘い考え」をもっているという。他方では，先に明示した語りにつながるが，入院時の出来事を考えると「許してもらえないと思います。でも伝えていきたいとは思いますからねえ」と述べている。

Ａさんのざんげをめぐるこの２つの解釈は，一見すると矛盾しているように見えるかもしれない。しかし，２つのうちの一方が真実で他方が嘘ということではなく，いずれも彼女の偽らざる心情であり，つまりは彼女は２つの解釈のあいだで揺れているのではないだろうか。ざんげになっているかどうかの確証は，彼女の語りを見る限り，外部からは与えられない。先述したかつての聞き手との再会や「縁」の実感など，他者からの承認は，彼女にとっては証言をするうえでの一つの原動力にはなりえても，ざんげのたしかな証拠とはなっていない。そのため，手を差し伸べなかった人びとに許してもらえるかどうかを判断する基準は，自分のなかに求めざるをえない。結果，彼女のその時の心情や生活状況によって，「許してもらえるんじゃないか」にも，「許してもらえない」という気持ちにもなりうる。

Ａさんは，「夢」を見る以前も，証言活動をすることでざんげになるか悩んでいたことがあったのかは，語っていないため，わからない。はっきりとしていることは，彼女は，「夢」を見た後も，ざんげになっているかどうか確証は得られないけれども，証言を続けているということである。「夢」は，むしろ彼女に証言活動をさらに継続させる効果をもったように考えられる。強引な解釈であるかもしれないが，Ａさんにとっては，一回一回の証言がざんげになるのではなく，証言し続けることが何よりも大事であり，それがざんげになりうると考えたのではないだろうか。

このように解釈するのは，Ａさんの日常生活のなかでのその「夢」についての意識のもち方が関係している。証言活動は当然のことだが，毎日行っているわけではない。つねにざんげの日々を送っているのではない。ただ何者でもない普通の人として日常生活を送るなかでも，彼女は「夢」に出てきた人たちを意識することがある。他の人と同様に，喜怒哀楽さまざまな経験をする。ただ，辛い，苦しい，悲しいと感じる出来事は彼女にとって，あの日とつながっている。あの日のあの人たちの魂が，忘れてはいけないと語りかけてくるように感じるというのだ。それらの経験は，彼女にとって「手綱を引き締める」効果をもっている。「私にはそれがあっていいと思うんですよ」と，自分に言い聞かせるように語る。

Ａさんは，ざんげとして証言活動を行う。また，日々の生活のなかで時に，あの日自分が手を差し伸べなかった人たちのことを想起する。しかし，彼女はつねに被爆者としてのみ生きてきたわけではない。日々の暮らしを楽しみ，家族や友人，そしてかつて聞き手であった人たちとのつながりに喜びを感じていた。インタビューのなかで，息子夫婦とたわいもない会話をして笑ったエピソードも明かしてくれた。Ａさんは，このように，日常生活のなかでは時に被爆者としての自分を意識し，かつ「夢」と「糸」の狭間で証言活動を行ってきたのである。

◇ ざんげと核廃絶のつながり

被爆者は必ず核兵器廃絶を願っているという想定はあたりまえのことではない。証言活動を行う被爆者であるからといって，誰しもが同じ願いや思いをもって語っているとみなす，あるいはそのようなものだと強要することはできない。あの日のきのこ雲の下にいた人びとがどのように生き延び，生活してきたのかという，戦後の経験に目を向けなければ，それぞれの被爆者の思いや願いを適切に理解することはできない。

Ａさんの証言は，あの日自分が手を差し伸べなかった人たちにざんげをするという，一見すると自己目的の語りになっている。しかし，根底では，ざんげは核兵器廃絶への願いとつながっており，そのことにはっきりと言及している。以下の引用は，Ａさんが，年をとり死期が近くなって考え思うようになったことについて語っている個所である。

> 「原爆（＝核兵器）っていうものを，まだみんな世界のどこの，５つの国，６つの国は抱えて使おうと思って待ってる。あれがなくならない以上は，あの人たちの魂は宙を回ってる。回ってますよ，うん。あのう，安らかに眠ってくださいって，どんなにいったって，安らかに眠れはしない。あの人たちの，魂は宙を回っているから，そうすると，私が死ぬのを待ち構えてて（笑），みんなして私を取り押さえて。（私は）どんな目にあったってしょうがないんだけど」

Ａさんにとって，死ぬこと自体は恐ろしいことではない。彼女が亡くなった後に向かう「地獄の入り口」であの人たちが待ち構えていることに対して，恐怖心を抱いている。これは単に彼女が勝手に想像し恐怖を感じたことによる発言ではない。

あの日のあの人たちがAさんを待ち構えているのは，現在のこの世界に核兵器が存在していることと密接に関係している。「5つの国，6つの国」，具体的には核不拡散条約で国際的に保有を認められた5か国と，条約非批准のインドやパキスタン，北朝鮮といった国々が核兵器を保有する限り，原爆で死没した人たちの「魂は宙を回っ」たままなのである。また，Aさんは，広島市の平和記念公園内にある原爆死没者慰霊碑の碑文「安らかに眠って下さい　過ちは繰返しませぬから」を引き合いに出し，批判している。死に追いやった核兵器がなくならない限り，死者は碑文のように「安らかに眠」ることはできない。

Aさんの「夢」に出てくる人たちは，原爆により犠牲になった人びとである。核兵器は現在も廃絶されず使用される可能性さえあるという状況は，彼女にとって，その人びとの魂が「宙を回っ」たままの状態，つまり彼ら／彼女らの死がなおざりに扱われていることを意味している。この認識は，前節で検討した，「基本要求」に明記された核兵器廃絶の理念と重なるところである。「広島・長崎の犠牲がやむをえないものとされるなら，それは核戦争を許すことにつなが」る。

ただ，上記の語りには，Aさんの個別性も表れている。Aさんにとっての核兵器廃絶は，被爆後に彼女が手を差し伸べなかった人たちが「安らかに眠」ることができている状態である。一見すると，それが実現することによって，彼女は先の恐怖心を抱くことなく，またざんげになっているかどうかと悩むこともなくなると考えられる。しかし，彼女はそれで確実に証言活動を終わりにする，と断言することはできない。ざんげは，彼女があの日の自分をあるがままに提示することで，死者を「供養」するという行為である。そのため，その時の彼女の死者との対話によりざんげになりえたかどうかが決まると考えられるからである。つまり，核兵器廃絶は，彼女にとって，被爆者として実現すべき理念であっても，最終的なゴールとはいえないのである。

4 おわりに

核兵器廃絶をめぐるＡさんの見解は，前節で見てきたように，インタビューでの彼女の語りに基づいて構成されている。つまり筆者が理解した彼女の見解である。もう少し詳しく述べると，筆者が現時点で理解しているＡさんの核兵器廃絶論である。彼女の人生については，これまでに数回その理解の内容を明示するとともに，理解することそれ自体に関して論じてきた（八木 2012, 2015）。

他者の経験を理解することとは，他者の経験を自分の意味世界に所有することである（鈴木 2008）。他者の経験をすべて自分のなかに取り入れることはできない。なぜならば意味世界には限界があるからである。しかし，私たちは以前までわからなかったことが理解できるようになることを経験的に知っている。要するに，意味世界は可変的である。

原爆問題や被爆者の人生について，今後被爆当事者が亡くなっていくことで，人びとの思考停止がさらに進むことが予想される。しかし，自由に思考することは不可能ではない。そのためには，これまで見てきたように，まず現在自分がわかったと思っているその内容がどのような要素によって構成されているか，見極める必要がある。それはなかなか困難な作業ではあるが，自分の意味世界の限界を認識することにつながる。

被爆者たちおよびAさんにとっての核兵器廃絶は，いずれも原爆により犠牲となった死者の問題を射程に入れていた。反核の理念は，原点，つまり原爆被害とは何かに立ち返ることが求められている。この観点は，アメリカの核の傘の下，原発を有する日本社会に生きる私たちにとって，重要かつ不可欠である。思考停止のままではいられないはずである。

参考文献

中島竜美編，1998，『朝鮮人被爆者「孫振斗裁判の記録」――被爆者補償の原点』在韓被爆者問題市民会議。

日本原水爆被害者団体協議会・日本被団協史編集委員会編，2009，『ふたたび被爆者をつくるな――日本被団協 50 年史（本巻）（別巻）』あけび書房。

鈴木智之，2008，「他者の語り――構築と応答のあいだで」『三田社会学』13。

八木良広，2012，『戦後日本社会における被爆者の「生きられた経験」――ライフストーリー研究の見地から』慶應義塾大学大学院社会学研究科 2011 年度博士論文。

――――，2015，「ライフストーリー研究としての語り継ぐこと――『被爆体験の継承』をめぐって」桜井厚・石川良子編『ライフストーリー研究に何ができるか――対話的構築主義の批判的継承』新曜社。

ブックガイド

原爆問題と被爆者の人生について，自由な思考を可能とする作品を5点紹介したい。

米山リサ『広島――記憶のポリティクス』（岩波書店，2005年）

▶広島という一つの地域社会を舞台に，戦後原爆被害の記憶が政治的にいかに（再）生産されてきたかについて論じている。この研究領域において必読書ともいいうる。

福間良明・吉村和真・山口誠編『複数のヒロシマ――記憶の戦後史とメディアの力学』（青弓社，2012年）

▶戦後日本社会のなかで「ヒロシマ」がどのように喚起されてきたかについて，さまざまなメディアを駆使して例証している。

濱谷正晴『原爆体験六七四四人・死と生の証言』（岩波書店，2005年）

▶日本被団協が1985年に実施した「原爆被害者調査」の結果から戦後の被爆者の生を丹念に分析し明らかにしている。

ロバート・J・リフトン／桝井迪夫ほか訳『ヒロシマを生き抜く〈上〉――精神史的考察』（岩波書店，2009年）

▶ 1960年代に広島でインタビュー調査を行い，被爆者の心の傷について分析したアメリカの精神科医による研究書である。

堀川惠子『原爆供養塔――忘れられた遺骨の70年』（文藝春秋，2015年）

▶広島平和記念公園のなかにある「原爆供養塔」を舞台に，それとともに生きてきた一人の女性の人生記を柱としながら，供養塔に眠る死者の生前の姿を明らかにしている。

くまさんの映画コラム⑬

『ひろしま』が描こうとするヒロシマ

『ひろしま』（関川秀雄監督，日教組製作，1953年）。60年以上も前の作品だ。アメリカが水爆実験を繰り返し朝鮮半島での核兵器使用の可能性を検討する。日本では被爆者への無理解が拡大し原爆への怒りや恐怖が忘れ去られている。当時の情況に対する苛立ちや怒りがあふれ出してくる。この作品は“映画”以前に原爆や戦争の恐怖を真正面から訴えようとした“運動の叫び”であり“歴史的モニュメント”だ。被爆7年後，原爆への恐怖の忘却，被爆者への無理解，からかい，原爆再使用への警鐘など，まさにヒロシマをめぐる強烈な政治的社会的メッセージが高校生の姿や声で重ねられていく「いま」と，原爆投下直後の惨状を“延々と”描いていく「あのとき」という2つの独立した映像の塊から映画は構成される。「塊」と表現したが，見る側に「原爆をめぐるあなたの考えや姿勢がいかにいい加減か，よく反省してみろ」と訴えかけてくる高校生の姿や声の重なり，“延々と”続く被爆直後の惨状を描く映像は，まさに強烈な力を行使する塊として私に届いてくる。ただ映像の塊と向き合いながら私は不思議な印象にとらわれた。原爆投下直後，街が崩壊し人びとが死んでいく惨状を再現した映像から，どういうわけか凄惨さが伝わってこないのだ。でもそれは仕方がないのかもしれない。「ひと」の崩壊を何のためらいもなく描けるだろうか。これでもかと見せていく「あのとき」の映像からは，描こうとがんばるがどうしても描けない“もがき”，描いてはならないからこそ，なんとかして伝えたいという“意志”が切ないまでに感じられ極めて感慨深い。啓発的なメッセージが充満した「いま」を語る部分。描けないでも感じよと反復される「あのとき」の部分。両者を強引につなげようとした当時の人びとの“熱”は，仮にSFXなど先端映画製作技術を駆使して迫力ある新たな『ひろしま』をつくれるとしても決して再現することなどできないだろう。

『父と暮せば』（黒木和雄監督，2004 年）。原作は井上ひさしの舞台劇だ。原爆投下から 3 年後の広島。図書館に勤める美津江。彼女は 8 月 6 日，偶然かがみこんだ石灯籠の陰で奇跡的に生き残り，前庭で掃除をしていた父は真っ白な閃光のなか命を落とす。ある日，図書館に男性が訪れ，彼女は好意をもつ。男性も美津江に好意をもち，下宿にためた被爆資料を図書館で預かってくれないかと相談をもちかける。美津江が男性にときめいた瞬間，家のなかに幽霊の父が現れ，男性に想いを寄せる美津江の姿に喜ぶ。男性への想いを抑えこもうとする美津江。なんで幸せになっちゃいかんのかと娘を説得する父。私は幸せになっちゃあいけんのじゃ，と父の説得に抵抗する娘。言葉の力，映像の力がじわじわと伝わってくるシーンがある。父が「ヒロシマの一寸法師」を語るくだりだ。一人語りの途中，広島上空で原爆がさく裂し真っ白な閃光が街を一瞬にして覆い，街がすべて溶け消え去り，キノコ雲が湧き上がる CG 映像が挿入される。父の一人芝居を見，語りを聞き，CG 映像を見ながら，私は体が震え鳥肌が立っていた。原爆がさく裂した瞬間の定番の映像や語りかもしれない。でもそれは私の“わかりたいという思い”を軽々と超え，恐ろしく怒りに満ちた塊として私に迫ってきた。

ほかにも新藤兼人監督**『原爆の子』**（1952 年）**『第五福竜丸』**（1959 年）**『さくら隊散る』**（1988 年）。**『ゴジラ』**（本多猪四郎監督，1954 年），**『生きものの記録』**（黒澤明監督，1955 年），**『二十四時間の情事』**（アラン・レネ監督，1959 年），**『太陽を盗んだ男』**（長谷川和彦監督，1979 年），**『はだしのゲン』**（真崎守監督，1983 年），**『TOMORROW 明日』**（黒木和雄監督，1988 年），**『H story』**（諏訪敦彦監督，2001 年），**『夕凪の街 桜の国』**（佐々部清監督，2007 年），**『この空の花 長岡花火物語』**（大林宣彦監督，2012 年），**『爆心 長崎の空』**（日向寺太郎監督，2013 年）など，被爆問題や戦争の不条理を描こうとする映画がある。

第 14 章

原発事故による避難について考えるために

——生活の再建をめぐるジレンマ

楢葉町 帰れぬ住民

避難解除1カ月半 なお1割未満

川内村 1年で3割

「戻りたい、でも仕事がない」

原発避難解除 急ぐ政府

12日葛尾・14日川内…来春には4.6万人帰還対象に

放射線へ残る不安

楢葉は1.3%帰還

原発事故から5年あまり，これまでに何が起こり，いま何が問題になっているのか？（左：朝日新聞 2015 年 10 月 24 日，右：朝日新聞 2016 年 6 月 10 日）

2011 年 3 月に発生した東日本大震災と東京電力福島第一原子力発電所事故から，5 年あまりが経過した。いつの間にか政治のスローガンは「復興」から「地方創生」へと衣替えし，「もう 5 年」といった言葉とともに，震災と原発事故は過去の出来事のように扱われることが多くなった。

だが，原発事故によりそれまでの生活圏を追われた人びとの多くは，現在も各地で避難生活を送っている。原発事故が壊してしまったもの，それは彼らが長年積み上げてきた暮らしや人生にほかならない。その一方で，彼らは避難先などで日々の暮らしと生活を立ち上げようと試行錯誤を重ねてきた。

こうした状況のなかで，当事者は何を想い，どのような営みを行ってきたか，また現在いかなる問題に直面しているのか。本章は，ある障害者就労支援事業所のこの間の歩みから，原発事故による避難の問題を社会学として考えるための糸口を探りたい。

1　はじめに――原発事故と避難者の現在

◇ 原発事故とはいかなる出来事だったのか？

2011年3月11日に発生した東北地方太平洋沖地震（以下，東日本大震災）は，地震規模もさることながら，巨大津波の発生により，東北三県を中心として各地に甚大な被害を及ぼした。震災発生から5年あまりが経過してもなお，その爪痕は被災地に深く刻まれている。そして，この震災がこれまでの災害と大きく異なるのは，東京電力福島第一原子力発電所事故（以下，原発事故）による広範な地域の放射能汚染という，私たちの多くが想像さえしていなかった事態を招いた点にある。この事故により，福島第一原子力発電所が立地していた自治体や周辺地域の住民をはじめ，多くの人びとが避難を余儀なくされている。

原発事故をめぐっては，事態の推移を後追いするかたちで，政府による「避難指示」が放射能汚染地域に出されてきた。それは2011年12月以降，放射線量に応じて「帰還困難区域」「居住制限区域」「避難指示解除準備区域」に整理され，現在に至る。これら「避難指示区域」からの避難者は，2013年12月末の時点で約8万人に及んだ（経済産業省「避難指示区域の概念図と各区域の人口及び世帯数〔平成25年12月末時点〕」，2014年2月10日付）。

加えて今回の原発事故においては，上記の地域だけでなく，福島県内の他市町村や関東等から他地域へ避難する「自主避難者」が多数存在する。原発事故をめぐっては，現在も，事故処理や除染の状況などの山積する課題が報道されているが，この事故の本

▶図 1　避難指示区域の概念図（2014 年 10 月 1 日時点）

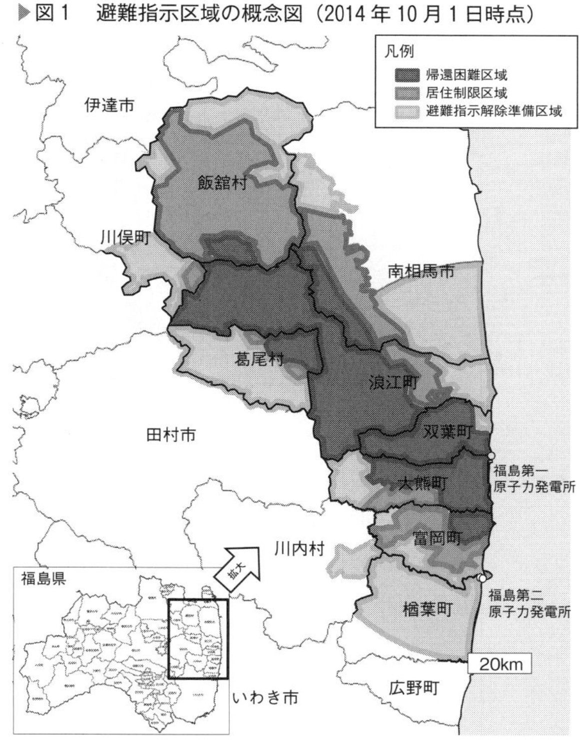

（出所）　経済産業省「避難指示等について」

質的な問題は，それまでの人生で積み上げてきた仕事や家族，地域での人間関係，思い描いてきた将来といった，多くの人びとの暮らしと生活が根本的なところから破壊されてしまった点にこそあるのである。

◇ 原発事故による避難の入り組んだ状況について

だが，現在進んでいるのは，原発事故が招いてしまったそうし

▶図2　楢葉町と近隣自治体

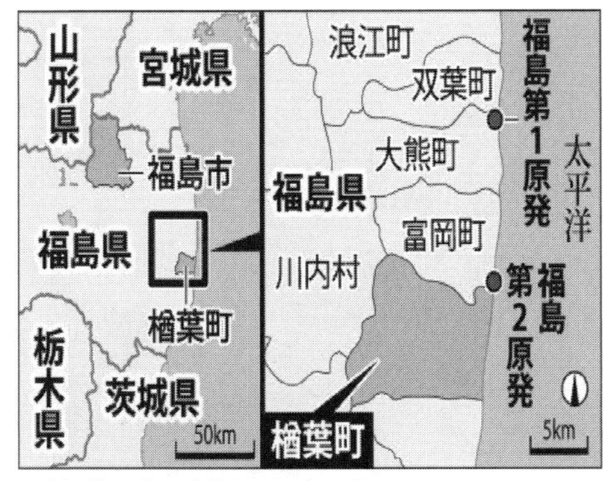

（出所）　毎日新聞 2015 年 9 月 5 日。

た事態を顧みない政策的対応である。

政府の「原子力災害対策本部」は 2015 年 9 月 5 日，原発事故で町全体が避難区域となっていた福島県楢葉町への避難指示を解除した。避難指示の解除は，同県田村市都路地区と同県川内村東部に続く 3 例目で，地域住民が全域避難をしている 7 つの町や村（富岡町・大熊町・双葉町・浪江町・楢葉町・飯舘村・葛尾村）では初めてとなる。

福島県の浜通り南部に位置する楢葉町は，人口約 7700 人（震災前）の自治体である。付近には，町内に東京電力福島第二原子力発電所があり，半径 20 km 内に福島第一原子力発電所が存在する。原発事故の後，楢葉町は全町民が地域外へと避難を余儀なくされ，町の大部分は 2012 年 8 月以降，「避難指示解除準備区域」に指定されてきた。

上記の地域から避難した人びとの多くは，時間の経過につれて，気候・人間関係・空間的距離等の諸条件から，隣接する浜通りのいわき市へ集中するようになっており，とくに楢葉町は，町民の80％以上が同市に避難している（楢葉町『県内外の避難先別世帯数・人数について』2015年8月31日付）。避難が長期化し，さまざまな生活問題が顕在化するなかで，楢葉町だけでなく，他の避難自治体や住民からも，今回の避難指示の解除は注目されている。

ただし，「楢葉町　全域避難を解除……すぐに帰還1割未満，再生険しく」（『毎日新聞』2015年9月5日）と危惧されていたように，地域の再生への道のりは険しいままである。避難者の「帰還」が進まない理由はさまざまである。原発の安全性への懸念，雇用の問題，小さな子どものいる家庭であれば教育環境，高齢者や障害をもつ人びとであれば医療や介護施設の状況など，元の居住地に「帰還」したとしても，それは避難以前の生活に戻ることを必ずしも意味しないからである。「帰還」をめぐるこうした状況は，先行して避難指示が解除された地域でも大きな課題となっている。

2　避難という経験をめぐって
——生活を再建していくための試行錯誤から

避難を余儀なくされた人びとはこの間にいかなることを経験し，現状をどのように受け止めているのだろうか。

楢葉町から避難している人びとが中心となって活動している障害者就労支援施設に，「ふたばの里」という事業所がある。この事業所は社会福祉法人「希望の杜福祉会」運営の就労継続支援Ｂ型事業所であり，現在，避難先のいわき市で事業を展開している。

▶写真１　「ふたばの里」の外観

（筆者撮影）

この事業所は「ふたばの里」と「りんべるハウス」という，震災以前は楢葉町で別々に存在した事業所が合併して誕生した経緯がある。この事業所の運営法人「希望の杜福祉会」は，精神障害者の就労支援を目的にいわき市で発足した組織で，楢葉町でも活動の一環として「ふたばの里」を開設した。一方で「りんべるハウス」は，楢葉町の知的障害者の家族会が立ち上げた施設で，震災の数年前から「希望の杜福祉会」が事業委託を受けて運営していた。以前は一緒になることが想定されていなかった２つの事業所は，原発事故による避難という特異な事情の下，活動再開に向けて合併することになったのである。

震災後に避難先のいわき市で「ふたばの里」を知り，働くようになった職員のＡさん（50 代男性）は，「ほんと，何もなかったね」と，みずからがこの事業所で働き始めた当初のことを振り返る，また，震災前から２つの事業所と関わりのあった職員のＢさん（50 代女性）は，Ａさんの言葉を受けて，避難先のいわき市でこの事業所が新たに活動を展開してきた経緯を説明するとともに，現在彼らが直面している避難生活への不安を「宙ぶらりん」といった言葉などで口にした。

原発事故により，多くの人びとがそれまでに築き上げてきた生活を奪われ，現在も避難を余儀なくされている。彼らはそれぞれ，個人として，あるいは世帯の単位で，まずはそれまでの居住地から避難した。そして，避難先で生活を立ち上げていくのに際して，暮らすこととあわせて，働くこと，他者とともに協同することを模索してきた。「ふたばの里」の歩みは，避難という状況を強いられた人びとの多くがこの間に経験してきたそうしたプロセスと重なるものである。

そこで本章は，「ふたばの里」の職員へのインタビュー（全3回。2015年6月5日，7月17日，9月7日）をもとに，その場所に集った人びとの避難をめぐる経験について検討する。そして，彼らが営んできた生活の位相から，原発事故の問題を批判的にとらえなおす。そこからは，避難という状況下において，彼らが再度生活を立ち上げようとしてきたプロセスとともに，復興政策が進められる一方で，今もなお彼らが生活の現実感や将来の展望を描こうとする際に直面する困難が明らかになる。

3　働く場所として，居場所として
――日常をつくりあげていこうとする営み

◆「何もない」ところからの出発

本節ではまず，震災前後の「ふたばの里」の状況について整理する。Bさんによると，地震が発生した時，「ふたばの里」はその日の作業が終了し，職員が利用者を帰宅のために送迎している最中だった。彼らはただちに総出で体育館へ移動し，一夜を不安のなかで過ごしたという。そして，原発事故のために町外へ避難し，現在に至っている。震災前に楢葉町に住んでいたBさんの場合，津波で家が流されてしまったため，文字どおり，着の身着のまま町外へ避難することになった。

その後，この事業所は楢葉町の住民が一番多く避難するいわき市で活動再開に向けて準備を始めた。だが，確保できた土地は津波の被害を受けた場所であり，掃除や器材の搬出・搬入には1か月あまりがかかったという。同年6月にいわき市に避難したBさんは，8月の再開に向けて，入居する仮設住宅から通いながら事業所再開の準備に携わった。

また，職員・利用者が離散してしまったため，再開後に集まった人びとは以前から2事業所で働いていた人ばかりではなかった。2012年5月から職員として働くAさんもその一人である。震災以前には楢葉町で自営業を営んでいた彼は，原発事故により町外へ避難を余儀なくされた。そして，入居した仮設住宅で知人からグループホームの宿泊管理人としてリクルートされた後，「ふたばの里」で働くことになった。彼にとって，ここで働くことはもちろん，福祉に関わる仕事に就くことも，震災以前には考えたことがないものだった。

Bさんによると，いわき市内での仮設住宅の整備が進んだことで，2011年の秋口から「ふたばの里」に利用者が集まるようになったという。そのなかには，楢葉町以外の地域からいわき市に避難してきた人びとで，新たに利用するメンバーもいた。避難という状況の下，そこに集った人びとによって作業も目的も「何もない」ところからこの事業所の活動は始まったのである。

◈「やること」をつくりだす

当初の活動はどのようなものだったか。彼らの最初の仕事は，復興支援のチャリティーグッズとして缶バッジを製造する作業だった。

「あの頃はイベントがとにかく多かった」。缶バッジの仕事について，Bさんはまずそう振り返る。復興支援のために，地域の内外からボランティアや支援者が「ふたばの里」を慰問に訪れた。職員のツテで入った缶バッジの仕事も毎日のように注文が入り，当時は目の前のことに夢中だったという。

だが1年ほど経つと，復興支援のイベントや缶バッジの注文も落ち着き，事業所での作業がほとんどなくなってしまったと，Bさんは振り返る。事業所の活動は，しだいにレクリエーションを中心としたものになっていったという。

Aさんが「ふたばの里」で働き始めたのは，そうした雰囲気が色濃かった2012年5月だった。当時について，彼は驚くことばかりだったと振り返る。今でこそこの事業所が置かれていた状況や経緯はわかっているが，障がい者と深く関わることも，彼らの就労を支援するという仕事に携わるのも，彼にとって初めてのことだった。障がいについて学び，彼らといかに関わり，支援とは何かを考えるところから，彼の試行錯誤は始まった。

このように，作業や組織が未整備のところから，彼らは「ゼロからでいいから何かやろう」と考え，さまざまなことを行った。受け入れ先の支援者や知り合いを頼りに，段ボール箱の組み立て

▶写真２　事業所の入り口

（筆者撮影）

や糸の巻き直し作業，殺虫剤の包装など，多くの作業に取り組んだ。

Aさんたちによると，こうした手探り状況は２年あまり続いたが，徐々に手ごたえが感じられるようになったという。「きっかけを与えたのはたぶんこれ」。彼は企業の下請け作業として着手するようになった工具の組み立て部品を手にとり，そう続けた。

「ふたばの里」では現在，お菓子類や小物づくりとともに，工業用具の組み立て作業を企業の下請けで行っている。この作業は当初，事業所の職員が足りなかったため，手が回らなかったが，2014年春に職員が増員され，Aさんたちに多少の余裕が生まれたタイミングで再度依頼が舞い込んだ。「幸運だった」とAさんが振り返るこの作業は，「切れない（定期的な）」仕事であり，事業所の活動を安定させるうえで大きなものとなっている。

この作業をめぐってはまた，Aさんたちによる重要な工夫が取り入れられていた。作業の工程が，部品を並べる，揃える，組み立てるといった単純作業へ細分化された点である。それは，作業能力からコミュニケーション能力まで差異が多岐にわたる利用者が，誰でもいつでもここに来れば何かしらの作業に参加できるようにするための工夫だったという。

Ａさんはこの工夫について，「やることがないっていうのは，誰でも一番苦しいはずだから」と説明する。そして，「最初からはそう思えてなかった」し，「それは経験。要するに現場に入って，経験して，いろんなことをやったうえで答えがでたことです」と続けた。彼自身はそれ以上はいわないが，この工夫の背景には，自分のやるべき仕事があり，その仕事を通して自己の存在を確認し，他者と関わっていくという，避難以前はそれほど強く意識することがなかった働くことの原点への気づきがあるのではないだろうか。

現在，「ふたばの里」の入り口の正面の壁には，事業所が請け負っている工具部品などが写真２のようなかたちで飾られている。事業所の入り口に飾られたそれらは，「ふたばの里」に集った人びとがこれまでの手探りのなかからこの場所を働く場として築き上げてきたことを示しているのかもしれない。

4　交錯する日常と非日常――吐露される生きづらさ

◇「一体感」という言葉が示唆する不安感

「ふたばの里」の管理者を現在務めるＣさん（50代女性）も，この事業所で働くようになったのは，いわき市に避難したあとの2013年５月からだった。震災以前は知的障がい者の生活介護施設で働いていた彼女は，その経験から「ふたばの里」に誘われた。以来，Ｃさんはこの事業所で働いている。先のＡさんの話を受けたうえで，彼女は「4年目になって，色々なことをやってきて」と，ようやく事業所の運営が軌道に乗ってきたと説明する。

ただし，「ふたばの里」は新たな課題に直面している。近年，障害者就労支援事業所は厳しい経営合理化を求められており，他の事業所と同様に「ふたばの里」も，居場所としての「支援」と，経済的な自立をめざした「就労」との葛藤が問題となっている。こうした現状を説明しながら，Cさんは次のように言葉を続けた。

> 「もう最初にね，楢葉から避難してきた人たちをみんなここで見ましょうって始まったと思うので。……そういう部分で，みんなでやってきたっていうね。震災後にこう，ドタバタのなかみんなでやってきたっていう，一体感みたいのは，職員と利用者さんのなかにもあると思うので，その辺はずっとつなげていかなくちゃいけないとこですよね」

ここまで見てきたように，「ふたばの里」の歩みは，原発事故によってそれまでの生活を失った人びとが，手探りのなかから自分たちの「やること」を見出し，働く場所をつくりあげてきたプロセスを示している。そして上記のCさんの言葉は，彼らにとってこの場所が，避難という非日常を生きていくための居場所であったこと，この場所に集うことを通して彼らのあいだに「一体感」と表現されるようなつながりが形成されてきたことを示唆している。

精神科医の中井久夫は，かつてみずからも被災した阪神・淡路大震災の際，被災者のあいだに「コミューン」と呼びうる「共同感情」が一時的に芽生えたこと，それが時間の経過や日常生活への回帰とともに消失していったことを述懐している（中井 2011：

29-32)。

「ふたばの里」における日々の働く・ともにあるという営みは，そこに集った人びとにとって，「ふつうの日常」と感じられるような日常生活の「一コマ」を取り戻していく実践（関・廣本編 2014：230-31）であった。だがその一方で，「ふたばの里」の「一体感」が，もし中井のいう「コミューン」と重なるものであるならば，それが今も残り続けていることは，彼らの日常がさまざまな場面で非日常へと揺り戻されてしまう不確かさのなかにあることを意味しているのではないだろうか。そして後述するように，「一体感」を「ずっとつなげていかなくちゃいけない」というCさんの言葉は，日常と非日常とが容易に入れ替わってしまうそうした状況が今後も続いていくかもしれないことへの不安感を示唆するものでもあった。

◆「宙ぶらりん」の現在と未来

Cさんによると現在，「ふたばの里」の利用者・職員のあいだでは新たな不安が抱かれるようになったという。それは，楢葉町への避難指示の解除にともない浮上した「で，私たちは今度どこに行くのかな」という不安である。

楢葉町への避難指示が解除された2015年9月の時点で，「ふたばの里」の運営法人は事業所の今後の方針については手探りの状態であった。それは原発事故の収束状況への不安や「帰還」後の仕事，医療や福祉，教育など，避難元の地域における生活機能の問題のためである。

さらに，避難指示が解除された以上，仮設住宅等への入居期限が迫るため，同町から避難している人びとはいずれ「帰還」か避難先等への「定住」かを選ばなくてはならなくなる。避難指示の解除が近づいてくるにつれて，Cさんは利用者から「楢葉に戻ったら，ふたばの里には通えないの？」と聞かれるようになったという。そうした声は，避難している人びとにとって，現状での「全町帰還」の開始が，これまでに築き上げてきた生活をリセットする事態として現れてしまう側面があることを示唆している。

もっとも，「帰還」に向けて準備を始めた人もさまざまな困難に直面している。Aさんは，楢葉町の住居が残っていたため「帰還」できるが，仕事が楢葉町にはないため，当分のあいだ，「ふたばの里」に通うために楢葉町と避難先のいわき市との二重生活を送ることになった。彼のケースは「帰還」が必ずしも元の生活に戻ることを意味しない現状を浮き彫りにする。

そして，こうしたAさんの話を受けて，Bさんは「みんなが一斉に帰ったっていえば，しょうがないから帰るかなって思えるけど」といいつつ，次のように口にした。

「考えてみればねえ，家もなくなっちゃうわけでしょう，私たちにしてみれば。それでねえ，どこに行っていいか宙ぶらりん状態の……いわき市の人にようしわれるんですけど，『どうすんの』って。『どうすんの』つったって『宙ぶらりん状態ですよ』っていう感じでしか答えられないでしょ。まあ家を建てた人もかなりいますけど，子どもがまだちっちゃければ。でもうちみたいに，もうみんな大きければ（笑），今から建てて誰が見るの？ って」

原発事故による避難は彼らにとって，それ以前は疑うこともなかった生活や人生のなかで積み上げてきた時間が，なんの前触れもなく理不尽なかたちで解体されてしまう出来事であった。「宙ぶらりん」という言葉はまずもって，それまでに築き上げてきた暮らしが壊されてしまった深い喪失感を，また彼らが現在，今後の人生の展望を描こうとする際に抱かざるをえない不安感を示している。

また，Bさんは先に，避難先の住民からよく言われることとして，「どうすんの？」という問いかけがあることと，そう問いかけられること自体へのやるせなさを吐露している。そもそも避難という状態は彼らが望んだものではないし，原発事故は彼らが積み上げてきた暮らしと将来設計を根こそぎにしてしまうものだった。にもかかわらず，「帰るか否か」を他者から迫られることに，「やはり自分たちのことは避難先では理解してもらえない」という思い（山本ほか 2015：32）を強くしてしまうのである。

そして，いわき市では震災発生の1年前後から，避難者と地域住民との軋轢が顕在化した。この問題について詳細な検討を行っている社会学者の川副早央里は，地震・津波・原発事故・風評被害の4つの要因が「微妙に相互作用しながら災害過程が展開している」同市の「被災の複雑さ」などから，避難者と地域住民とのあいだに緊張関係が生じていることを指摘する（川副 2013）。「どうすんの？」という先の問いかけは，避難している人びとと避難先の受け入れ住民をはじめとした他者とのあいだにある溝を示すものではないだろうか。

避難を余儀なくされてきた人びとはこれまで，元の居住地への「帰還」が政治的目標に掲げられるなか，それが可能になることを避難先で待ち続けるか，現在の避難先等へ「定住」するか選択することを強いられてきた。楢葉町への避難指示の解除に見られるように，避難指示が解除された地域の人びとは今後，元の居住地への「帰還」か現在の避難先等への「定住」かをより強く迫られることになる。だがどちらの場合も「帰還」は以前の生活に戻れることを必ずしも意味しない。「ふたばの里」の現状は，こうした構図の下，現在の生活があくまで「帰還」までの一時的で仮のものとしてしか感じられないことによるジレンマと，将来の見通しをめぐる困難へのやるせなさを示している。

5　おわりに——「帰還」か「定住」かという選択肢の落とし穴

東日本大震災が発生してからしばらくのあいだ，町々を襲う巨大な津波の姿や，遠方から撮影された福島第一原子力発電所の建物が爆発した映像を，私たちの多くはテレビやインターネットなどを通して，茫然と眺めるしかなかった。そして，原発の「安全神話」をはじめとしたそれまでの「常識」が根底から覆された衝撃とともに，この社会の何かが変わらなければならないと強く感じたように思う。

本章は原発事故により地域外へと避難を余儀なくされた人びとの震災後の経験について，「ふたばの里」の歩みから検討してきた。そこからは，彼らが失ったものが「郷愁としての『ふるさと』ではなく，毎日のリアルな日常生活」（今井 2014：13）であることが浮き彫りになる。一方で，彼らがこの間に積み上げてきた，日常生活を再建するためのさまざまな取り組みも明らかになった。それらは，働くことや，他者と何気ない会話を交わし，ともにあることといった，原発事故による避難以前にはあたりまえにあった日常を取り戻していこうとする実践であった。そうした営みは，原発事故の問題の核心を反照的に映し出している。

そして「ふたばの里」の現状は，原発事故による避難が現在進行形の問題であることを改めて示す。前節で見たように，避難先において，彼らの日常はふとした瞬間に，自分ではどうしようもないかたちで非日常へと引き戻されてしまう。先の「宙ぶらりん」といった言葉からは，彼らの日常が不確かさのなかに留め置かれていること，また，そうであるがゆえの，先の見えない現状への当惑が浮き彫りになる。

震災と原発事故の発生から５年あまりが経過した現在，避難指示が解除された楢葉町では，住民の多くが町への「帰還」か避難先等への「定住」かを模索している。だが，そもそも避難という境遇自体，彼らが望んだものではなかった。にもかかわらず，全国で原発の再稼働が着々と進められつつある一方で，避難している人びとの元の居住地への「帰還」を目標と措定（そてい）する復興政策の下，彼らが「帰還」か「定住」かを選ぶことがより強く求められるようになっている。こうした状況は，避難している人びとにそもそも選択とは呼びえないものを強いているのと同時に，原発事故をめぐって本来問われなければならない原子力エネルギーの受益者であるこの社会の責任を，個人の問題へと転嫁してしまっているといえるのではないだろうか。

参考文献

今井照，2014，『自治体再建――原発避難と「移動する村」』筑摩書房。

川副早央里，2013，「原発避難者の受け入れをめぐる状況――いわき市の事例から」『環境と公害』42(4)。
中井久夫，2011，「精神科医の見た二都市」『復興の道なかばで――阪神淡路大震災一年の記録』みすず書房。
関礼子・廣本由香編，2014，『鳥栖のつむぎ――もうひとつの震災ユートピア』新泉社。
山本薫子・高木竜輔・佐藤彰彦・山下祐介，2015，『原発避難者の声を聞く――復興政策の何が問題か』（岩波ブックレット No927）岩波書店。

ブックガイド

関礼子・廣本由香編『鳥栖のつむぎ――もうひとつの震災ユートピア』（新泉社，2014年）

▶原発事故による「傷み」に，私たちはどう向き合うか。佐賀県鳥栖市に避難した6つの家族の「物語」は，「避難者」とひとくくりにできない多様な人びとがこの間に経験した出会いや想いとともに，その問いを読者へ投げかける。

山本薫子・高木竜輔・佐藤彰彦・山下祐介『原発避難者の声を聞く――復興政策の何が問題か』（岩波ブックレット No927，2015年）

▶原発事故が多くの人びとから奪ってしまったもの，それは彼らが積み上げてきた「暮らし」や「人生」にほかならない。本書は，富岡町の住民の「声」から，原発事故の本質を顧みない復興政策のあり方を根本的に問い直す。

今井照『自治体再建――原発避難と「移動する村」』（ちくま新書，2014年）

▶原発災害により，複数の自治体が住民と行政機関の全町避難を余儀なくされた。それらの自治体のこれまでの動向を徹底的に検証することで，本書は「自治体の原像」とその将来像を積極的に打ち出す。

開沼博『はじめての福島学』（イースト・プレス，2015年）

▶福島をめぐってはこれまで，原発事故と放射能の問題に議論が特化されてきた。本書はオープンデータからそうしたステレオタイプを相対化し，人口や農林水産業，観光，家族など，「福島の問題」が多くの「地方」と共通するものであることを説く。

金菱清『震災メメントモリ——第二の津波に抗して』（新曜社，2014年）

▶震災と原発事故の発生以来，さまざまな社会的・政治的苦悩が繰り返し被災者を襲ってきた。それら「第二の津波」に対して，彼らはいかに抗してきたか。それぞれの被災地における人びとの共同行為の力を丁寧にたどり，死者を想う復興の在り方を著者は構想する。

くまさんの映画コラム⑭

原発の問題性を考えよう

『六ヶ所村ラプソディ』（鎌仲ひとみ監督，2006 年）。青森県上北郡六ヶ所村。そこには使用済み核燃料からプルトニウムを取り出す再処理工場がある。再処理工場建設計画が地域住民を翻弄してきた。この作品が撮られた時点では，すでに工場ができあがり，反対する人も少ない。ドキュメンタリーは反対する女性の日常やビラ巻きなどの活動を追い，なぜそうし続けざるをえないのかを描いていく。他方，再処理工場を認める立場の人たちの声や理屈もおさめていく。後半に，計画を推進する研究者と反対する研究者へのインタビューが登場する。彼らは福島第一原発事故でどちらも有名になった人だ。後者はプルトニウムの猛毒性を指摘し，いくらがんばっても施設からは核物質は出ていくし，汚染されると語る。あきれたのは前者の語りだ。彼は使用済み核燃料や核廃棄物を受け入れるところなどないと言い，さらに要するに「金でしょ」と軽く言い放っている。お荷物を引き受けてもらうには補償金や交付金でどれだけ金を落とすかにかかっているのだと。国家の核政策を遂行する中心に，こんな発想をし，いとも軽く口にする存在がいたのかと。

『ミツバチの羽音と地球の回転』（鎌仲ひとみ監督，2010 年）・**『祝（ほうり）の島』**（纐纈（はなぶさ）あや監督，2010 年）。1982 年に山口県上関町に原発建設計画が持ち上がる。予定地の対岸 4 km のところにある祝島。そこでは昔から自然とともに人びとが命をつないできた暮らしがある。以来 30 年を超えて，この島の人びとは原発建設反対運動を続けてきた。毎週 1 回集まり，原発建設反対の声をあげ，島の通りをデモして歩く。犬までもが原発反対のハチマキをして続く。彼らはどのように自然の循環のなかで得られる豊かな恵みを享受し生きてきたのか。どのような奥深くしっかりとした共同体のつながりが生きているのだろうか。2 つのドキュメンタリーは人びとの生きる姿を淡々と追っていく。海へ出て，釣り糸をたらし，指の感覚だけで見事な鯛を釣り上げる男性。浜辺で，ひじきを摘み取り，煮て乾燥させ島の特産品としてネットで売る若い男性。対岸に原発ができ大量の温排水が流されれば，確実に海の生態系が変わってしまう。海からの恵みも失われてしまうだろう。

『祝の島』では，「海は私たちのいのち」と語る人びとの暮らしを丁寧に描いていく。「海と山さえあれば生きていける。だからわしらの代で海は売れん」という素朴な語りから原発建設を認めない固い意志が伝わってくる。毎年行われる祭りが紹介される。千年前に沖で難破した船を助けたことから農耕がもたらされ子孫が栄えたという。彼らが伝承と地続きの日常を今もなお生きていることが映像から実感される。政治的なイデオロギーが語られるのではない。暮らしを守り，あくまで後世に自然とのつながりがある暮らしを残していきたいという人びとの熱く深い静かな思いが反対運動の原点を支える力なのだ。

『ミツバチの羽音と地球の回転』では，持続可能な社会をどのように実現していけるのかをさらに考え，スウェーデンの現実が紹介される。脱原発を国家で決めたスウェーデン。ある都市では風力発電やその他の再生可能な自然エネルギーを用いた発電が人びとの暮らしを支えている。街には派手なネオンサインはないし自動販売機も見あたらない。「豊かな暮らし」とは何か。私たちは立ち止まって考えざるをえない。スウェーデンでは電力は自由化され自分の意志で電力会社を選べる。環境問題を本気で考えた自然エネルギーによる電力会社への人気が高いという。「日本では電力は自由に選べないの？」と驚く彼らの姿が印象的だ。東京電力福島第一原発事故を経験してもなお国策として原子力発電を維持・拡大し続けようとする日本とのあまりの落差にあらためて驚く。福島原発事故から時間が過ぎていくほどに鈍くなる私たちの日常感覚を再度研ぎ澄ますためにも必見だ。

『わたしの，終わらない旅』（坂田雅子監督，2014 年）も興味深い。

事項索引

▶さ　行

▶た　行

人名索引

●本書のテキストデータを提供いたします

本書をご購入いただいた方のうち，視覚障害，肢体不自由，読字障害などを理由として必要とされる方に，本書のテキストデータを提供いたします。

お名前・ご住所を明記のうえ，下の引換券（コピー不可），200円切手を同封し，下記の宛先までお申し込みください。

※内容の改変や流用，転載，その他営利を目的とした利用はお断りします。

〈宛先・問い合わせ先〉
〒101-0051
東京都千代田区神田神保町2-17
（株）有斐閣　書籍編集第2部
『排除と差別の社会学』テキストデータ係
TEL：03-3264-1315

テキストデータ
引換券
『排除と差別の社会学』

編者紹介

好井 裕明（よしい ひろあき）

摂南大学現代社会学部特任教授

排除と差別の社会学〔新版〕 **〈有斐閣選書〉**

Sociology of Exclusion and Discrimination, 2nd ed.

2009年12月10日 初版第1刷発行
2016年9月30日 新版第1刷発行
2024年10月10日 新版第4刷発行

編　者　好井裕明
発行者　江草貞治
発行所　株式会社 有斐閣

郵便番号 101-0051
東京都千代田区神田神保町 2-17
電話 (03)3264-1315〔編集〕
(03)3265-6811〔営業〕
https://www.yuhikaku.co.jp/

印刷・精文堂印刷株式会社／製本・大口製本印刷株式会社

ISBN978-4-641-28140-0